文化与旅游研究

（2024）

STUDIES IN CULTURE & TOURISM

中国职业技术教育学会智慧文旅职业教育专业委员会
浙江旅游职业学院 ◎ 主编

中国旅游出版社

《文化与旅游研究》编辑委员会

主　任：杜兰晓

副主任：郎富平

编　委：王　方　　周国忠　　叶志良　　朱倩倩　　吴雪飞
　　　　卢静怡　　韦小良　　李晓红　　金晓阳　　罗曼丽
　　　　雷明化　　罗　峰　　童建民　　刘建明　　沈鑫泉
　　　　胡　敏　　张向东　　刘　晖　　詹兆宗　　康保苓
　　　　王亚红　　何　宏　　李　冬　　陈丽君　　傅林放

主　编：郎富平

常务副主编：朱倩倩

执行编辑：阮慧娟

英文译校：韩真真

编　务：阮慧娟

特约稿

旅游业与精准扶贫
——基于贫困脆弱性视角 ················· 赵 磊 / 3
怦然心动：基于心率的旅游目的地营销线索筛选与检验
················ 吕兴洋 柴 萌 龙俣含 李方求屹 刘 悦 / 26
新型经营主体推动乡村旅游高质量发展的路径探究：以浙江省山区海岛26县为例
················ 管婧婧 张 芸 王 磊 / 40

文化研究

基于文化生态链理论视角的文化生态保护区建设研究
················ 徐宁宁 崔凤军 叶征宇 / 53
以观众为核心的现代博物馆发展策略
——专业性、娱乐性与审美体验 ················ 周雨恬 周玲强 / 65
基于用户需求导向的博物馆线上数字化体验产品发展对策研究
——以浙江省13家一级博物馆为例 ················ 汪玲琳 胡 剑 / 74
文化馆"年轻态"文化活动创新实践及发展趋势研究 ················ 颜苗娟 / 90

旅游研究

生态脆弱区旅游核心主体利益博弈与仿真分析 ················ 张文杰 / 99

中国旅游经济发展差异化分解与动态演进研究
　　——来自七大城市群的分析 …………………………… 李　倩 / 122
基于岭回归的国内旅游收入影响因素分析 ……………………… 王　艳 / 136
中国入境旅游市场回暖的策略研究 ……………………………… 赵　欣 / 144

文旅融合研究

智慧文旅公共服务融合：中外比较与分析框架 ………………… 巫程成 / 153
文旅融合背景下复合型导游人才培养路径的研究
　　——基于名导工作室的视角 ……………………… 吴娜佳　秦晓林 / 171
文化生态视域下京杭大运河杭州景区非遗文化传播策略研究 … 魏　璐 / 178

教育研究

欧盟和俄罗斯资历框架比较及其对中国的启示 ……… 李成军　陈丽君 / 193
旅游职业教育标准化实践探索
　　——以浙江旅游职业学院教学服务与管理改革为例 …… 王蕴韵　吴雪飞 / 202
"四新"背景下专科层次旅游职业教育发展现状与对策研究 … 詹兆宗 / 210
高等旅游院校学生入职新型职业农民：可为、难为与何为 …… 陈方方 / 225
高职旅游教育与计算机知识融合的现状、问题及对策研究 …… 李圣超 / 234

附录：英文摘要及关键词 ……………………………………………………… 243

特约稿

旅游业与精准扶贫

——基于贫困脆弱性视角

赵 磊

（浙江工业大学，浙江 杭州 310014）

摘　要：使用预期的贫困脆弱性方法测度农村贫困脆弱性，匹配2012—2022年中国家庭追踪调查数据和县域宏观旅游经济数据，实证检验发展旅游业对农村家庭贫困脆弱性的影响及机制。研究结果显示，旅游业发展能够显著降低农村家庭贫困脆弱性，故旅游业可以作为减缓农村相对贫困的有效机制。机制检验表明，旅游业发展可通过收入增长效应、就业创造效应和信任强化效应提高对贫困动态风险的缓释能力。异质性分析表明，旅游业对农村家庭贫困脆弱性的减缓效应在中西部地区、高物质资本、高人力资本和高数字素养家庭表现尤为强烈。本文从贫困脆弱性视角为旅游精准扶贫效应研究提供了重要微观证据。

关键词：旅游业；精准扶贫；贫困脆弱性

一、引言

消除贫困、改善民生、实现共同富裕，不仅是社会主义的本质要求，也是人类发展的根本目的。党的十八大以来，党中央、国务院实施精准扶贫、精准脱贫基本方略，我国贫困人口从2012年年底的9899万人减少到2019年年底的551万人，贫困发生率由10.2%降至0.6%，脱贫攻坚取得阶段性胜利。截至2020年年底，在现行标准下，我国所有农村贫困人口全部脱贫，并且成功消除绝对贫困，区域性整体贫困得到有效解决，脱贫攻坚取得全面胜利，为人类减贫事业做出了重要贡献。然而，消除绝对贫困仅是反贫困事业的基本前提，相对贫困问题始终是萦绕在贫困治理过程中的实践困境，故构建以减缓相对贫困为重心的减贫长效机制，才是从根本上彻底消除贫困的关键抓手。需要警惕的是，由于自然灾害、社会非正常事件、机会不平等，加之贫困主体在资源获取、机会俘获和权利行使等方面的能力缺失，经济基础薄弱、风险防范能力较弱

作者简介：赵磊，博士，教授，博导，主要研究方向为旅游经济学。

的家庭陷入贫困的风险升高，从而加剧家庭贫困脆弱性，所以相对贫困的比较性和多元性增加了消除贫困的艰巨性。可预见的是，家庭贫困脆弱性致使相对贫困问题在一定范围内仍将长期存在。党的十九届四中全会提出"坚决打赢脱贫攻坚战，建立解决相对贫困的长效机制"。随着中国进入"后扶贫"时代，贫困治理的重心将从消除绝对贫困向减缓相对贫困的历史阶段转变。2020年12月16日，中共中央和国务院发布《关于实现巩固拓展脱贫攻坚成果同乡村振兴有效衔接的意见》，强调支持脱贫地区乡村特色产业发展壮大，而乡村旅游成为推动乡村振兴的新动能，更成为贫困地区增收致富的重要产业工具。

在世界范围内，伴随旅游扶贫（Pro-Poor Tourism，PPT）战略和"可持续旅游减贫"（Sustainable Tourism-Eliminating Poverty，ST-EP）计划的开展，旅游业与贫困关系在学术界和实践界引起了广泛关注。鉴于旅游业能够建立包容性、低碳化和可持续的经济增长模式，并具备强烈的就业效应，进而被诸多贫困地区作为反贫困的有效产业选择（Brohman，1996）。其中的逻辑原理在于，旅游业发展不仅能够直接增加贫困地区收入，而且可通过产业关联效应、消费乘数效应、就业吸纳效应和投资带动效应等途径全面惠及贫困阶层或地区，即通过"涓滴效应"来减缓贫困。学术界围绕"旅游业导向型贫困减缓"假说（Mekawy和Croy，2015），进行了大量的理论探索和实证研究，随之也对此得出了诸多肯定性结论（Kim等，2012）。然而，也有文献证实，在世界上最不发达的13个国家中，有10个国家发展旅游业并未显著减缓贫困，在这些国家中极端贫困人口占全世界总贫困人口的80%（Plüss和Backe，2002）。因此，旅游业与贫困减缓之间的关系成为一个颇具争议的研究命题。既有文献对旅游业与贫困关系的检验，基本存在三种结论：①旅游业减缓贫困（Hummel和Duim，2012）；②旅游业加剧贫困（Manyara等，2006）；③两者不存在影响关系（Rao，2002）。学术界之所以对旅游业与贫困关系并未达成一致，除在样本选择、模型设置和时期划分等方面存在差异性以外，一个关键的因素是研究视野仅停留在旅游业对绝对贫困的影响层面，并未触及旅游业是否会影响相对贫困，从而致使对旅游业的减贫效应的评估缺乏精准性，而贫困脆弱性又是导致相对贫困的主要诱因。遗憾的是，学术界目前尚未关注旅游业与家庭贫困脆弱性之间的关系，进而使当前学术界仍未深层解释旅游业对相对贫困的影响"黑箱"。

贫困脆弱性是指家庭受到外部冲击后陷入贫困的可能概率，核心在于能够动态地科学表征家庭贫困的未来变化趋势（Chaudhri等，2002）。动态贫困理论强调，一个家庭的贫困变化状况并未静态不变，而是随时期不同而动态变化（Bane和Ellwood，1986）。在既有的旅游减贫文献中，对贫困水平的测度无疑均是沿用常规指标，如贫困发生率，尽管可以反映贫困人口比例，并通过引入贫困线将贫困定量分解为绝对和相对贫困层次，但此种贫困测算原理仅是静态分析家庭当期贫困状况。需要注意的是，倘若我们在分析产业的减贫效应时，采用静态指标度量贫困水平，会致使对产业的减贫效应的评估与预测失真，从而也会影响到产业扶贫政策实施的有效性。实际上，由未来外部风险冲击导致的贫困脆弱性是贫困弱势群体返贫致贫的主要原因，而且极易导致此类人群进入贫困循环陷阱，从而成为巩固脱贫攻坚的核心掣肘。从本质而言，贫困脆弱性是对家庭贫困的事前预测，具备前瞻性特征，通过精准识别未来可能陷入贫困的家庭，有助于政府制定精准扶贫政策，以便强化扶贫政策效应。

鉴于此，现有文献在旅游业与绝对贫困关系方面积累了大量文献，但在现阶段涉及旅游业与相对贫困，尤其是从根本上分析旅游业与贫困脆弱性关系的文献鲜有出现，而随着国家贫困治理从消除绝对贫困转向缓解相对贫困，本文基于贫困脆弱性视角，将县域层面旅游业数据和中国家庭追踪调查数据相匹配，对旅游业与相对贫困关系进行理论分析与实证检验。相比已有文献，本文边际贡献体现在以下方面。①在研究视角方面，为捕捉贫困的动态变化，进而科学识别旅游业对相对贫困的内在影响，本文从贫困脆弱性视角探究旅游业的贫困减缓效应，在一定程度上弥补了旅游业与相对贫困关系的研究空白，对深刻揭示旅游业精准扶贫效应提供了新洞见。②在研究内容方面，本文通过匹配基于2012—2018年中国家庭追踪调查数据和县域宏观旅游经济数据，实证检验旅游业对农村家庭贫困脆弱性的影响效应，并从收入增长、就业创造和信任强化三个方面考察旅游业对农村家庭贫困脆弱性的减缓渠道，从而厘清旅游业影响农村相对贫困的内在传导机制。本文研究内容丰富了旅游减贫文献，有效完善了旅游业与贫困关系的研究框架。③在实践意义方面，本文深中肯綮地从家庭微观庭视角分析旅游业对贫困脆弱性的影响，不仅为旅游业影响贫困相对变化提供了微观经验证据，尤其通过对旅游业的精准扶贫效应予以评估，为从旅游业视角构建相对贫困长效治理机制、推进共同富裕提供了重要决策参考。

二、文献综述与研究假设

从旅游业的减贫效应来看，诸多地区在通过发展旅游业来消除贫困和地区不平等的实践中逐渐达成共识。旅游业可为贫困社区提供多元化生计选择（Muganda等，2021），直接或间接地创造就业机会，可为贫困地区创造旅游收入（Muhanna，2022），并促进其经济增长，从而降低绝对贫困发生率（Odhiambo，2021）。与事后可观测贫困状态不同，贫困脆弱性更加强调家庭遭受外部冲击后陷入贫困的可能性，应强化对贫困变化的事前观测。学术界围绕旅游业与贫困关系进行了大量实证检验和案例讨论，尽管并未完全揭示旅游业与贫困脆弱性的关系"黑箱"，但也对我们尝试揭示其内在机制提供了多维理论逻辑进路。第一，旅游业通过"涓滴效应"增强贫困地区经济韧性。Mitchell和Ashley（2010）认为，旅游业可通过直接效应、二次效应和动态效应对贫困地区经济系统产生深远影响。其一,贫困家庭可直接向游客提供所需旅游商品或服务而直接获得收入。其二,供给侧旅游企业的产业波及效应和需求端游客的消费乘数效应共同促进依附于旅游产业链的多主体实现价值共创。其三,随着贫困地区旅游市场繁荣,旅游业集聚的外部性对贫困地区经济系统产生持续的动态溢出效应。第二,旅游业通过"包容增长"实现贫困地区共享发展。自"包容性旅游"(Inclusive Tourism)概念以来,旅游促进社会包容性发展已成为学术界讨论旅游业社会效应的焦点(Scheyvens R,Biddulph,2018),并强调"机会均等"和"生产性就业"的旅游发展模式,能够促进贫困地区实现社会公平,缩小贫富差距(王京传,李天元,2019)。事实上,由英国国际发展署、国际环境发展研究所和海外发展研究所牵头开展的PPT(Pro-Poor Tourism)项目和CBT(Community-Based Tourism)项目已经在非洲、亚洲和拉丁美洲的多个目的地社区进行推广,并在减缓社区贫困方面取得了显著成效(Hichtins和Highstead,2005)。随后,在PPT和CBT基础上,与传统的大众旅游模式不同,更加适应于贫困社区脆弱的文化、社会和环境的一种新型可替代性旅游(Alternative Tourism)逐渐孕育,并发展为多种形式且以可持续发展理念为主导的小众旅游业态,如生态旅游(Ecotourism)、负责任旅游(Responsible Tourism)、公益旅游(Voluntourism)、软旅游(Soft Tourism)、反贫困旅游(Anti-Poverty Tourism)和社区旅游(Community-Based Tourism)等,

核心要义在于强调权利均等、公平分配和利益共享,从而减缓贫困社区家庭相对贫困脆弱性。第三,旅游业通过"就业效应"提升贫困家庭福利效用。除产业扶贫,非农部门就业在减缓贫困脆弱性方面具有显著作用(Zereyesus等,2017)。贫困地区利用生态资源禀赋优势吸引外部旅游流涌入,通过发展旅游业不仅可以有效实现本地非农就业,而且也可通过实现旅游价值链增值,扩大农业部门劳动力就业。例如,贫困家庭居民不仅可以直接受雇于旅游企业(正规就业),也可直接进行旅游创业活动(非正规就业),尤其是后者能够为贫困地区弱势群体提供更多灵活的就业机会,从而实现贫困地区就业总量增长,有助于减缓收入不平等和相对贫困。第四,旅游业通过"技术效应"增强贫困家庭内生动力。贫困地区通过"引资引智"助推旅游企业提质增效,可在"技术溢出效应"作用下,提升贫困家庭人力资本积累,从而增强贫困家庭内生动力,进而提升抵御风险能力。旅游企业通过技术示范、推广、培训和教育等形式,可有效提高贫困家庭就业人口的学习和吸收能力,在"干中学"与"看中学"中实现技能提升和人力资本有效积累。不仅如此,贫困地区引入大型旅游企业,从长远来看,人力资本的溢出效能通过增强贫困家庭内生发展动力,也有助于缓解贫困代际传递,阻断贫困恶性循环。基于以上分析,本文提出假说1。

假说1:旅游业发展能够降低家庭贫困脆弱性。

此外,本文认为旅游业发展可通过提

高家庭收入和强化社会信任两个渠道降低贫困脆弱性，具体论述如下。

根据比较优势理论，贫困地区通过进行旅游资源开发，鼓励旅游业发展所产生的"收入效应"是降低家庭贫困脆弱性的重要渠道。从宏观上看，旅游业发展过程中所释放的消费、就业、投资和产业乘数效应共同叠加而形成的"涓滴效应"对贫困地区经济增长和家庭收入产生积极而深远的影响，从而显著改善贫困家庭经济状况和风险抵御能力。从微观上看，除直接受雇于旅游企业可获得工资性收入，贫困社区家庭还可通过从事与旅游业相关的非正规部门经营活动而拓展收入来源渠道。例如，为满足旅游商户经营和游客住宿需求，贫困社区家庭可通过转让土地经营权、出租闲置房屋来获取财产租赁收入。贫困地区鼓励各类社会资本力量参与旅游创业投资，加之国家和地方不断出台支持旅游业发展的财税金融政策出台，旅游新业态、模式和场景不断涌现，从而进一步挖掘游客消费潜力、提升游客体验质量，在此过程中也有助于贫困家庭获得经营性收入。对于贫困家庭妇女和老人而言，此类群体所拥有的烹饪、保洁、手工制作等劳动技能在其他领域难以施展，通过旅游接待业实现就业，可将其由无报酬的家庭人口转变为有一定稳定收入来源的劳动者（Phommavong 和 Sörensson，2014）。据此，本文提出假说2。

假说2：旅游业发展通过提高贫困家庭收入水平降低贫困脆弱性。

根据新移民经济学，家庭劳动力人口在农业和非农业部门进行就业配置，可降低家庭收入波动风险，尤其是非农就业可通过增加家庭汇款增收、促进土地转出和扩大社会网络降低贫困脆弱性（Gartaula 等，2012）。旅游业具有就业吸附门槛低、就业方式灵活的劳动密集型特征，能够全面吸附农村剩余劳动力。例如，在需求端，随着旅游消费需求日益异质化、复杂化，旅游业通过"需求关联效应"日益增加多样化、多层次的非农就业需求，直接涉及住宿、餐饮、交通、购物、娱乐、文化等部门；在供给侧，随着旅游产业链渐次延伸，旅游产业集聚、融合动态孕育并形成新型旅游业态，引发涉旅非农就业空间不断被拓展，从而着力拓宽农村非农就业渠道（Das 和 Rainey，2010）。此外，随着贫困地区旅游就业吸附效应增强，又会驱动旅游业发展规模扩大，进一步激发旅游业的就业创造效应，并强化非农就业集聚效应，劳动生产率抬升吸引外部人力资本内迁回流，进而通过知识溢出效应提高贫困家庭抵御致贫风险的能力（Huang，2007；李涛等，2021）。Wattanakuljarus 和 Coxhead（2008）以泰国为例，将家庭按照高低收入和是否从事农业就业划分为四类，结果显示，旅游业对从事非农就业的高收入家庭减贫效应更高。综上所述，本文提出假说3。

假说3：旅游业发展通过带动贫困家庭非农就业降低贫困脆弱性。

已有文献指出，增强家庭社会互动、改善家庭社会信任程度，有助于贫困家庭获取更多信息和社会资本，从而削弱贫困家庭返贫的概率（彭澎，徐志刚，2021）。Strzelecka 和 Okulicz-Kozaryn（2018）研究发现，旅游业接待规模不仅能够增进目的地居民社会信任水平，并且这种增进效应在贫困地区强于发达地区。本文主要从对内和对外两个向度上阐释旅游业对贫困家庭信任体系的影响。对内方面，其一，贫困家庭通过实现旅游部门就业，对未来预期收入上升会增加现期消费，有效提高家庭福利水平，从而增强家庭成员凝聚力。其二，目的地形象是发展旅游业的重要前提，其作为游客甄别旅游目的地品质的关键信号，直接关乎目的地旅游市场发展竞争力，所以贫困家庭—社区共同体信任关系越发牢固。对外方面，在诸多旅游利益相关者中，存在三种与贫困家庭相关的典型信任关系：主体—客体、主体—媒介和主体—政府关系。其一，主客关系是旅游利益相关者关系的核心部分，其不仅表现为一种消费信任关系，也是一种文化交互关系，主客信任与旅游业可持续发展之间互为强化反馈，尤其在地方消费主义背景下，主客信任构成地方舒适性的重要内容（王宁，2017）。其二，媒介是连接主客关系的渠道，主体—媒介之间是一种"利益共享，风险共担"关系（徐菲菲，何云梦，2016），所以在日益激烈的旅游市场竞争中，强化主体—媒介信任关系是创建贫困地区旅游目的地品牌的重要举措。其三，在旅游业开发过程中，贫困家庭从"社区参与"走向"社区增权"，并形成合理的旅游利益分配机制，有助于增强贫困家庭的政府信任（Nunkoo 和 Gursoy，2011）。综合来看，旅游业能够帮助贫困家庭构建社会网络，拓展信息获取资源，进而降低相对贫困风险（Chantarat 和 Barrett，2012）。基于如上分析，本文提出假说4。

假说4：旅游业发展通过增强贫困家庭信任体系降低贫困脆弱性。

三、数据、变量与模型

（一）数据来源

本文研究数据主要源于两部分。一是2012—2018年中国家庭追踪调查（CFPS）数据，该数据是由北京大学中国社会科学调查中心所主持实施的一项全国性的微观追踪调查项目，每两年进行一次全国入户调查，详细记录了个体、家庭、社区三个层次的样本数据，本文选取四年的微观面板数据。二是宏观县域层面旅游业收入数据，主要源于《中国县域统计年鉴》和CEIC数据库。综上所述，本文共获得15452个家庭样本。在实证分析中，本文将地级市层面旅游业数据与CFPS数据进行匹配。

（二）变量构造

1. 贫困脆弱性度量

贫困脆弱性是本文关键的兴趣变量，准确测度贫困脆弱性是科学评估旅游业对贫困影响效应的基本前提。目前，现有文献对贫困脆弱性的测算主要分为期望贫困脆弱性（Ligon 和 Schechter，2003）、期望效用脆弱性（Dercon 和 Krishnan，2000）和风险暴露脆弱性（Chaudhuri 等，2002），而期望贫困脆弱性不仅能前瞻表征动态陷入贫困的概率，也能兼顾家庭偏多样性，普遍得到学术界认可（尹志超，吴子硕，2024）。本文即按照Chaudhuri等所开发的基于期望贫困的脆弱性（Vulnerability as Expected Poverty，VEP）方法，量化样本期内个体或家庭未来陷入贫困的概率。具体测度策略为：首先，用能够观测到的个体或家庭的特征变量对未来收入或消费进行回归，估计出未来收入和消费的期望和方差，进而假定未来消费或收入服从对数正态分布，从而得出贫困脆弱性的概率值。其次，还需将一个固定的概率值设为贫困脆弱线，当一个家庭的贫困脆弱性的概率值大于脆弱线时则该家庭被视为处于贫困脆弱状态；反之，该家庭不处于贫困脆弱状态。

本文使用 VEP 方法度量家庭贫困脆弱性，基本方程为：

$$VUL_{i,t} = Prob(Y_{i,t+1} \leq Poor_t)$$

式中，$VUL_{i,t}$ 表示第 i 个家庭在第 t 年的贫困脆弱性；$Y_{i,t+1}$ 表示第 i 个家庭在第 $t+1$ 年的人均收入或消费，考虑到消费能够更为真实地反映家庭福利效用，且消费数据调查误差相对较小（Meyer 和 Sullivan，2003；Cai 等，2010），本文在此选择家庭人均消费；$Poor_t$ 表示第 t 年的贫困线。其中，未来消费可表示为可以观测到的变量 $X_{i,t}$ 和不可观测到的冲击因素 $e_{i,t}$ 的函数。

遵循 Chaudhuri 等的估计策略，并采用 Amemiya 提出的三阶段可行广义最小二乘法（FGLS），对样本家庭的贫困脆弱性进行测度，具体实施步骤如下。

首先，估计人均消费方程，公式如下：

$$\ln C_{i,t} = \alpha X_{i,t} + e_{i,t}$$

式中，$C_{i,t}$ 为第 i 个家庭在第 t 年的人均消费支出，鉴于样本家庭的差异性，为平滑家庭人均消费支出分布，对其进行对数转换处理；α 表示解释变量的回归系数，$X_{i,t}$ 表示一系列可观测并影响家庭人均消费的个体或家庭特征变量；$e_{i,t}$ 表示随机误差项。

其次，分别估计对数消费的期望一致估计值（α_{FGLS}）和方差一致估计值（β_{FGLS}），如下所示：

$$E(\ln C_{i,t} | X_{i,t}) = X_{i,t} \alpha_{FGLS}$$
$$Var(\ln C_{i,t} | X_{i,t}) = X_{i,t} \beta_{FGLS}$$

最后，假定未来家庭人均消费对数服从正态分布，选择贫困线和脆弱线计算贫困脆弱性公式为：

$$VUL_{i,t} = \Phi\left(\frac{\ln poor_t - X_{i,t}\alpha_{FGLS}}{\sqrt{X_{i,t}\beta_{FGLS}}}\right)$$

谨慎设定贫困线和脆弱线是科学预测贫困脆弱性精准度的关键前提。首先，万广华和章元（2009）研究证实，较高的贫困线可测度较准确的贫困脆弱性，通过与我国现行贫困线标准对比，本文参照世界银行 2015 年的贫困标准，即选择日均 3.1 美元消费支出作为中度贫困线标准。其次，贫困脆弱线概率阈值是衡量贫困脆弱性状态的标准。当一个家庭的贫困脆弱线概率值超过脆弱线时，则认为该家庭处于贫困脆弱性状态。已有研究普遍将贫困脆弱线设置为 50%（万广华等，2014）和 29%（Günther 和 Harttgen，2009），并作为计算低、高贫困脆弱性的脆弱线，其中具有高贫困脆弱性的家庭存在较高的返贫风险，而具有低贫困脆弱性的家庭尽管则存在较低的返贫风险。

表 1 显示出农村、城镇和全国整体家庭贫困脆弱性测算结果。结果显示，城镇家庭贫困脆弱性最低，全国次之，农村家庭贫困脆弱性则最高，这也说明农村家庭中存在贫困脆弱性的比例相对较高。从时间趋势来看，全国家庭贫困脆弱性整体呈下降趋势，其中对于高贫困脆弱性家庭而言，其贫困脆弱性变化存在一定波动性，说明近年来，随着我国各项扶贫政策的出台并实施，全国家庭贫困脆弱性逐渐削弱。农村家庭贫困脆弱性变化趋势与全国保持一致，而城镇家庭贫困脆弱性则呈现持续下降趋势。从不同脆弱线对比来看，低贫困脆弱性家庭的比例要显著高于高贫困脆弱性家庭。

2. 旅游业与控制变量

旅游业发展为本文的核心解释变量，采用县（市、区）旅游业总收入占 GDP 比值度量。控制变量的选择参考樊丽明和解垩（2014）与陈莹和赵桂芹（2022）的做法，分为户主特征变量和家庭特征变量。户主特征变量包括性别、年龄、健康状况、教育水平、婚姻状况和工作状态。家庭特征变量包括家庭规模、家庭收入、家庭负债、家庭抚养比和家庭房屋产权。

其中，家庭收入、资产和负债按照样本基期价格水平予以平减（见表 2）。

（三）模型设定

为考察旅游业发展对贫困脆弱性的影响，本文使用面板 Probit 模型对基准模型进行估计，模型设定如下：

$$Prob(VUL_{i,j,t} | tour_{i,t-1}, X_{j,t}) = \beta_0 + \beta_1 tour_{i,t-1} + \beta_2 X_{j,t} + \mu_i + \eta_t + \gamma_j + \varepsilon_{i,j,t}$$

式中，$VUL_{i,j,t}$ 表示区县 i 中家庭 j 在 t 年的贫困脆弱性，$tour_{i,t-1}$ 表示区县 i 的旅游业发展滞后项，$X_{j,t}$ 表示影响家庭 j 的系列控制变量，μ_i、η_t 和 γ_j 分别为区县固定效应、时间固定效应和家庭固定效应，$\varepsilon_{i,j,t}$ 为随机误差项。β_1 为本文关注的关键系数，反映了旅游业发展对家庭贫困脆弱性是否具备长期脱贫效应。

四、计量结果分析

（一）基准结果分析

表 3 展示了旅游业影响家庭贫困脆弱性的基准估计结果。第（1）~（3）列被解释变量是以家庭人均日消费 3.1 美元为贫困线和基于 29% 概率值为脆弱线所定义的家庭贫困脆弱性，第（4）~（6）列被

表 1 农村、城镇和全国家庭贫困脆弱性

样本	2019 年		2020 年		2021 年		2022 年	
	低贫困脆弱性（29%）	高贫困脆弱性（50%）	低贫困脆弱性（29%）	高贫困脆弱性（50%）	低贫困脆弱性（29%）	高贫困脆弱性（50%）	低贫困脆弱性（29%）	高贫困脆弱性（50%）
全国	24.18%	11.89%	15.15%	6.85%	13.67%	7.91%	8.83%	4.12%
农村	33.29%	14.51%	19.88%	9.78%	16.48%	11.05%	12.63%	7.36%
城镇	16.38%	12.74%	10.09%	7.26%	8.39%	4.17%	3.14%	2.05%

表2 变量描述性统计

变量	符号	含义	2019年		2020年		2021年		2022年	
			均值	标准差	均值	标准差	均值	标准差	均值	标准差
贫困脆弱性	VUL	整体贫困脆弱性	0.285	0.352	0.217	0.421	0.155	0.238	0.108	0.305
低贫困脆弱性	VUL_29	以29%概率值作为贫困脆弱线标准	0.267	0.294	0.186	0.316	0.125	0.257	0.093	0.226
高贫困脆弱性	VUL_50	以50%概率值作为贫困脆弱线标准	0.195	0.342	0.146	0.516	0.084	0.382	0.042	0.128
旅游业	tour	旅游业总收入/县域GDP	0.058	0.159	0.061	0.218	0.069	0.263	0.072	0.119
户主性别	sex	户主是否为男性（男性=1，女性=0）	0.561	0.426	0.557	0.148	0.573	0.281	0.559	0.459
户主年龄	age	户主的年龄（岁）	46.23	10.15	47.43	9.89	51.16	12.04	48.39	10.37
健康状况	health	户主自评健康（非常健康=1，很健康=2，比较健康=3，一般=4，不健康=5）	3.078	0.583	3.295	0.329	4.186	0.442	4.252	0.579
教育水平	edu	户主受教育年限	6.893	4.152	7.006	4.053	7.028	3.514	7.053	4.224
婚姻状况	mar	户主婚姻状况（已婚=1，未婚=0）	0.878	0.335	0.885	0.348	0.893	0.409	0.873	0.368
工作状态	job	户主工作状态（工作=1，失业=0）	0.798	0.415	0.806	0.428	0.818	0.451	0.852	0.443
家庭规模	size	家庭人口数量	3.632	1.675	3.798	1.703	3.814	1.718	4.026	1.628
家庭收入	income	家庭人均年收入（元）的对数	8.351	1.038	8.874	1.124	9.037	1.092	9.513	1.221
家庭负债	debt	家庭人均年负债（元）的对数	2.275	3.485	2.317	3.562	2.474	4.271	2.724	4.353
家庭抚养比	ratio	家庭非劳动人口数量/家庭人口数量	0.213	0.318	0.231	0.342	0.269	0.338	0.298	0.421
家庭房屋产权	house	现住房产权（拥有完全产权=1，部分产权=0.5，没有产权=0）	0.856	0.319	0.879	0.347	0.893	0.263	0.868	0.245

表3　旅游业与家庭贫困脆弱性

变量	VUL_29			VUL_50			VUL
	（1）	（2）	（3）	（4）	（5）	（6）	（7）
旅游业	−0.076*** （0.131）	−0.063*** （0.204）	−0.057*** （0.108）	−0.064*** （0.038）	−0.055*** （0.104）	−0.048*** （0.049）	−0.069*** （0.031）
户主性别		0.085* （0.074）	0.073** （0.015）		0.093** （0.063）	0.085** （0.022）	0.125*** （0.015）
户主年龄		−0.063** （0.041）	−0.054* （0.218）		−0.004* （0.017）	−0.005* （0.009）	−0.032** （0.041）
健康状况		−0.175 （0.157）	−0.169* （0.327）		−0.087** （0.053）	−0.071** （0.021）	−0.104** （0.019）
教育水平		−0.221** （0.035）	−0.184*** （0.016）		−0.206*** （0.043）	−0.173*** （0.017）	−0.245*** （0.003）
婚姻状况		−0.137*** （0.042）	−0.129** （0.051）		−0.201** （0.035）	−0.212** （0.019）	−0.418*** （0.037）
工作状态		0.386** （0.035）	0.373* （0.042）		0.317* （0.064）	0.326** （0.047）	0.411** （0.025）
家庭规模			0.252* （0.039）			0.376** （0.025）	−0.018 （0.114）
家庭收入			−0.519*** （0.183）			−0.538*** （0.229）	−0.642*** （0.057）
家庭负债			−0.021** （0.037）			−0.014** （0.153）	−0.036*** （0.018）
家庭抚养比			0.185** （0.142）			0.277*** （0.015）	0.263** （0.215）
家庭房屋产权			−0.217* （0.423）			−0.195** （0.136）	−0.224** （0.089）
家庭固定效应	YES	YES	YES	YES	YES	YES	YES
县域固定效应	YES	YES	YES	YES	YES	YES	YES
年份固定效应	YES	YES	YES	YES	YES	YES	YES
观测值	15452	15452	15452	15452	15452	15452	15452
拟合优度	0.221	0.357	0.679	0.216	0.445	0.657	0.592

注：***、** 和 * 分别表示在1%、5%和10%水平上显著，括号内是聚类到县域层面的稳健标准误，下同。

解释变量是基于50%概率值为脆弱线所定义的家庭贫困脆弱性，而第（7）列则是以家庭人均日消费3.1美元为贫困线所定义的家庭贫困脆弱性，核心解释变量则是旅游业发展滞后一期项。第（1）、（4）列仅控制个体、年份效应，结果显示，旅游业发展滞后一期项的估计系数均在1%水平上显著为负，当逐步加入户主、家庭特征控制变量后，旅游业发展滞后一期项的估计系数符号仍稳健为负，但其绝对值有所下降。以第（3）、（6）列为例，旅游业发展滞后一期项的估计系数值分别为 –0.057 和 –0.048，表明旅游业发展水平每上升 0.01 个单位，家庭未来陷入低贫困脆弱性和高贫困脆弱性的概率分别降低约 0.057% 和 0.048%，意味着旅游业发展能够显著降低家庭贫困脆弱性，旅游业可在一定程度上为脱贫提供"持久动能"。不仅如此，我们也发现旅游业发展对低贫困脆弱性的减缓作用要强于高贫困脆弱性，说明旅游业发展对存在低贫困脆弱性的家庭的帮扶作用相对更大，同时也从侧面反映出对未来返贫风险较大的家庭而言，可能囿于能力、权利贫困等多重因素，难以嵌入旅游产业发展链条中，有效地参与旅游发展利益分配，从而弱化了旅游扶贫的精准性。第（7）列是从整体上刻画了旅游业对家庭贫困脆弱性的显著负向作用。综上所述，旅游业发展具备抑制家庭返贫风险功能，有助于相对贫困治理长效机制构建。假说 1 得以验证。

已有文献也提到，旅游业对贫困的减缓效应还依赖于其他因素，如资源禀赋、游客消费、行业薪酬、分配机制等（Muchapondwa 和 Stage, 2013；Thomas, 2014）。Winters 等（2013）指出，旅游业对贫困的影响效应也会受到旅游市场类型、旅游资产专用性和地区制度供给的约束。Archer（1978）和 Jafari（1986）较早论述道，国内旅游市场具备有别于国际旅游市场的特殊功能，即国内旅游市场发展能够调节区域内部个体资产和经济发展的空间配置，而入境旅游市场发展尽管可以为特定区域创造外汇收入，但同时也存在旅游外汇的"漏损"现象。Winters 等（2013）也强调，相比入境旅游市场，国内旅游市场需求能够产生较强的后向关联溢出效应，对经济的促增效应更为明显，原因在于国内游客所需的商品和服务需求可由目的地直接供应，较少依赖于外部进口（Scheyvens, 2007）。Li 等（2016）发现，国内旅游市场要比国际旅游市场更快促进经济收敛，缩小贫富差距。Llorca-Rodríguez 等（2018）基于 1995—2014 年全球 60 个国家的非平衡面板数据，研究发现国内和国际旅游市场发展均可显著减缓绝对贫困，甚至是相对贫困，但比较而言，国内旅游市场存在更为强烈的减贫后向溢出效应，考虑到国际旅游市场发展关乎国际收入分配问题，有必要强化国内旅游市场与国际旅游市场发展对减缓贫困的协同效应。鉴于此，为进一步考察不同类型旅游市场发展对家庭贫困脆弱性的影响，接下来分别将家庭贫困脆弱性对国内和国际旅游市场发展进行回归，结果如表 4 所示。通过逐步控制户主、家庭特征变量以及个体、时间效应，国内、国际旅游市场发展的估计系数均在不同程度上显著为负，相对而言，国际旅游市场发展的估计系数的统计显著性有所下降。从减贫效应的差异性来看，两类旅游市场发展对家庭低贫困脆弱性的减缓效应依然强于家庭高贫困脆弱性，并且国内旅游市场发展对家庭贫困脆弱性的减缓效应也要强于国际旅游市场。不仅如此，考虑到国内、国际旅游市场发展的规模差异，本文进一步构造出两种类型旅游市场的交互项纳入模型予以回归，结果发现国内、国际旅游市

表 4 两类旅游市场与家庭贫困脆弱性估计结果

变量	VUL_29					VUL_50					VUL		
	(1)	(2)	(3)	(4)	(5)	(7)	(8)	(9)	(10)	(11)	(12)	(13)	
国内旅游	-0.052*** (0.204)		-0.047*** (0.108)		-0.037** (0.218)	-0.035*** (0.104)		-0.031*** (0.049)		-0.024** (0.129)	-0.049*** (0.031)		-0.044** (0.036)
国际旅游		-0.015*** (0.106)		-0.011** (0.028)	-0.022 (0.043)		-0.008** (0.023)		-0.005* (0.041)	-0.002 (0.153)		-0.023*** (0.035)	-0.004** (0.025)
国内旅游 × 国际旅游					-0.064*** (0.033)					-0.041** (0.327)			-0.072*** (0.152)
户主特征变量	NO	NO	YES	YES	YES	NO	NO	YES	YES	YES	YES	YES	YES
家庭特征变量	YES	YES	YES	YES	YES	YES	YES	YES	YES	YES	YES	YES	YES
家庭固定效应	YES	YES	YES	YES	YES	YES	YES	YES	YES	YES	YES	YES	YES
县域固定效应	YES	YES	YES	YES	YES	YES	YES	YES	YES	YES	YES	YES	YES
年份固定效应	YES	YES	YES	YES	YES	YES	YES	YES	YES	YES	YES	YES	YES
观测值	15452	15452	15452	15452	15452	15452	15452	15452	15452	15452	15452	15452	15452
拟合优度	0.531	0.472	0.662	0.583	0.639	0.565	0.497	0.658	0.632	0.617	0.604	0.593	0.625

场发展的协同效应对减缓家庭贫困脆弱性具有良好的效果,由此传递出的一个重要启示是,贫困家庭应不断提升人力资本和专业技能,除可直接提高旅游服务供给质量,也可增强在旅游收入再分配中的话语权,从而有助于发挥旅游业的反贫困韧性。

(二)稳健性检验

1. 内生性处理

尽管在基准回归中纳入旅游业滞后一期项可在一定程度上避免由反向因果所导致的内生性,为克服遗漏变量(风俗文化、个体偏好等)和测量误差所引发的内生性,本文通过工具变量回归对此予以解决。借鉴赵磊的做法,本文选择森林覆盖率作为旅游业发展的工具变量,原因在于:一方面,森林覆盖率体现了地区生态优势和碳汇能力,为旅游业发展提供了重要资源条件;另一方面,气候条件、地形多样性和地势落差是影响森林覆盖率的重要因素,这使其具备较强的外生性。表5显示了工具变量的估计结果。K-P rk LM 统计量均在1%水平上显著,拒绝了工具变量识别不足的原假设,而 K-P rk Wald F 统计量大于 Stock-Yogo 在10%水平的显著性临界值16.38,进而拒绝了工具变量弱识别的原假设。

根据第(1)列显示的第一阶段回归结果,森林覆盖率可促进旅游业发展。当克服内生性问题后,第(2)~(4)列估计结果依旧支持旅游业发展降低家庭贫困脆弱性的基准结论。值得注意的是,IV 估计系数均普遍 OLS 估计系数,原因是由工具变量影响样本的局部平均处理效应所致,即接受"处理"的个体通常则是对旅游业的减贫效应更加敏感的家庭。

2. 其他稳健性检验

为验证本文基准估计结果的可靠性,接下来再从多个角度对其进行敏感性测验。一是改变回归模型,具体是对基准模型进行面板 Logit 模型回归。二是改变被解释变量,分别有三种方式:①以家庭人均日消费1.9美元为贫困线测度家庭贫困脆弱性;②以家庭人均日消费3.1美元为贫困线和贫困发生率作为脆弱线计算家庭贫困脆弱性;③基于收入中位数60%作为相对贫困线测算家庭贫困脆弱性。三是改变核心解释变量,以旅游总人次与县(市、区)总人口数量比值度量。本文从模型估计和关键变量测度方面进行了系列稳健性检验,结果如表6所示,旅游业发展滞后一期项的估计系数并未发生实质性改变,在不同统计水平上均显著为负,结果支持基准结论的稳健性。

五、机制分析

如前所述,本文主要从贫困家庭收入增长效应、就业创造效应和信任强化效应对旅游业影响家庭贫困脆弱性的作用机制进行经验识别。具体检验策略是,由于已有文献对收入增长、非农就业和信任强化减缓贫困家庭脆弱性进行了较为丰富的理论分析和经验研究(Dhanani 和 Islam,2002;Emerson 和 Hatton,2007;钱龙,洪名勇,2016),故本文仅需重点考察旅游业发展是否影响贫困家庭收入水平、非农就业和信任体系,实证结果汇报在表7中。

表 5　工具变量回归

变量	第一阶段	第二阶段		
	Tour	VUL_29	VUL_50	VUL
	（1）	（2）	（3）	（4）
旅游业		−1.131*** （0.027）	−0.085*** （0.041）	−1.044*** （0.035）
森林覆盖率	0.352*** （0.069）			
户主特征变量	YES	YES	YES	YES
家庭特征变量	YES	YES	YES	YES
家庭固定效应	YES	YES	YES	YES
县域固定效应	YES	YES	YES	YES
年份固定效应	YES	YES	YES	YES
K-P rk LM 统计量		53.217***	53.623***	56.337***
K-P rk Wald F 统计量		51.038	51.334	54.831

表 6　稳健性检验

Panel A 29% 贫困脆弱性	Logit 模型	1.9 美元贫困线	3.1 美元贫苦线和贫困发生脆弱线	收入中位数 60%贫困线	旅游人次比
	（1）	（2）	（3）	（4）	（5）
旅游业	−0.146*** （0.224）	−0.051** （0.103）	−0.073*** （0.211）	−0.047*** （0.052）	−1.003*** （0.014）
其他控制变量	YES	YES	YES	YES	YES
家庭、县域和年份固定效应	YES	YES	YES	YES	YES
观测值	15452	15452	15452	15452	15452
Panel B 50% 贫困脆弱性	Logit 模型	1.9 美元贫困线	3.1 美元贫困线和贫困发生脆弱线	收入中位数 60%贫困线	旅游人次比
	（1）	（2）	（3）	（4）	（5）
旅游业	−1.024*** （0.106）	−0.039** （0.047）	−0.055*** （0.342）	−0.033** （0.184）	−0.079** （0.262）
其他控制变量	YES	YES	YES	YES	YES
家庭、县域和年份固定效应	YES	YES	YES	YES	YES
观测值	15452	15452	15452	15452	15452

（一）收入增长效应

已有文献已证实，旅游业发展是促进农村经济增长的重要产业工具，而经济增长又具有"涓滴效应"和"溢出效应"，进而是减缓贫困的主要决定因素（Dollar和 Kraay，2002）。当然，也有研究指出，经济增长过程中，收入增长是减缓相对贫困的重要条件，但收入差距会抑制其贫困减缓效应（王中华，岳希明，2021）。从整体上看，收入增长会提高家庭用于教育、医疗和报销等方面的消费支出，有效改善家庭福利，进而提高对家庭致贫风险的抵御能力。为详尽考察旅游业发展对农村家庭可支配收入的影响，本文分别考察旅游业发展分别对工资性收入、经营性收入、财产性收入、转移净收入四个收入分享的具体作用。另外，随着农村家庭收入增长，收入差距也可能会随之加剧，我们同时兼顾考察旅游业发展是否会对农村家庭收入差距具有潜在影响。对农村家庭收入差距的测量，参考大部分文献的做法（周广肃等，2014；刘一伟，汪润泉，2017），基于县域内农村家庭人均可支配收入测算出基尼系数，进而反映相应区县的收入分配状况。第（1）~（3）列结果显示，旅游业发展有助于提升农村家庭工资性、经营性和财产性收入，但对转移性收入并不存在影响，说明乡村旅游发展通过"景区带村""能人带户""企业+农户""合作社+农户""公司+社区+农户""股份制"等旅游就业、创业模式，在土地经营权流转、资产股权、务工、农副产品、特色工艺品和住宿接待方面实现收入来源多元化。此外，第（5）列结果显示，旅游业变量的估计系数为负，但不具备统计显著性，这一研究结论正好反映出当前文献对旅游业与农村家庭收入差距关系的相悖观点（Nguyen等，2021；Zhang，2023）。综上所述，旅游业发展所产生的"收入效应"是减缓家庭贫困脆弱性的基本渠道，而其所产生的分配因素目前并未被显著识别。

（二）就业创造效应

已有研究指出，非农就业不仅能直接增加农村家庭绝对收入，而且会通过重新配置农村要素资源、加强人力资本积累、分散农业生产风险等方式有效降低家庭陷入贫困的相对概率（陈光等，2022）。当前，旅游业已被世界各地视为促进乡村复兴的一种可行产业选择（Devine和 Devine，2011），其中一个非常重要的方式即旅游业发展能够创造诸多非农就业机会，增加农村家庭的非农收入。例如，Hwang 和 Lee（2015）评估了韩国乡村旅游政策对家庭非农收入的影响，结果证实乡村旅游发展通过提供非农就业机会，可提升非农收入在家庭总收入的占比。Adiyia 等（2017）以乌干达西部的基巴莱国家公园为例，研究发现旅游业发展促进农村家庭非农生计多样化，可以有效提升家庭整体福利水平，从而有效减缓相对贫困。也有不少文献分别以智利（Berdegué 等，2001）、洪都拉斯（Isgut，2004）、越南（Brünjes 和 Revilla，2016）和荷兰（Van Leeuwen 和 Dekkers，2013）等国家为例，旅游业发展所释放的非农就业创造效应对减缓农村家庭贫困具有积极意义。根据 Kung（2002）、钱龙和洪名勇（2016）

的做法，采用非农劳动力与家庭总劳动力之比作为非农就业的代理指标。表7第（6）列结果显示，旅游业对农村家庭非农就业具有显著正向影响，从而进一步证实非农就业效应是旅游业发展减缓家庭贫困脆弱性的传导渠道。

（三）信任强化效应

大量文献强调，社会资本能够推动经济增长、提高社会福利，从而减缓相对贫困（谭燕芝，张子豪，2017）。其中，社会信任则是社会资本的核心要素（焦克源，陈晨，2020），贫困家庭可依靠社会信任联系，丰富社会资本存量，进而实现摆脱贫困目的。根据张海洋和韩晓（2021）的做法，"社会信任度"的度量来自问题："您认为大多数人是可以信任的，还是和人相处要越小心越好？"，如回答信任则为1，否则为0，然后再对家庭成员的信任水平进行均值化处理，并将其作为信任水平的度量指标。表7第（7）列结果显示，旅游业发展提升了农村家庭信任水平，能够显著降低贫困家庭与其他旅游利益相关者之间的信息不对称，进而实现资源的共建与共享，从而有益于提升贫困家庭劳动生产率和创新精神，以及提高抵御相对贫困风险冲击的内生能力。

六、异质性分析

中国存在典型的县域、家庭间发展非均衡性，特别是鉴于家庭间异质性特征明显，进而考察旅游业发展对家庭贫困脆弱性的影响效应差异性尤为必要。本文分别从地区分布、物质资本和人力资本三个维度对上述因果效应进行异质性检验，结果如表8所示。

（一）空间分布异质性

由于产业政策、制度环境、交通区位等因素，中国东、中和西部地区间经济发展和文化差异较为显著，故而需要考察旅游业对家庭贫困脆弱性影响效应的空间分布异质性。为此，我们采用虚拟变量的处理方式，将东部地区赋值为0，中西部地区赋值为1，并将旅游业发展滞后一期项与虚拟变量的交互项纳入基准模型中予以

表7 机制检验

变量	收入增长					非农就业	社会信任
	工资性收入	经营性收入	财产性收入	转移净收入	县域基尼系数		
	（1）	（2）	（3）	（4）	（5）	（6）	（7）
旅游业	0.027*** （0.026）	0.004** （0.137）	0.008** （0.303）	0.011 （0.224）	−0.041 （0.043）	1.103*** （0.058）	0.067*** （0.015）
其他控制变量	YES	YES	YES	YES	YES	YES	YES
家庭、县域和年份固定效应	YES	YES	YES	YES	YES	YES	YES
观测值	15452	15452	15452	15452	15452	10373	111294
拟合优度	0.232	0.417	0.209	0.141	0.139	0.545	0.537

回归。表 8 第（1）、（6）列显示，交互项估计系数显著为负，说明与东部地区相比，旅游业对贫困家庭脆弱性的影响效应更大。究其原因，一是尽管东部地区农村绝对贫困率基本消除，贫困脆弱性水平显著降低，但仍存在少数极端贫困人口，此部分贫困人群囿于能力、疾病、权利等多维原因，难以参与到旅游业生产经营活动中，从而出现旅游业对贫困脆弱性的影响效应相对较低的情况；二是中西部地区旅游业发展具备后发优势，旅游业全要素生产率不断提升，中西部地区农村贫困人口

表 8 异质性分析

变量	VUL_29					VUL_50				
	（1）	（2）	（3）	（4）	（5）	（6）	（7）	（8）	（9）	（10）
旅游业	−0.065*** (0.104)	−0.051*** (0.019)	−0.058** (0.213)	−0.043*** (0.152)	−0.059*** (0.083)	−0.042*** (0.115)	−0.048*** (0.242)	−0.052*** (0.063)	−0.037*** (0.052)	−0.049*** (0.213)
旅游业×中西部地区	−0.036** (0.053)					−0.028*** (0.017)				
旅游业×高物质资本家庭		−0.078*** (0.035)					−0.058*** (0.092)			
旅游业×高教育人力资本家庭			−0.069*** (0.117)					−0.043*** (0.129)		
旅游业×高健康人力资本家庭				−0.028** (0.161)					−0.013* (0.236)	
旅游业×高数字素养家庭					−0.058*** (0.024)					−0.042*** (0.085)
其他控制变量	YES	YES	YES	YES	YES	YES	YES	YES	YES	YES
家庭、县域和年份固定效应	YES	YES	YES	YES	YES	YES	YES	YES	YES	YES
观测值	10733	9121	9268	9539	10241	10733	9121	9268	9539	10241

从农业部门开始流向旅游业部门，家庭收入来源渠道逐渐拓宽，旅游业对贫困脆弱性的减缓潜力得以挖掘和释放。

（二）物质资本异质性

物质资本差异体现出不同家庭抵御贫困脆弱性的选择可行条件的能力差异。相较于高收入家庭，低收入家庭俨然是相对贫困脆弱的主要对象。借鉴尹志超和吴子硕（2024）的做法，为考察旅游业发展对不同物质资本水平贫困家庭的影响，将家庭纯收入作为物质资本的度量指标，并将高于家庭纯收入中位数定义为高物质资本家庭，并赋值为1，反之赋值为0，并构建此虚拟变量与旅游业变量的交互项，再将其纳入基准方程中予以回归，结果如表8第（2）、（7）列所示。结果显示，交互项的估计系数均显著为负，说明相比低物质资本家庭，旅游业发展对高物质资本家庭贫困脆弱性的减缓效应更强烈。原因在于，高物质资本家庭具备更多的可用要素投入旅游产品创新、服务配套和场景打造方面，通过提升旅游产品质量推动旅游消费增长，故而旅游业发展对减缓高物资资本家庭贫困脆弱性具备"锦上添花"作用。

（三）人力资本异质性

人力资本能够表征农村家庭从事价值创造的要素投入质量，是农村家庭进行创新生产和提高劳动效率的必要条件，知识和人力资本积累可使家庭收入增长得以持续，因而决定农村家庭的抗风险能力，增强家庭贫困脆弱性抵御韧性。人力资本分教育人力资本和健康人力资本，故分别使用家庭成员最高受教育程度和户主对自身健康状况的评价来予以度量。此外，我们仍沿袭上文虚拟变量构造方式，将高教育人力资本家庭和高健康人力资本家庭分别设置为1，反之设置为0，以此再构建其与旅游业变量的交互性，进而考察旅游业对贫困脆弱性的影响效应在不同人力资本分组的差异性。表8第（3）、（4）列显示出旅游业与教育、健康人力资本的交互项影响低贫困脆弱性的估计结果，而第（8）、（9）列则显示了两类交互项影响高贫困脆弱性的估计结果。显而易见，相对低人力资本家庭而言，旅游业发展对贫困脆弱性的抵御效能在高人力资本家庭表现尤甚。对此不难理解，人力资本提升能够帮助农村家庭通过知识交流、共享实现旅游产品升级和服务创新，进而更深层次融入旅游价值链网络。

（四）数字素养异质性

数字素养能加快农村家庭人力资本积累，减少信息不对称，提高个体就业竞争力和劳动生产率。数字接入、使用和创造能够增强农村家庭获取新知识、新资源和新技能的能力，有效抵御致贫风险。根据赵明龙等（2023）的做法，采用"互联网作为信息渠道的重要程度""网络对工作的重要性""网络对学习重要性"三个问题（赋值1~5）所反映的数字信息重要程度作为数字素养的代理指标，并同样根据中位数，划分为高、低数字素养家庭，并将其与旅游业变量构建交互性纳入基准模型予以回归，结果列示在表8第（5）、（10）列中。结果显示，交互项系数显著为负，说明相比于低数字素养家庭，具备较高数字素养的家庭可充分利用数字平台提高认知能力、获取金融资源、提高劳动技能，进而促进家庭旅游收入，以提高对家庭贫困脆弱性的防治能力。

七、结论与政策建议

已有研究围绕旅游业的贫困减缓效应展开了系统性经验研究，但由于样本数据停留在宏观层面，从而致使出现迥异的实证结论。鉴于贫困脆弱性作为家庭贫困潜在动态变化的预期性指标，进一步考察旅游业对贫困脆弱性的影响，不仅可以评估旅游业对贫困的减缓效应的持续性，而且能够从微观层面检验旅游业的精准扶贫效应，从而对现行旅游扶贫政策予以优化。鉴于此，本文基于中国家庭追踪调查（CFPS）微观数据，匹配县域宏观旅游经济数据，以基于预期贫困定义和家庭消费水平构造贫困脆弱性指标，并采用面板 Probit 模型实证检验旅游业发展对家庭贫困脆弱性的影响及机制。研究结果表明：第一，旅游业发展能够有效降低农村家庭贫困脆弱性，并且旅游业对低贫困脆弱性的抵御效能要强于高贫困脆弱性，且经过多维稳健性检验后，以上基准结论依然成立；第二，本文另考察了国际、国内两种类型旅游市场发展对家庭贫困脆弱性的影响，发现国内旅游市场发展是发挥旅游业对家庭贫困脆弱性的减缓效应的主导因素；第三，旅游业发展可通过收入增长效应、就业创造效应和信任强化效应增强对贫困脆弱性风险的抵御能力；第四，异质性分析表明，旅游业发展对中西部地区、高物质资本、高人力资本和高数字素养家庭贫困脆弱性具有更为强烈的减缓作用。本文进一步深化了对旅游扶贫效应的科学认识，厘清了旅游业精准扶贫的微观机制，同时也为以特色产业助力乡村振兴提供了实践参考。

综合上述研究结论，本文提出如下政策建议。贫困地区应切实践行"两山"理念，通过支持旅游业发展将生态资源优势转化为经济增长优势，作为减缓贫困脆弱性、巩固拓展脱贫攻坚成果同乡村振兴有效衔接的长效、可持续工具。根据两类旅游市场发展特点，鉴于贫困地区产业结构单一，为充分释放旅游业发展对贫困脆弱性的减缓效应，尤其需增强国内、国际旅游市场发展的协同效应，即优化国内旅游经济的空间配置和防止入境旅游外汇的"漏损"，为此需强化旅游业发展对关联产业的溢出效应，通过旅游价值共创增强对贫困脆弱性的韧性治理。贫困地区应转变旅游业发展理念，推动资源依托型旅游向社区参与型旅游转变，鼓励农村家庭积极有效参与旅游发展决策、经营管理、利益分配和环境保护，促进农村家庭旅游可持续生计，扩宽涉旅非农就业渠道，构筑旅游价值共创、利益共享导向的社会网络，以增强旅游业对贫困脆弱性的缓解作用。

参考文献

[1] Adiyia B, Vanneste D, Van Rompaey A. The poverty alleviation potential of tourism employment as an off-farm activity on the local livelihoods surrounding Kibale National Park, western Uganda [J]. Tourism and Hospitality Research, 2017, 17 (1): 34-51.

[2] Amemiya T. The maximum likelihood

and the nonlinear three-stage least squares estimator in the general nonlinear simultaneous equation model [J]. Econometrica: Journal of the Econometric Society, 1977, 45 (4): 955-968.

[3] Archer B. Domestic tourism as a development factor [J]. Annals of tourism research, 1978, 5 (1): 126-141.

[4] Bane J M, Ellwood D T. Slipping into and out of poverty: The dynamics of spells [J]. Journal of Human Resources, 1986, 21 (1): 1-23.

[5] Berdegué J A, Ramırez E, Reardon T, et al. Rural nonfarm employment and incomes in Chile [J]. World Development, 2001, 29 (3): 411-425.

[6] Brohman J. New directions for tourism in Third World development [J]. Annals of Tourism Research, 1996, 23 (1): 48-70.

[7] Brünjes J, Revilla Diez J. Obtaining non-farm wage employment in rural Vietnam [J]. Asia Pacific Viewpoint, 2016, 57 (2): 263-279.

[8] Cai H, Chen Y, Zhou L A. Income and consumption inequality in urban China: 1992-2003 [J]. Economic Development and Cultural Change, 2010, 58 (3): 385-413.

[9] Chantarat S, Barrett C B. Social network capital, economic mobility and poverty traps [J]. The Journal of Economic Inequality, 2012 (3): 299-342.

[10] Chaudhuri S, Jalan J, Suryahadi A. Assessing household vulnerability to poverty from cross-sectional data: A methodology and estimates from Indonesia [R]. New York: Columbia University Discussion Papers Series, 2002.

[11] Das B R, Rainey D V. Agritourism in the Arkansas delta by-ways: Assessing the economic impacts [J]. International Journal of Tourism Research, 2010, 12 (3): 265-280.

[12] Dercon S, Krishnan P. Vulnerability, seasonality and poverty in Ethiopia [J]. The Journal of Development Studies, 2000, 36 (6): 25-53.

[13] Devine A, Devine F. Planning and developing tourism within a public sector quagmire: lessons from and for small countries [J]. Tourism Management, 2011, 32 (6): 1253-1261.

[14] Dhanani S, Islam I. Poverty, vulnerability and social protection in a period of crisis: The case of Indonesia [J]. World Development, 2002, 30 (7): 1211-1231.

[15] Dollar D, Kraay A. Institutions, trade, and growth [J]. Journal of Monetary Economics, 2002, 50 (1): 133-162.

[16] Emerson E, Hatton C. Poverty, socio-economic position, social capital and the health of children and adolescents with intellectual disabilities in Britain: a replication [J]. Journal of Intellectual Disability Research, 2007, 51 (11): 866-874.

[17] Gartaula H, Niehof A, Visser L. Shifting perceptions of food security and land in the context of labor out-migration in rural Nepal [J]. Food Security, 2012, 4 (2): 181-194.

[18] Günther I, Harttgen K. Estimating

[18] households vulnerability to idiosyncratic and covariate shocks: A novel method applied in Madagascar [J]. World Development, 2009, 37 (7): 1222-1234.

[19] Hitchins R, Highstead J. Community-based Tourism in Namibia [R]. Pretoria: ComMark Trust, 2005.

[20] Huang F M. Globalization and urban-rural migration in Taiwan [R]. Portland: Agricultural and Applied Economics Association, 2007.

[21] Hummel J, Duim R V D. Tourism and development at work: 15 years of tourism and poverty reduction within the SNV Netherlands Development Organization [J]. Journal of Sustainable Tourism, 2012, 20 (3): 319-338.

[22] Hwang J H, Lee S W. The effect of the rural tourism policy on non-farm income in South Korea [J]. Tourism Management, 2015 (46): 501-513.

[23] Isgut A E. Non-farm income and employment in rural Honduras: Assessing the role of locational factors [J]. Journal of Development Studies, 2004, 40 (3): 59-86.

[24] Jafari J. On domestic tourism [J]. Annals of Tourism Research, 1986, 13 (3): 491-496.

[25] Kim N, Song H J, Ju H P. The relationship among tourism, poverty, and economic development in developing countries: A panel data regression analysis [J]. Tourism Economics the Business & Finance of Tourism & Recreation, 2016, 22 (6): 1174-1190.

[26] Kung J K. Off-farm labor markets and the emergence of land rental markets in rural China [J]. Journal of Comparative Economics, 2002, 30 (2): 395-414.

[27] Ligon E, Schechter L. Measuring vulnerability [J]. The Economic Journal, 2003, 113 (486): 95-102.

[28] Llorca-Rodríguez C M, García-Fernández R M, Casas-Jurado A C. Domestic versus inbound tourism in poverty reduction: Evidence from panel data [J]. Current Issues in Tourism, 2020, 23 (2): 197-216.

[29] Manyara G, Jones E, Botterill D, et al. Tourism and poverty alleviation: The case for indigenous enterprise development in Kenya [J]. Tourism Culture & Communication, 2006, 7 (7): 19-37.

[30] Mekawy M A, Croy G. Smart tourism investment: planning pathways to break the poverty cycle [J]. Tourism Review International, 2015, 18 (4): 253-268.

[31] Meyer B D, Sullivan J X. Measuring the well-being of the poor using income and consumption [J]. Canadian Journal of Economics, 2003, 38 (2): 1180-1220.

[32] Mitchell J, Ashley C. Tourism and poverty reduction: Pathways to prosperity [M]. London: Earthscan, 2010.

[33] Muchapondwa E, Stage J. The economic impacts of tourism in Botswana, Namibia and South Africa: Is poverty subsiding? [J]. Natural Resources Forum, 2013, 37 (2): 80-89.

[34] Muganda M, Sahli M, A Smith K. Tourism's contribution to poverty alleviation: A

[34] community perspective from Tanzania [J]. Development Southern Africa, 2010, 27(5): 629-646.

[35] Muhanna E. The contribution of sustainable tourism development in poverty alleviation of local communities in South Africa [J]. Journal of Human Resources in Hospitality & Tourism, 2007, 6(1): 37-67.

[36] Nguyen C P, Schinckus C, Su T D, et al. The influence of tourism on income inequality [J]. Journal of Travel Research, 2021, 60(7): 1426-1444.

[37] Nunkoo R, Gursoy D. Rethinking the role of power and trust in tourism planning [J]. Journal of Hospitality Marketing & Management, 2016, 25(4): 512-522.

[38] Odhiambo N M. Tourism development and poverty alleviation in sub-Saharan African countries: an empirical investigation [J]. Development Studies Research, 2021, 8(1): 396-406.

[39] Phommavong S, Sörensson E. Ethnic tourism in Lao PDR: gendered divisions of labor in community-based tourism for poverty reduction [J]. Current Issues in Tourism, 2014, 17(4): 350-362.

[40] Plüss C, Backes, M. Red card for tourism? 10 principles and challenges for a sustainable tourism development in the 21st century [M]. Freiburg: DANTE (NGO Network for Sustainable Tourism Development), 2002.

[41] Rao M. Challenges and issues for tourism in the South Pacific island states: The case of the Fiji Islands [J]. Tourism Economics, 2002, 8(4): 401-429.

[42] Scheyvens R. Exploring the tourism-poverty nexus [J]. Current Issues in Tourism, 2007, 10(2-3): 231-254.

[43] Scheyvens R, Biddulph R. Inclusive tourism development [J]. Tourism Geographies, 2018, 20(4): 589-609.

[44] Strzelecka A M, Okulicz-Kozaryn A. Is tourism conducive to residents' social trust? Evidence from large-scale social surveys [J]. Tourism Review, 2018, 73(1): 1-27.

[45] Thomas F. Addressing the measurement of tourism in terms of poverty reduction: Tourism value chain analysis in Lao PDR and Mali [J]. International Journal of Tourism Research, 2014, 16(4): 368-376.

[46] van Leeuwen E, Dekkers J. Determinants of off-farm income and its local patterns: A spatial microsimulation of Dutch farmers [J]. Journal of Rural Studies, 2013, 31(2): 55-66.

[47] Wattanakuljarus A, Coxhead I. Is tourism-based development good for the poor [J]. Journal of Policy Modeling, 2008, 30(6): 929-955.

[48] Winters P, Corral L, Mora A M. Assessing the role of tourism in poverty alleviation: A research agenda [J]. Development Policy Review, 2013, 31(2): 177-202.

[49] Zhang J. Tourism and rural income inequality: Empirical evidence for China [J]. Current Issues in Tourism, 2023, 26(1): 153-170.

[50] Zereyesus Y A, Embaye W T, Tsiboe F, et al. Implications of non-farm work to vulnerability to food poverty-recent evidence from Northern Ghana [J]. World Development, 2017, 91 (2): 113-124.

[51] 陈光, 王娟, 王征兵. 收入渴望、非农就业与脱贫户收入——以陕西省周至县为例 [J]. 西北农林科技大学学报（社会科学版）, 2022, 22 (2): 74-85.

[52] 陈莹, 赵桂芹. 医疗保险与精准扶贫——基于贫困脆弱性视角 [J]. 江西财经大学学报, 2022 (2): 59-73.

[53] 樊丽明, 解垩. 公共转移支付减少了贫困脆弱性吗？[J]. 经济研究, 2014, 49 (8): 67-78.

[54] 焦克源, 陈晨. 社会资本对农村贫困代际传递影响机制研究 [J]. 中国人口·资源与环境, 2020, 30 (4): 166-176.

[55] 李涛, 陶卓民, 刘家明等. 山岳景区依托型乡村旅游就业吸附的空间特征 [J]. 中国人口·资源与环境, 2021, 31 (2): 153-161.

[56] 谭燕芝, 张子豪. 社会网络、非正规金融与农户多维贫困 [J]. 财经研究, 2017, 43 (3): 43-56.

[57] 钱龙, 洪名勇. 非农就业、土地流转与农业生产效率变化——基于CFPS的实证分析 [J]. 中国农村经济, 2016, (12): 2-16.

[58] 王宁. 城市的舒适物配置与空间正义 [J]. 旅游学刊, 2017, 32 (4): 2-4.

[59] 万广华, 刘飞, 章元. 资产视角下的贫困脆弱性分解：基于中国农户面板数据的经验分析 [J]. 中国农村经济, 2014 (4): 4-19.

[60] 万广华, 章元. 我们能够在多大程度上准确预测贫困脆弱性？[J]. 数量经济技术经济研究, 2009 (6): 139-150.

[61] 王中华, 岳希明. 收入增长、收入差距与农村减贫 [J]. 中国工业经济, 2021, (9): 25-42.

[62] 徐菲菲, 何云梦. 论旅游活动中的多重信任关系 [J]. 东南大学学报（社会科学版）, 2016, 18 (3): 39-45.

[63] 张海洋, 韩晓. 数字金融的减贫效应研究——基于贫困脆弱性视角 [J]. 金融评论, 2021 (6): 57-77.

怦然心动：基于心率的旅游目的地营销线索筛选与检验

吕兴洋[1]　柴　萌[1]　龙俣含[1]　李方求屹[1]　刘　悦[2]

（1. 西南财经大学，四川　成都　611130；
2. 四川大学，四川　成都　610065）

摘　要：2018 年，爱尔兰旅游局创新性地依据游客心率指标制作旅游目的地宣传片，产生了显著的营销效果，这为当前旅游目的地营销提供了新的思路。以安仁古镇为案例地，利用心率这一生理指标筛选营销线索。首先，在该旅游目的地开展现场实验进行线索粗筛，排除大量无吸引力的线索。其次，发放调查问卷再筛选线索。最后，将筛选的有吸引力的目的地线索制作成心率营销视频与对照营销视频投放至抖音短视频平台，检验实际营销效果。结果显示，基于心率指标制作的营销视频在各方面都表现出更好的效果。本研究弥补了传统测试方式受主观认知影响的不足，提供了更准确、客观的度量方式。此外，心率生理指标也可以应用于其他领域的营销活动中，对非传统营销测试方式的发展和创新具有重要价值。

关键词：旅游目的地；旅游目的地营销；营销测试工具；心率；古镇

一、引言

2018 年，爱尔兰旅游局在旅游宣传活动中引入心率指标，举办了一场名为"Fill your heart with Ireland"（用爱尔兰填满你的心）的营销活动。该活动邀请了一对从未去过爱尔兰的瑞典夫妇到爱尔兰旅游，在旅途过程中他们需要佩戴定制的技术装备，包括心脏监测器、数据手环和头戴式摄像机，这套装备可以实时监测两人在爱尔兰旅行期间对景、物、事发生的真实生理反应，如心跳、脉搏等。当受试者经历"心动过速"现象时，摄像设备随即启动，以真实的游客视角捕捉眼前令人产生强烈情感共鸣的景象。基于监测内容，爱尔兰旅游局制作并发布了宣传视频，并且该宣传视频在 Twitter 上（现名 X）上得到热烈

作者简介：吕兴洋，博士，教授，主要研究方向为旅游市场营销；柴萌，主要研究方向为旅游市场营销；龙俣含，主要研究方向为市场营销；李方求屹，主要研究方向为旅游消费者行为；刘悦，博士，主要研究方向为旅游市场营销。本研究受国家自然科学基金面上项目"脑奖赏效应下感官线索对旅游冲动的诱发机制与动力过程研究"、西南财经大学 2024 年度中央高校教育教学成果建设专项、2024 年中央高校教育教学改革专项教学改革研究类项目《旅游目的地管理》课程混合式与融合式教学改革联合资助。

讨论与广泛关注，吸引许多世界各地的游客前往爱尔兰旅游，达到了很好的宣传营销效果。

在当前市场营销领域，营销线索的识别工具主要包括问卷调查、词频分析以及数据挖掘等技术手段。问卷调查作为一种传统方法，其核心在于依靠受访者对特定问题的主观评分来获取信息。而词频分析与数据挖掘技术，则大多基于游客对产品或服务的主观描述进行文本分析。然而，这些工具在应用过程中普遍面临一个共性问题：数据采集过程在很大程度上依赖受访者的主观判断和心智加工，这往往容易导致认知偏差的产生。具体而言，问卷调查在收集信息时，受被调查者的主观意识、情感态度以及个体经验等因素的影响，可能导致回答失真，进而影响线索识别的准确性。同样，词频分析与数据挖掘所处理的文本数据，虽然源自游客的真实体验，但游客在描述时的主观情感色彩和认知局限，也可能使数据中蕴含的营销线索失真。

爱尔兰旅游局这一营销活动为当前的营销测试引入了一个易于观察、能够实时反映的工具——心率。与需要大脑处理信息的传统测试方法不同，以心率等生理特征为指标的营销测试能够精准捕捉消费者对营销刺激的直接生理反应。这种直接反应是消费者下意识做出的，不需要经过大脑处理，减少了文化背景、经验等其他认知因素的干扰，能够更加客观地呈现消费者对营销刺激的感受，能够更好地识别消费者偏好并预测消费者行为。基于此，本研究通过三个阶段研究解决如何利用心率指标有效识别有吸引力的旅游目的地营销线索。第一阶段通过现场实验，依据心率指标粗筛旅游目的地线索，排除大量没有吸引力的线索；第二阶段借助问卷调查对粗筛的线索进行再筛选，准确筛选出有吸引力的线索；第三阶段将第二阶段筛选的目的地线索制作成营销视频，并投放至抖音短视频平台，检验实际营销效果。

二、文献回顾

（一）营销测试工具

营销测试是指用于收集、测量和分析关于消费者行为、市场趋势、产品效果等与营销相关的数据和信息的方法、技术和工具。营销测试的目的是协助研究者理解市场需求、消费者偏好、竞争者行为，从而建立并评价市场策略。根据测量实验对象对营销刺激反应的不同方式，将现有营销测试工具总结为传统的自我报告与行为测量、生理测量工具以及神经生理测量工具三大类。

自我报告是指研究参与者根据自身的主观感受和意识状态，通过问卷调查、访谈等方式提供关于自身思想、情绪、态度、意愿和行为等方面的信息。这种方法通过直接询问参与者的意见和看法来了解其内心体验和自我评价。常见的问卷调查中的李克特量表，常被用来测量被试的认知、心理、情绪、态度、意愿以及行为等来探究变量的相关关系、影响路径以及影响机制。行为测量是指通过观察实验对象的行为来获取有关他们在特定情境中的实际表现和反应的数据。这种方法通常涉及记录实验对象的行为，如购买决策、浏览网页、搜索行为或产品使用情况等，以了解他们的实际行动和反应。

尽管问卷调查具有成本低、数据易得、实施简便、适用性强等优势。随着市场研究对数据科学性和客观性的要求越来越高，近年来，学界和业界开始因问卷调查主观性和测量数据不精确、主观性强等不足而质疑问卷调查，主要原因如下。首先，受访者的回答会受到各种主观因素的影响，如记忆、个人偏好、个人敏感性和个人判断等。其次，受访者可能会给出所谓的"口头服务回答"，即基于社会期望或考虑不足的反馈做出的回答。所有这些因素都可能导致营销测试在研究阶段表现良好，但在实际推出阶段表现不佳甚至失败。最后，问卷调查等自我报告式方法被认为只能研究构念之间的关联 / 相关关系但不能证明因果关系，无法判断是哪个结构驱动了另一个结构。

生理测量工具在 20 世纪 60 年代被初次应用于市场营销研究。国外学者 Krugerrand 利用被试者的瞳孔扩张情况来预测产品的销售率及广告的有效性。目前，生理测量工具用于研究营销相关的消费者行为常采用实验室研究，主要包括眼动追踪技术、皮肤电分析、心率反应、心血管活动、瞳孔反应等十种，其中最常见的是前三种。

神经生理测量工具是在脑科学研究发展过程中出现的一类工具，用于分析大脑在行为决策过程中的神经活动。在 21 世纪初，神经生理工具才被应用在市场营销领域，金忠兴利用功能性核磁共振发现大脑腹内侧前额叶的活动与消费者偏好有关，可以用来调整广告策略和产品组合。神经生理工具的目标是通过捕捉消费者在面临营销刺激时的大脑活动，如脑电图和脑成像等，来揭示消费者决策过程的内部机制。

在消费者行为研究中，常用的神经生理工具包括事件相关电位（ERP）、核磁共振成像（MRI）以及经颅磁刺激（TMS）等。事件相关电位（ERP）是一种通过记录头皮上的电位变化来测量大脑对于特定刺激的反应的方法，它可以提供有关大脑对于特定刺激的感知、认知和情绪反应等信息。然而，ERP 技术需要精密的仪器设备和专业的数据分析，导致成本较高，且操作比较复杂。核磁共振成像（MRI）是通过利用磁场和无害的无线电波来获取大脑结构和功能的高分辨率图像，它可以提供更准确和详细的大脑活动信息，帮助研究者了解消费者的决策过程。MRI 设备昂贵且庞大，需要受试者躺在机器里进行扫描，因此在实际营销测试中应用较少。经颅磁刺激（TMS）是一种通过向大脑施加磁场刺激来干预和测量大脑活动的方法，它可以模拟或干预消费者的大脑活动，进一步深入了解其决策和行为。TMS 技术也需要专业设备和操作人员，并且对研究对象的安全和承受能力有一定要求。

总的来说，虽然神经生理工具可以提供有关消费者行为背后的神经机制的重要信息，但由于设备要求上的复杂性、成本高昂以及携带不便等问题，使其在实际的营销测试中应用较少。相对而言，眼动追踪、皮肤电分析和心率反应等生理测量工具更受营销研究者的青睐,因为它们成本更低,更易于操作和携带。因此,有必要在旅游目的地营销的研究中引入生理测量工具。

(二)旅游中的心率反应

心率反应是衡量人体生理激发程度的重要指标之一。常见的心率测量方法主要有光电心率(PPG)和心电心率(ECG)。光电心率常见于智能手环和智能手表等腕带式心率设备,这类设备使用光电传感器来监测心率变化,具备较高的测量可靠性,同时也方便携带,可以应用于消费者行为研究中。心电心率则依赖于心电监护仪等设备,通过记录心脏在每个心室收缩周期中产生的电位形成心电图来监测心率反应,这种方式的测量结果更加精准,但也更为笨重不便携带,不适用于长时间的佩戴。

在旅游领域中,心率反应的应用还处于起步阶段,主要集中在旅游者的情绪和情感研究上。心率是心血管系统活动的一个重要指标,它受到自主神经系统(ANS)的调控。情绪状态可以影响ANS的活动,进而引起心率的改变。因此,心率可以作为衡量情绪状态的一个生理指标。研究者发现,心率与情绪状态存在一定的相关性。例如,高兴、激动等积极情绪会使心率加快,而悲伤、焦虑等消极情绪会使心率减慢。此外,心率变异性(HRV)也可以反映情绪状态,HRV增大表示情绪放松,HRV减小表示情绪紧张。李山石等人回顾了旅游体验中测量情绪的方法,强调心率反应与其他生理测量工具一样具备强大的潜力。Ogino 和 Ikematsu 提出并验证了通过同步心率峰值来估计旅游中积极群体情绪的技术。此外还有很多研究通过心率反应的峰值或谷值来评估旅游者的认知和情绪,检验旅游目的地宣传材料(视频和图像)的功效。

在虚拟旅游体验的研究中,研究者发现,传统的自我报告方法在评估参与者对静态图像和360°虚拟现实图像的情绪反应时所表现出的差异并不显著。因为自我报告存在一定的局限性,参与者可能无法完全准确地描述或意识到自己的情绪状态。然而,当研究者通过心率反应等生理指标来分析参与者的情绪时,却发现了一个显著的现象:在两种不同类型的虚拟旅游体验中,参与者的情绪实际上存在明显的差异。通过生理指标测量发现,虚拟旅游中不同长度(短、中、长)和类型(互动、观光)的虚拟现实视频,对旅游者情绪影响差异也是不同的。

上述研究在旅游领域中做出了卓越的贡献,提供了测量旅游情绪和相关体验的心理、生理角度。但是这些研究主要聚焦在游客的情绪和体验上,对于旅游业的发展而言,很有必要将其引入旅游目的地营销。目前,目的地营销在旅游业中占据至关重要的位置,营销测试对其成功起着关键性的作用。大多数营销测试依赖传统的自我报告,结果会受到各种主观性、记忆偏差、社会期望效应等因素的影响,存在数据真实性、准确性和代表性等方面的局限性,影响研究的可靠性和有效性。通过心率等生理指标,能够更加客观地呈现消费者对营销刺激的感受,更好地识别消费者偏好并预测消费者行为。

三、实验研究

（一）研究设计

消费者在面对特定情境时具有特殊心率反应，心率反应能够直接客观地反映出消费者的情绪以及心理状态。旅游者在面对特定的实际旅游景象时也存在这种可能，因此，本研究旨在引入心率这一生理指标帮助筛选吸引游客的旅游目的地线索。

本研究选择安仁古镇作为案例地。安仁古镇位于成都市大邑县的迎宾路，距今已有1380多年的历史，是国家5A级旅游景区。古镇内主要有三大核心景点，分别是"川西建筑文化精品"公馆老街、全国重点文物保护单位——刘氏庄园和国家一级博物馆——建川博物馆聚落。目前，安仁古镇是中国规模最大的民俗博物馆群落，其中古代公馆有27座，现代博物馆48座，文物保护单位16处，藏品1000多万件，其中国家级文物3655件，是一个具有代表性的旅游目的地。

实验主要分为三个阶段依次展开（见图1）。第一阶段是基于现场试验的线索粗筛。通过到安仁古镇进行现场实验，借助腕带式心率设备同步第一视角游览视频，排除大量无吸引力的目的地线索。第二阶段是基于问卷调查的线索再筛选。利用问卷调研对第一阶段筛选出的目的地线索进行再次评价，得到有吸引力的目的地线索。第三阶段是基于线上实验的营销效果检验。将第二阶段得到的目的地线索制作成营销视频（心率营销视频），将其投放到抖音短视频平台，并与对照营销视频（特殊心率以外的目的地线索视频）进行对比，测试实际营销效果。

（二）第一阶段：基于现场实验的线索粗筛

第一阶段采用现场实验，借助腕带式心率监测设备及同步视频把大量的旅游目的地线索进行粗筛，初步筛选出参与者在景区游览过程中的心率峰值和谷值对应的瞬间景象（旅游目的地线索），排除大量的无吸引力的线索。

1. 实验参与者

为避免主客观因素的干扰，保证样本的代表性，本次现场实验选取87名不知情的实验参与者作为被试，实地前往安仁

图1 研究阶段

古镇景区开展游览活动，时间为一个半小时。实验参与者无任何心血管在内的疾病，矫正视力正常，无色盲，实验前一周无任何药物、饮酒、饮用功能性饮料以及抽烟等行为。

2. 实验设备

腕带式心率监测设备——华为手环4，该设备能够实时监测实验参与者的心率，并具有室外步行、室内步行等不同类型的运动状态选择，能够根据实验参与者的运动状态准确地记录心率、时间、步数等数据。该设备具有配套的运动监测和健康管理应用程序——华为运动健康。华为运动健康App能够配合华为手环4（见图2），实现科学的运动监测和健康管理，并提供专业的数据。App不仅能以秒为单位存储实验参与者心率数据，还能读取被试在游览时的步频数据和配速数据，有助于剔除因运动状态导致的异常心率数据。

本研究采用胸带式手机支架（见图3）使用时间相机App。胸带式手机支架常被用于户外直播，能够解放双手形成第一视角镜头，能够很大程度上还原实验参与者正常游览的状态。时间相机App具有时间水印和GPS定位功能，能够在录像及拍照时实时显示精准的时间地点，时间水印能够精确到毫秒（0.001秒），便于筛选心率数据对应的旅游目的地线索。

（三）实验过程

首先，由实验参与者携带好设备，保证手腕处皮肤干燥洁净，根据手环提示，在手腕一指距离佩戴华为手环4。出发前全身放松保持平静，采集20分钟的静息基础数据。之后，到达实验景区，同步记录视频和心率。在开展一个半小时的现场游览后，同时结束心率和拍摄记录，完成现场实验。

使用SPSS 26.0数据分析工具，对常态下的静息数据和非常态下的游览数据做相关性检验和配对样本t检验。结果显示，两组数据的相关系数$β=-0.010$，$p=0.930>0.05$说明二者显著

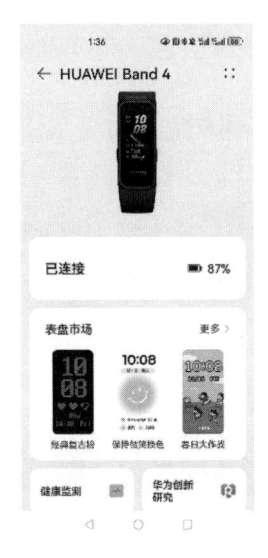

图2　华为运动健康App

图3　胸带式手机支架

不相关。配对样本t检验结果差异显著[$M_{静息}$=100.34，SD=6.691；$M_{游览}$=116.46，SD=8.475，t（86）=–13.856，p<0.001]。实验参与者游览时的心率显著高于静息时。

进一步，依据华为运动健康App显示的游览心率数据（见图4），以实验参与者游览古镇时的心率均值为基线，筛选出心率峰值线索和心率谷值线索（见图5）。按照心率峰值、谷值时点寻找到第一视角视频，并剔除其中的无效与异常数据。具体来说，包括以下四种类型：第一，正式游览前16分钟的无效数据；第二，结合步频数据和配速数据，发现该点是因实验参与者突然加快或放缓速度行走造成的峰值与谷值；第三，因交通工具鸣笛和伫立停留或坐下休息造成的心率峰值与谷值；第四，平稳且有规律的心率起伏，同时画面无实质内容的部分。最终，识别出29个有明确画面的有效目的地线索。其中，心率峰值对应的目的地线索共有16个，心率谷值对应的目的地线索共有13个。对应时间相机记录的地点为"安仁公馆酒店群""魏明伦文学馆""安仁戏院""国

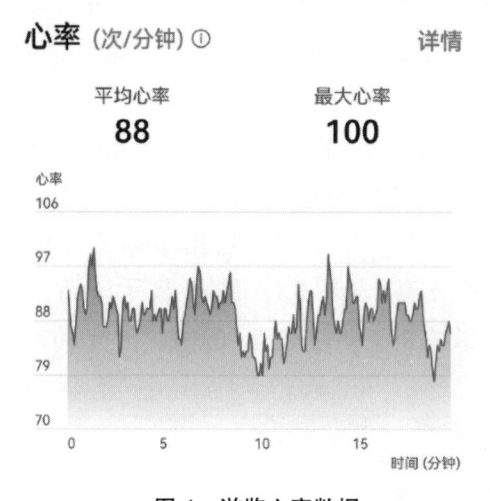

图4　游览心率数据

（a）峰值线索　　　　　　　　（b）谷值线索

图5　特殊心率值线索

家非遗油纸伞""宏文学校"等景点。

（四）第二阶段：基于问卷调查的线索再筛选

针对第一阶段现场实验粗筛出的特殊心率目的地线索，利用调查问卷进行线索吸引力的评价，筛选出有吸引力的目的地线索。

1. 问卷设计及调研过程

本次问卷调查以成都的居民（潜在游客）为研究对象，题项源于第一阶段粗筛的目的地线索，共18个线索。这些线索以图片的形式形成问题，并设计调查问卷，通过5级量表（1="非常不同意"，2="不同意"，3="一般"，4="同意"，5="非常同意"）对目的地线索的吸引力进行打分评价。

本次调查问卷自发布起，历时一周回收了405份问卷。除去游玩过的非目标人群、测谎失败、回答时间少于180秒的无效问卷，最终有效问卷数为230份，回收率为56.79%。其中，男性111人，占比48.3%，女性119人，占比51.7%。男女比例近似一比一，性别均衡。年龄方面，人数最多的区间为41~55岁，为70人，占比30.4%。此外，31~40岁受访者占比20.4%，21~30岁受访者占比17.4%，55岁以上受访者占比17.4%，最少的是20岁以下受访者占比14.4%。受教育程度方面，受访者中小学及以下学历的人数为21人，占比9.1%；初中或高中学历的人数为55人，占比23.9%；中专或大专学历的人数为64人，占比27.8%；本科学历的人数为73人，占比31.8%；硕士及以上学历的人数为17人，占比7.4%。

月收入方面，受访者月平均收入在1000元以下的人数为42人，占比18.3%；月平均收入在1001~2000元的人数为61人，占比26.5%；月平均收入在2001~5000元的人数为58人，占比25.2%；月平均收入在5001~10000元的人数为50人，占比21.7%；月平均收入在10000元以上的人数为19人，占比8.3%。总体而言，本次受调查的人群性别分布均衡，以中青年为主，具有良好的文化知识水平，同时具有独立的经济条件，是潜在的游客，他们对于心动目的地线索的偏好具有一定的参考价值。

2. 数据分析与结果

通过计算最大离散度和均值可知（见表1），备选的18个目的的线索均具有一定的吸引性，可以将其运用到营销视频中。其中最具吸引力的线索有6个（见图6），分别是序号4、6、8、11、12、14，可以将其作为重点营销对象。

（五）第三阶段：基于线上实验的营销效果检验

1. 实验设计

将前两个阶段的筛选结果制作成心率营销视频。此外，并与对照营销视频（特殊心率以外的目的地线索视频）同步投放至抖音短视频平台，通过视频浏览量、点赞量、评论量等测量指标，测量实际视频营销效果。若心率营销视频的各项指标明显高于对照营销视频、同一目的地的其他营销视频，则说明本研究提出的将心率反应这一生理指标引入旅游目的地营销所筛选出的线索对游客具有极强的吸引力，能够提升旅游目的地的营销效果。

表 1　目的地线索吸引力总体情况

题目\选项	1=非常不同意	2=不同意	3=一般	4=同意	5=非常同意	均值
1	0（0.00%）	1（0.43%）	28（12.18%）	149（64.78%）	52（22.61%）	4.10
2	0（0.00%）	1（0.43%）	17（7.39%）	174（75.65%）	38（16.53%）	4.08
3	0（0.00%）	0（0.00%）	5（2.18%）	185（80.43%）	40（17.39%）	4.15
4	0（0.00%）	0（0.00%）	47（20.43%）	58（25.22%）	125（54.35%）	4.34
5	1（0.43%）	0（0.00%）	6（2.62%）	149（64.78%）	74（32.17%）	4.28
6	0（0.00%）	0（0.00%）	40（17.39%）	52（22.61%）	138（60.00%）	4.43
7	0（0.00%）	0（0.00%）	14（6.09%）	160（69.56%）	56（24.35%）	4.18
8	0（0.00%）	1（0.43%）	27（11.74%）	70（30.44%）	132（57.39%）	4.45
9	0（0.00%）	0（0.00%）	26（11.30%）	138（60.00%）	66（28.70%）	4.17
10	0（0.00%）	0（0.00%）	22（9.56%）	142（61.74%）	66（28.70%）	4.19
11	1（0.43%）	0（0.00%）	14（6.09%）	83（36.09%）	132（57.39%）	4.50
12	0（0.00%）	0（0.00%）	13（5.65%）	84（36.52%）	133（57.83%）	4.52
13	0（0.00%）	0（0.00%）	28（12.17%）	152（66.09%）	50（21.74%）	4.10
14	0（0.00%）	0（0.00%）	17（7.39%）	92（40.00%）	121（52.61%）	4.45
15	0（0.00%）	0（0.00%）	24（10.43%）	154（66.96%）	52（22.61%）	4.12
16	0（0.00%）	1（0.43%）	26（11.30%）	152（66.09%）	51（22.18%）	4.10
17	0（0.00%）	0（0.00%）	11（4.78%）	151（65.65%）	68（29.57%）	4.25
18	0（0.00%）	0（0.00%）	14（6.09%）	144（62.61%）	72（31.30%）	4.25

2. 实验过程

首先，根据心率指标的峰值和谷值筛选出 11 个目的地线索的视频片段，剪辑成 33 秒的短视频（心率视频）。此外，选择心率指标峰值和谷值以外的目的地线索视频，剪辑成另一个时长相近的对照视频。之后，在同一天下午 4 点同时发布在同一个视频账号中，并选择抖音平台自有的抖加内容推广服务，同时推广两个视频，抖加内容推广服务可根据发布视频的质量、对观看者的吸引程度自动分配内容推广所消耗的金额。

3. 数据分析与结果

首先，查看抖加推广 6 小时后的视频数据，进行初步对比。表 2 的详细数据表明，心率视频的推广消耗金额为 22.05 元，是对照视频的近三倍；心率视频的播放量为 1581，对照视频的播放量仅为 250。初步来看，心率视频的各项指标优于对照视频，数据效果更好。

其次，跟踪三则同期旅游景区官方视频、三则同时段网友发布的同类视频（见

图 6 最具吸引力线索

表 3）。通过对比其点赞量、评论量、收藏量，可以发现心率视频的三项数据均居于前三，点赞量、评论量以及收藏量明显优于官方景区的视频数据。与同时段网友发布的视频相比，点赞量是网友视频 1 的 8 倍、网友视频 2 的 5 倍以及网友视频 3 的 2 倍，评论量有 7 条，居于第三位，收藏量高于其他。

综上数据结果可以看出，心率营销视频的数据高于同类对照营销视频。由此说明，通过心率指标筛选出的旅游目的地的营销线索制成的相关视频具有更好的营销效果。

四、结论与建议

（一）研究结论

本研究通过引入心率这一生理指标，运用实验法进行线下现场实验与问卷调查辅助筛选有吸引力的旅游目的地线索，投放至抖音短视频平台，检验实际营销效果。研究结果显示，与对照营销视频相比，基于心率指标筛选出的旅游目的地线索制成的营销视频具有更好的营销效果。这一研究结果不仅揭示了如何利用心率

表 2 抖加推广详细数据

加热素材	消耗金额	播放量	点赞量	评论量	5 秒完播率
心率视频	22.05	1581	57	6	16.30%
对照视频	7.95	250	43	4	11.60%

表 3 具体数据对比

	点赞量	评论量	收藏量
心率视频	164	7	4
对照视频	48	4	0
官方视频 1	25	0	1
官方视频 2	27	3	2
官方视频 3	16	0	1
网友视频 1	20	8	0
网友视频 2	35	3	0
网友视频 3	79	26	1

这一生理指标来精准筛选旅游目的地的线索，而且找到高效筛选吸引游客的旅游目的地线索的新工具，增强了营销效果。

将心率这类生理指标作为营销测试工具的应用，具有重要的理论价值。传统的营销测试方式通常依赖于受试者的主观认知和口头反馈，比如问卷调查、访谈等。由于人类的主观认知经常受到个人偏见、记忆偏差和沟通误差等因素的影响，这种方式往往存在一定的局限性。本研究通过引入心率这类生理指标，可以客观地反映受试者的生理状态和真实反应，从而弥补了传统测试方式中受主观认知影响的不足，提供更准确、客观的度量方式，并帮助研究人员更好地理解消费者的心理过程和行为动机，从而为非传统营销测试方式的发展和创新提供更加有力的支持和应用价值。

心率等生理指标可以提供一种更加准确和客观的度量方式，获取更真实、可靠的数据。通过监测受试者的生理指标，在他们意识不到自身心理状态的情况下进行测试和测量，可以减少受试者在测试过程中对自己表达的控制和影响。研究人员可以从更全面和深入的角度来了解消费者在购买决策和营销活动中的真实反应和偏好，更好地理解消费者潜在的消费行为动机和心理机制。

（二）研究启示

本研究通过引入心率指标有效筛选旅游目的地线索，为旅游目的地的筛选提供了一种全新的视角，旅游营销者可以采取如下建议。

首先，对于旅游营销者而言，应该在营销测试中多加运用心率、皮肤电反应、眼动追踪技术等生理测量工具，弥补传统的自我报告易受主观因素影响的不足，提供更加客观、即时的数据，从而更有针对性地制定营销策略。

其次，营销者要根据具体的营销问题、具体的使用场景，制定营销测试的筛选标准。例如，在心率这一生理指标的背景下，要不仅关注到心率峰值，还要考虑心率谷值。当游客遇到令人敬畏的景色时，会激活交感神经系统，导致心率加快；当游客遇到让人放松的景色时，会激活副交感神经系统，导致心率降低。这两种景色对游客同样具有吸引力，因此，营销者要同时关注心率的峰值和谷值。

最后，营销者在进行营销测试时不仅要进行筛选测试，还要进行验证测试。目前大部分营销测试只关注线索的筛选，而忽略了线索在实际场景中应用的效果，可能会导致营销测试的失败。因此，营销者不仅要进行营销测试，还要通过多种方式测量所筛选线索的真实营销效果。

（三）研究局限

受限于实验条件和时间限制，本研究尚存以下不足。现场实验方面，只选择了一个案例地——安仁古镇，作为一个古镇，不能代表其他类型旅游目的地的特点。应该选择不同类型的旅游目的地，验证心率指标在不同类型的旅游目的地的实用性。营销测试工具方面，本研究选择了心率这一生理指标作为营销测试的工具，并证实通过这一指标筛选出的线索对旅游者具有较强的吸引力。但是心率这一生理指标并不适用于所有的旅游目的地，对于冒险型的旅游目的地，游客在游览过程中会一直保持高心率状态。在这种情况下，心率这一生理指标的作用就会下降，需要纳入其他生理指标进行更全面的检测，从而保证结果的科学性。因此，在未来研究中，要综合多项生理指标确保研究结果的准确性、科学性。

参考文献

[1] Tourism Ireland. Fill your heart with Ireland［EB/OL］.（2023-01-18）［2024-11-05］. https://www.tourismireland.com/what-we-do/global-marketing-campaigns/tourism-ireland-s-fill-your-heart-with-ireland.

[2] TravelWeekly 旅讯."怦然心动 爱尔兰"：跟随访客心跳探索爱尔兰小众目的地［EB/OL］.（2018-12-26）［2024-11-5］. https://www.sohu.com/a/284697369_280657.

[3] Tourism Ireland. Press the Green Button［EB/OL］.（2023-01-18）［2024-11-05］. https://www.tourismireland.com/docs/default-source/marketing-plans/fill-your-heart-with-ireland-new-global-campaign-（belfast）.pdf?sfvrsn=34b2ec271.

[4] 马棒.基于互联网思维的企业开展新媒体营销策略研究［J］.商展经济，2020（6）：36-38.

[5] 李新，郑奕珂，杨现民.心理生理学数据的教育应用：科学释义、实践探索与发展趋向［J/OL］.现代远距离教育，https://doi.org/10.13927/j.cnki.yuan.20240926.002.

[6] 张少峰.网络营销测试概述［J］.甘

肃农业，2005（5）：65.

［7］王宇娟.探险旅游中游客情绪满意度、情绪动态变化及其影响因素［D］.武汉大学，2019.

［8］李蕊，李勇泉，阮文奇，等.二元情感视角下共享住宿顾客情感体验的成因机理［J］.旅游学刊，2023，38（8）：94–109.

［9］白凯.无应答式李克特量表在旅游研究中的应用检验［J］.旅游学刊，2011，26（4）：29–35.

［10］李志飞，李天骄.旅游者环境责任行为研究——基于国内外文献的比较分析［J］.旅游研究，2018，10（5）：41–54.

［11］张莹莹，谢祥财.基于网络文本数据的城市公园形象感知研究——以闽江公园为例［J］.黑龙江生态工程职业学院学报，2024，37（5）：51–55+95.

［12］赖晓凡，谢嘉茜，王心蕊.乡村旅游景区质量要素及其对游客满意度的影响——基于可解释神经网络的Kano模型［J/OL］.旅游科学，https://doi.org/10.16323/j.cnki.lykx.20241018.001.

［13］杨丽雯，王大勇，李双成.生态系统文化服务供需关系量化方法研究——以平陆大天鹅景区为例［J］.北京大学学报（自然科学版），2021，57（4）：691–698.

［14］陶莹，王维艳，向阳.企业化经营转型背景下郎德上寨旅游社区支持度研究［J］.云南地理环境研究，2020，32（2）：17–27.

［15］Krugman H E. The impact of television advertising: Learning without involvement［J］. Public Opinion Quarterly, 1965, 29（3）: 349–356.

［16］黄潇婷，鞠东辰，吕兴洋.神经科学方法在旅游研究中的应用：一项系统综述［J/OL］.旅游科学，1–21. https://doi.org/10.16323/j.cnki.lykx.20240930.001.

［17］金忠星.神经营销的消费者偏好预测系统研究［D］.哈尔滨工业大学，2019.

［18］孔祥西.电商直播"卖关子"对冲动购买的影响研究［D］.上海财经大学，2022.

［19］黄艺锦，孙鹏伦，王姣琦，等.事件相关电位P300在帕金森病认知功能障碍中的研究进展［J］.中风与神经疾病杂志，2023，40（12）：1145–1148.

［20］刘运娟.基于脑电技术的服装压力舒适性评价方法的基础研究［D］.江南大学，2016.

［21］时文六，胡乔乔，冯裕杰，等.基于核磁共振及成像技术研究速冻汤圆在冻融过程中的水分迁移变化［J］.食品安全质量检测学报，2023，14（21）：20–27.

［22］林荫，陈圣丽，罗海东.重复经颅磁刺激联合利培酮预防老年精神分裂症复发和改善患者认知功能的效果［J］.中国老年学杂志，2023，43（24）：5958–5960.

［23］杨柳青青，蔡於馨，方婕，等.人工智能心电分析技术在心律失常诊断中的应用研究进展［J］.实用心电学杂志，2024，33（5）：499–504.

［24］冯致远，李子孝，王春娟.数字健康在脑血管病领域的应用及未来发展趋势［J］.中国卒中杂志，2024，19（6）：607–612.

［25］佘明，刘业峰.基于IPPG的心电监护仪实时心率测量系统研究［J］.计算机测量与控制，2024，32（10）：47–52+61.

［26］严洁睿，张文彩，王健.放松训练改善情绪障碍心率变异性的研究进展（综述）

[J]．中国健康心理学杂志，2024，32（10）：1472-1477．

[27] 黄潇婷，鞠东辰，吕兴洋．神经科学方法在旅游研究中的应用：一项系统综述[J/OL]．旅游科学，https://doi.org/10.16323/j.cnki.lykx.20240930.001．

[28] Li S，Scott N，Walters G. Current and potential methods for measuring emotion in tourism experiences: a review [J]．Current Issues in Tourism，2015，18（9）：805-827．

[29] Ogino A，Ikematsu Y. Mood estimation method in a group using smartwatches to support positive tourism experiences [J]．International Journal of Affective Engineering，2022，21（1）32-42．

[30] Guerrero-Rodríguez R，Stepchenkova S，Kirilenko A. Experimental investigation of the impact of a destination promotional video with physiological and self-reported measures [J]．Tourism Management Perspectives，2019．

[31] Slevitch L，Chandrasekera T，Mejia-Puig L，Korneva K，Akosa J. Virtual Reality images' impact on cognition and affect in hotel promotions: Application of self-reported and psycho-physiological measures [J]．Journal of Hospitality and Tourism Management，2022（53）：176-187．

[32] 汪蕾，杨一恺，郑杰慧，等．基于消费者神经科学视角预测消费者行为：现状、挑战与未来[J]．管理工程学报，2020，34（6）：1-12．

新型经营主体推动乡村旅游高质量发展的路径探究：以浙江省山区海岛 26 县为例

管婧婧　张　芸　王　磊

（浙江工商大学，浙江　杭州　310012）

摘　要： 乡村旅游是促进乡村振兴的重要路径，促进浙江省山区海岛 26 县乡村旅游高质量发展是浙江省建设共同富裕示范区的应有之义。基于对浙江省山区海岛 26 县乡村旅游存在的现实困境分析，提出要以新型经营主体推动乡村旅游高质量发展。相对于小散弱的传统乡村旅游企业，新型经营主体具有新型劳动力储备，掌握着新的生产方式和更多的生产资源，是以新质生产力发展乡村旅游的重要依托。通过政策引导和责任引导以多样化的方式引入并培育乡村新型经营主体，发挥其旅游资源整合、旅游产品创新功能、乡村旅游管理功能，能够将山区海岛 26 县乡村的资源优势转化成经济和社会效益，提升地方经济和社会发展，助力区域均衡发展和共同富裕。

关键词： 新型经营主体；乡村旅游；高质量发展；共同富裕；新质生产力

一、引言

党的二十大报告指出"我国发展不平衡不充分问题仍然突出""城乡区域发展和收入分配差距仍然较大""坚决防止两极分化"。乡村发展的关键在于产业振兴，而旅游业是乡村产业兴旺的重要实现路径之一。近年来，乡村旅游作为一种特色富民产业，在促进农业农村发展和农民增收致富等方面发挥了重要作用，已成为推动乡村振兴的重要抓手。此外，对乡村社会而言，乡村旅游可以有效开发利用乡村闲置资源，提升农村自然资源和人文资源的附加值，挖掘、保护和传承乡土文化，保护乡村生态环境，实现"管理民主"的目标；对乡村产业而言，发展乡村旅游有助于产业兴旺、农业多功能化；对村民而言，乡村旅游能够拓展其就业增收渠道、提高村民素质以及丰富其精神生活。总而言之，乡村旅游对乡村振兴具有多重意义。

作者简介：管婧婧，博士，教授，浙江工商大学旅游与乡村规划学院副院长，主要研究方向为旅游目的地等；张芸，主要研究方向为乡村旅游；王磊，主要研究方向为乡村旅游。
本研究受国家自然科学基金面上项目（项目编号：72074194、72472141）资助。

中国在过去的几十年大力发展乡村旅游,可以说成果显著。乡村旅游发展势头强劲,市场占比不断增大,新兴业态不断涌现,全产业链提质升级,多元价值不断凸显。截至2023年,全国已有1597个乡村旅游重点村镇,超过6万个行政村开展了乡村旅游经营活动,入选联合国旅游组织"最佳旅游乡村"的乡村数位列世界第一。中国乡村旅游在取得可喜成绩的同时也面临着进一步高质量发展的需求。特别是当下有意愿发展旅游的乡村已经从拥有垄断资源的村庄,如西递村、宏村,向更多以非垄断性资源为主的乡村普及。此时,旅游发展的主动力从资源优势向创意优势转变,需要市场化导向的新型经营主体介入,发挥专业化能力才能更好地促进乡村旅游发展。

面向乡村旅游发展中专业化经营的需求,本文提出要以新型经营主体为龙头和抓手推动乡村旅游的高质量发展。相对于传统乡村小农企业而言,新型经营主体掌握着新型劳动资料、新型劳动工具,是乡村旅游发展新质生产力的主要来源,能够帮助乡村旅游发展突破已有瓶颈,成为地方乡村旅游发展的中坚力量。受固有发展条件和已有基础的制约,浙江省山区海岛26县在向乡村旅游高质量发展过程中遭遇了一系列的挑战。因此,本文将以山区海岛26县为案例地,在诊断当地乡村旅游发展困境的基础上,探索新型经营主体推动乡村旅游高质量发展的路径,提出培育新型经营主体的对策建议,以期为各地乡村旅游发展提供借鉴。

二、理论基础与案例地选取

(一)理论基础

乡村旅游高质量发展是乡村旅游产业转型升级的必然趋势。乡村旅游高质量发展是基于乡村独特的人文、生态环境资源的利用与质量提升,以科学的乡村旅游规划为引领,以创新乡村旅游产品、增强"乡村性"作为旅游核心吸引物,以"+乡村旅游"实现产业融合发展为途径,为城乡旅游者提供充足、优质、安全、健康的绿色旅游商品,满足其日益增长的美好生活需要,实现生态与经济的和谐发展,以及生态效益、经济效益与社会效益的统一,助力乡村产业振兴的一种发展模式。早期乡村旅游的经营主体以农民个体户为主,是较为粗放式的旅游生产形式,存在提供的旅游产品形式单一、同质化高;服务意识薄弱、接待设施简陋;旅游以采摘、垂钓、吃农家饭等"老三样"观光层次的直接体验为主等问题,已经不能够满足当下旅游需求的消费升级,需要改变传统的乡村旅游生产模式,引入新型经营主体,以市场化经营的模式发展乡村旅游,整合乡村闲置资源,提升乡村旅游生产要素,系统化打造特色化旅游产品,优化旅游环境,进行具有辐射力和影响力的旅游宣传推广,吸引旅游消费者。

发展新质生产力是推动乡村旅游高质量发展的内在要求和重要着力点,也是乡村旅游高质量发展的关键。2023年9月7日,习近平总书记在黑龙江考察时首次提出"新质生产力"的概念。新质生产力是由技术革命性突破、生产要素创新性配置、产业深度转型升级而催生的当代先进生产力，它以劳动者、劳动资料、劳动对象及其优化组合的质变为基本内涵，以全要素生产率提升为核心标志。新质生产力的首要任务和价值主要表现为高质量发展，在实践中形成并展示出对高质量发展的强劲推动力、支撑力。新质生产力将会推动乡村旅游生产方式的深度转型，有效提升乡村旅游发展效率，同时以生产方式的变革促进乡村旅游对地方文化、环境、社会的积极贡献，不断助力人民对美好生活向往的实现。

新型经营主体是产生乡村旅游新质生产力的重要主体。新型经营主体的概念最先出现在农业领域，是相对传统的小规模的农户家庭经营提出的。新型农业经营主体是指建立在家庭承包经营基础之上，适应市场经济和农业生产力发展要求，从事专业化、集约化生产经营，组织化、社会化程度较高的现代农业生产经营组织形式。在乡村旅游领域，新型经营主体的概念最早见于国务院等14部门联合发布的《促进乡村旅游发展提质升级行动方案》，提出要重点培育农民专业合作社等新型经营主体，其主要的类型有乡村旅游合作社、乡村旅游合作社联合社以及多元股份制公司。

任何一种生产力的革新都需要有载体来实现，由于新质生产力是以科技创新为主导的生产力，企业作为创新的重要载体是支撑新质生产力发展的主要依托。特别是囿于乡村的现代化进程，新型经营主体更要承担起发展新质生产力的重任。新质生产力以劳动者、劳动资料、劳动对象及其优化组合的跃升为基本内涵，其中更高素质的劳动者是新质生产力的第一要素，更高技术含量的劳动资料是新质生产力的动力源泉，更广范围的劳动对象是新质生产力的物质基础。在乡村旅游发展过程中，新型经营主体不仅能通过城乡要素流动为乡村带来入乡返乡的创业者，也能够通过知识转移为乡村培养新型劳动者。新型经营主体会以市场化、专业化、整合性优势盘活乡村的闲置资源，打造特色旅游产品，并带来数字化时代的管理模式和经营模式。新型经营主体在促进地方旅游业发展的同时，也会带来乡村治理结构的变革，增加社区居民参与乡村治理的渠道，通过为社区居民提供家门口的就业机会，改变乡村的家庭格局，缓解乡村空心化问题。因此新型经营主体参与乡村旅游发展能够为乡村带来新的劳动资料，也会拓展乡村旅游的劳动对象。

农业领域新型经营主体的重要性和益处已经被众多学者关注，但学界对于乡村旅游新型经营主体的研究还较少。乡村旅游新型经营主体在类型、任务、功能、培育路径上都与农业新型经营主体有显著差异，因此需要针对乡村旅游新型经营主体开展研究。特别是在乡村旅游高质量发展和形成乡村旅游新质生产力的背景之下，有必要深入探讨如何发挥好乡村旅游新型经营主体的功能，并就如何培育乡村旅游新型经营主体提出对策建议。

（二）浙江省山区海岛26县乡村旅游发展现状

浙江省于2021年获批为全国共同富裕示范区，依据《浙江高质量发展建设共同富裕示范区实施方案（2021—2025年）》，努力缩小地区、城乡、收入三方面的差距。本文的案例地浙江省山区海岛26县是经济发展相对薄弱的地区，辖区内多为县乡镇村（见表1）。旅游业是山区海岛26县的主导产业，已经有20多年发展历史，涌现出了磐安县花溪村、遂昌县红星坪村、文成县武阳村等一批以旅游带动乡村发展的典范，有效盘活了农村闲置资源，带动了农民增收和农村发展。但在乡村旅游高质量发展的背景下，部分乡村逐渐显露出闲置资源和优势资源转化成经济收益不足、专业乡村旅游人才缺乏、乡村旅游产品同质化等困境，难以满足游客对乡村旅游品质提升的需求，需要培育更专业的新型经营主体推进地方乡村旅游的高质量发展。目前，山区海岛26县的部分村落已经展开了初步尝试，如松阳县的共富合伙人、淳安县下姜村的大下姜联合体等。新型经营主体在乡村旅游发展中的作用日益显现。

三、浙江省山区海岛26县乡村旅游发展的困境

为更深入地了解浙江省山区海岛26县乡村旅游发展的情况和新型经营主体参与乡村旅游的情况，作者团队自2021年年初至2024年5月对丽水市缙云县、景宁畲族自治县、青田县、衢州江山市、台州仙居县、温州平阳县、文成县等地展开了多次实地调研。通过对当地村民、村干部、县域旅游主管部门工作人员、旅游经营企业、旅游合作社、旅游运营商等新型经营主体及乡村旅游利益相关者的访问座谈，了解并掌握当地乡村旅游发展的现状和遭遇的瓶颈，新型经营主体的旅游经营模式和发展阻力，地方政府对新型经营主体的相关政策，进而总结归纳山区海岛26县乡村旅游发展的困境，提出新型经营主体助力乡村旅游的实施路径。

（一）土地资源和资金不足

乡村旅游的发展与土地利用的耦合互动作用明显，土地整治所形成的景观是发

表1　浙江省山区海岛26县汇总[①]

所在市	山区海岛26县
杭州市	淳安县
丽水市	遂昌县、莲都区、龙泉市、云和县、缙云县、松阳县、景宁畲族自治县、庆元县、青田县
衢州市	柯城区、开化县、江山市、衢江区、龙游县、常山县
金华市	武义县、磐安县
台州市	三门县、仙居县、天台县
温州市	永嘉县、平阳县、泰顺县、文成县、苍南县

① 表格来源：由作者根据浙江省公布的山区海岛26县名单分类汇总所得。

展乡村旅游的基础。首先，土地权属、土地功能等隐形属性会限制和制约乡村旅游的发展。山区海岛 26 县多为八山一水一分田，本身用地狭仄，缺乏连片土地能用于乡村旅游开发，且多数乡村旅游项目的规模不大，投资额较低，在获得县域统筹增量土地上不具有优势。而存量土地多数存在着用途控制，不易改变用地性质；此外，在现有土地制度下，村民仅可转让宅基地的使用权，也给旅游项目的开发增加了许多不确定性。其次是地形制约，山区村庄受地势落差、地形阻隔，不易形成能提供多种旅游活动和要素的集聚区，加之多数乡村旅游目的地的可进入性较低，开通目的地公共交通有一定困难，盘山公路以及停车场等交通基础设施的落后，也会影响游客体验，导致单个乡村旅游产品的市场引力半径有限。此外，资金也是制约其发展乡村旅游的重要因素之一，部分村集体经济仍不丰裕，出现"民富村穷"的现状，村集体的经济薄弱导致难以有充足的底气投资发展旅游业。

（二）区位优势不足

浙江省山区海岛 26 县的乡村的区位条件不佳，距离上海、江苏、杭州等主力消费市场较远。游客自驾较远，而高铁并未完全通达，市内公共交通多有不便，没有专门的旅游公共交通，乡村旅游的"最后一公里"亟待解决。乡村旅游本身就具有短途、短距离的特点，多数乡村旅游目的地主要满足周边城市游客短途休闲和度假的需求，并不具备吸引中长途游客的资源禀赋。比如，上海游客自驾浙江乡村旅游发达的湖州市只需要 2 小时，自驾山区海岛 26 县乡村的车程却超过 5 小时。所以从区位条件来看，山区海岛 26 县乡村具有距离主要客源市场远、交通不便的弊端。

（三）旅游市场开拓不足

山区海岛 26 县乡村旅游产品的迭代升级与消费新趋势的不同步，资源优势不明显、管理能级较低。众多乡村的"美丽"有雷同之感，"千村一面"的村庄特色不明、定位不清，旅游产品同质化突出、吸引力不强，易与周边地区形成竞争关系，无法错位吸引旅游市场。因此，旅游产品很难满足乡村旅游者需求。另外，"酒香也怕巷子深"，山区海岛 26 县的乡村旅游需要利用好运营手段对接旅游市场，利用新媒体手段进行宣传，才能找到目标客源市场引入乡村。而对于现在山区海岛 26 县的乡村旅游经营者来说，由于其综合素质相对较低，难以把握消费动向，营销宣传不精准，对接旅游市场的能力也较弱，市场开拓不足。

（四）专业化的经营主体缺失

山区海岛 26 县大多数村庄缺乏乡村旅游运营及农文旅融合的综合型专业人才，也缺乏岗位、编制、待遇等配套机制来聘请专职人员推动乡村旅游运营、农文旅融合工作。

四、发挥新型经营主体在乡村旅游高质量发展中的多重功能

（一）新型劳动对象：在旅游资源整合方面的功能

更广范围的劳动对象是新质生产力的物质基础。在乡村旅游从"资源依赖"向

"创意依托"转变的过程中，新型经营主体所拥有的旅游开发专业能力能够挖掘乡村闲置资源，通过"变废为宝"实现乡村现有土地资源的高效利用。用地问题始终是困扰乡村旅游发展的难题之一。在破除土地制约上，可以借助土地发展公司、土地储备机构、土地银行等新型经营主体的业务，通过完善盘活闲置农房、委托经营和维护管理机制，流转四荒地、闲置地、危旧房、废旧矿山等资源的使用权，挖掘山区县乡村旅游发展用地潜力。比如安吉鲁家村成立股份经济合作社，统一将闲置的宅基地、集体经营性建设用地、山林等资源进行集中流转，根据产业发展需要，将这些资源再与其他经营者对接，吸引了近20亿元的工商资本投资。

（二）新型劳动资料：在旅游产品创新方面的功能

更高技术含量的劳动资料是新质生产力的动力源泉。新型经营主体需要通过创新旅游产品、旅游经营模式、营销模式、管理模式，改革乡村旅游的生产方式，促进高质量发展。一是以新型经营主体为创新载体挖掘地方文化，做好一、二、三产融合，打造具有市场吸引力的旅游产品。如乌镇横港村引进设计师团队对村庄进行本土化挖掘和艺术化再造，并在此基础上衍生了青少年教育、花艺等产业，突破了固有的单一产业发展模式，提升了乡村旅游产业链条各要素的质量层级。二是通过新型经营主体的运营形成有分工协作的乡村旅游集聚区。如杭州市临安区龙门秘境石门村、龙上村和大山村，在同一新型经营主体的统一运营下，将三个乡村不同的旅游资源因地制宜地联合发展，分别开发探古、康养、研学等不同类型的旅游产品；同时以旅游赋能农业，将当地的农产品品牌化，形成"龙门秘制"系列旅游伴手礼。三是凭借新型经营主体的营销能力打造乡村旅游的区域品牌，深入对接客源市场，破除山区海岛26县乡村的区位限制。比如衢州市旅行社协会就以"腾云·旅游根据地"品牌为抓手，发挥线上和线下联合营销的优势为衢州乡村旅游输送了大量客源。四是用好新型经营主体提供旅游发展所需的基建、卫生、环境、数字等公共服务。如杭州市临安区指南村的新型经营主体借助数字技术实现乡村旅游管理"一张图"，建立指南村数智乡村数据中心，实时掌握游客、车辆、民宿空余床位数等信息；开发红叶指南智慧旅游小程序，将指南村精品旅游线路、智能云讲解、指南云上直播、特色民宿、指南农特产品、智慧停车导览等功能整合上线，满足游客多样化需求的同时，方便新型经营主体对乡村的统一管理。

（三）新型劳动者：在培育和管理旅游人才方面的功能

更高素质的劳动者是新质生产力的第一要素。新型经营主体能够为乡村旅游带来能够创造新质生产力的战略人才，以及熟练掌握新质生产资料的应用型人才。通过外引内育的方式培养旅游新型劳动者。首先，借助新型经营主体的社会关系网，可以组建乡村旅游专业团队或者招引各式各样的创业者，吸引社会精英"逆城市化"移民，为地方的乡村旅游发展提供高层次高素质的人才；也可以通过在乡村社区成立乡贤理事会或者由乡贤牵头成立新型经营主体，从而实现乡贤返乡创业，吸引年轻人返乡回乡，比如余杭区青山村成立的"青山同心荟"，连接了返乡乡贤、新乡贤等一批新的社会阶层人士共同参与乡村发展的新格局。其次，借助新型主体挖掘闲置劳动力潜力，对从事旅游经营和想要参与到旅游发展中的村民进行专业化、个性化、正规化的技能培训，协助乡村劳动力正规或非正规就业。比如杭州森活文化旅游发展有限公司在临安区洪村村打造的"洪运家宴"，将村里长期赋闲的农村妇女组织成为厨娘队，请来专家对其厨艺和旅游服务技巧进行专业的培训，并且帮助厨娘开办农家乐招待乡村游客，充分调动了村内赋闲人员的劳动积极性，带动村民就业。最后，发挥新型经营主体的整村化治理效能，当好第二村委的角色，构建完善的利益分配机制，实现互惠共赢。通过构建完善的利益分配机制来加大当地村民的收入，搭建多元工作机会，防止乡村人才外流，降低空心村的概率，促进乡村人力资源的代际发展（见图1）。

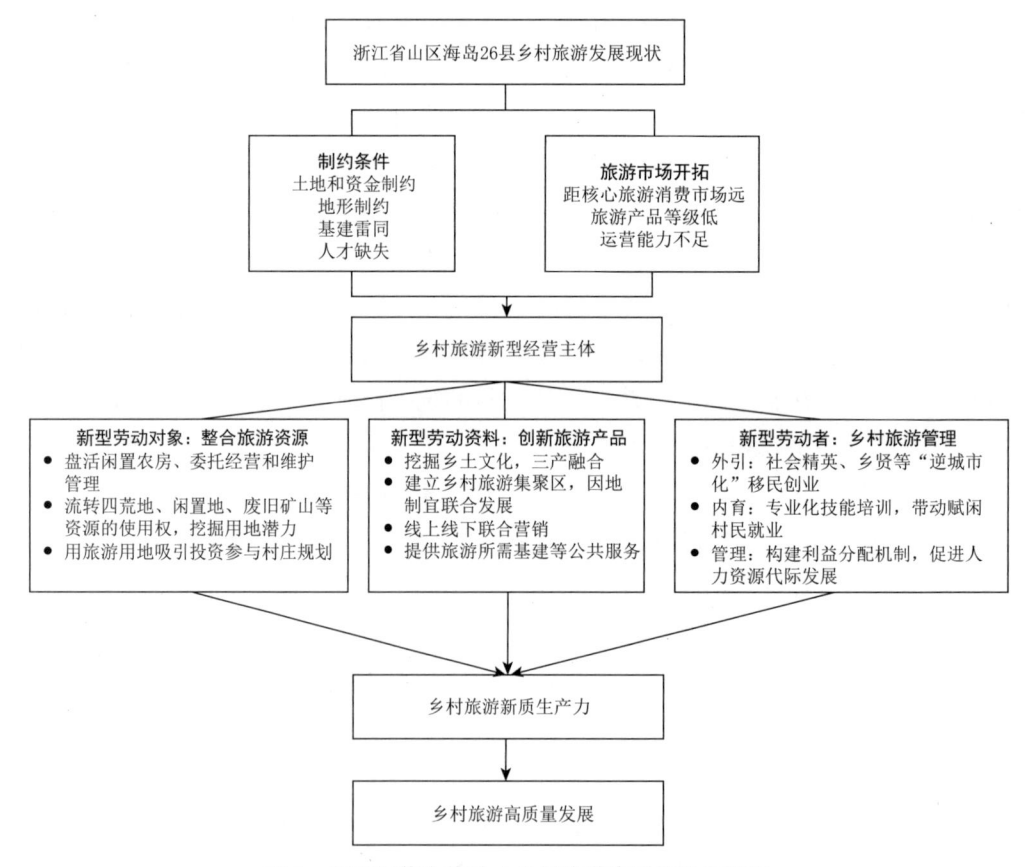

图1　新型经营主体助力乡村旅游高质量发展路径

五、培育乡村旅游领域新型经营主体的对策建议

（一）为乡村旅游业培育多样化新型经营主体

基于乡村旅游要素多元、业态交叉、内容多样的特点，要强化专业化、多样化、有活力的新型经营主体培育。一是涵盖不同业务范围，围绕乡村旅游发展的不同环节引育具有设计、运营、营销等不同专长的复合型新型经营主体。二是灵活采用不同体制，依据其经营内容灵活设置不同体制的新型经营主体，比如土地开发相关的新型经营主体可以采取国有公司、事业单位等形式；旅游产业相关的新型经营主体可以采取民营企业、集体组织、农民合作社等形式；旅游公共服务相关的新型经营主体可引入社会企业的形式。三是发挥地方政府政治和资源势能，打通城乡要素流动的堵点，做好外引和内育，吸引外来新型经营主体下乡创业；同时积极培育内生动力，鼓励村集体和当地村民通过构建独立或内外合股的新型经营主体参与乡村旅游发展。

（二）以帮扶政策加快对新型经营主体的培育

一是转变观念，地方政府需转变招商引资观念，传统景区的开发模式并不适用乡村，不能仅关注大企业大资本，小型专业的经营主体适合乡村旅游业小体量、个性化的特点。比如临安区乡村运营，通过引入城市运营商对乡村进行整村运营，以"+旅游"的方式发展乡村旅游新质生产力，带动乡村的全面发展，实现了经济效益和社会效益的双赢。二是用好专项计划，乡村旅游从开发前、建设中到运营时的各个环节牵涉多个政府相关部门。各部门要破除条块分割，不仅在现有企业和创业团队的培育计划中纳入涉旅企业，也可跨部门制订更有针对性的专项培育计划。对于通过新型经营主体整理出来的土地和生态资源，应充分考虑旅游项目发展需求。三是加强财政投入，建议开展区县试点，将涉及休闲农业、乡村旅游的新型经营主体纳入当地财政优先支持范畴，在考察其经营内容的基础上纳入政府购买服务名单，设立针对新型经营主体或乡村旅游产品的奖补计划。四是创新金融保险服务，优化乡村旅游创业的贷款程序，鼓励开发专属金融产品支持乡村旅游新型经营主体；鼓励保险机构探索适合乡村旅游情境、满足新型经营主体保障需求的险种。五是强化人才支持，以政府委托的方式鼓励新型经营主体在乡村开展针对性培训，将乡村的闲置劳动力利用起来，培养本地化适用人才。六是发挥组织作用，充分依靠和发挥基层组织的组织协调作用，转变村干部思想观念，做好新型经营主体和村民之间的桥梁。村集体是村民和外来旅游经营者之间的最重要的媒介，由于乡土人情社会具有的特征，需要村集体帮助新型经营主体快速融入乡村，以便更好地开展乡村旅游工作。

（三）以共同富裕为纲加强对新型经营主体的责任引导

一是引导利益联结，确保在新型经营主体参与乡村旅游发展的过程中，村集体和村民始终保有知情权、参与权和话语

权。加强双方的利益联结，将新型经营主体对集体发展和村民共富的贡献纳入评价指标，与奖补政策挂钩。引导新型经营主体与集体共建本地化合股公司，提高基层自组织的经济实力。在全面完成确权登记的基础上，尽快构建纳入多元价值的生态资产价值核算体系，以股份合作保障村民共享发展红利奠定基础。二是强化监管机制，在深化"放管服"的同时，从生态红线、遗产保护、乡土风貌、规范经营、风险防范等方面加强监管。通过数字化手段，加强对新型经营主体的统计调查、监测分析，做好管理服务。比如浦江县推出数字农旅不仅让民宿办证"一次都不跑"，而且加强了对民宿的规范管理。三是加大宣传力度，发挥各类媒体的作用，创新宣传形式，营造良好氛围，以典型经验和成功案例调动各类企业下乡，促进城市资源向乡村流动。

六、结论

研究表明，目前山区海岛26县发展乡村旅游仍存在土地资源和资金不足、区位优势不明显、旅游市场开拓不足、专业化经营主体缺失等困境，亟须新型经营主体的介入。本文建议地方政府通过政策引导、责任引导和激励引导的方式引入并培育乡村新型经营主体，发挥其在拓展乡村旅游的劳动对象、创新乡村旅游的劳动工具、培育新型劳动者等方面的多重功能，提升乡村旅游产业链条各要素的质量层级，形成新质生产力，进而推动乡村旅游转向高质量发展。

本文虽局限于对浙江省的山区海岛26县为案例地的探索，但山区海岛26县的乡村旅游发展经验对全国非资源优势乡村发展旅游业具有一定的普适性和借鉴意义。在今后的研究中，如何契合地方环境培育多元化的新型经营主体，如何发挥不同新型经营主体在生产新质生产力方面的不同优势，从而通过多元路径推动乡村旅游的发展，都值得探讨。

参考文献

［1］习近平.高举中国特色社会主义伟大旗帜——为全面建设社会主义现代化国家而团结奋斗——在中国共产党第二十次全国代表大会上的报告［J］.党建，2022（11）：4-28.

［2］王金伟，吴志才.乡村旅游绿皮书（2023）［M］.北京：社会科学文献出版社，2024.

［3］骆高远.发展乡村旅游的意义与思路［J］.乡村振兴，2021（10）：86-87.

［4］李小云，于乐荣，唐丽霞.新中国成立后70年的反贫困历程及减贫机制［J］.中国农村经济，2019（10）：2-18.

［5］何琼峰，宁志中.旅游精准扶贫助推贫困地区乡村振兴的思考［J］.农业现代化研究，2019，40（5）：721-727.

［6］鲁元珍.我国新增四个"最佳旅游乡村"［N］.光明日报，2023-10-20（010）.

［7］刘婷婷，保继刚.面向非垄断性旅游资源：乡村旅游地的路径选择与制度演化［J］.旅游学刊，2023，38（11）：15-27.

［8］任金政.乡村振兴"领头雁"的培育与动力激发［J］.人民论坛，2024（1）：30-35.

［9］罗文斌，谢海丽，唐叶枝.基于农民

参与视角的乡村旅游高质量发展路径分析[J].农业展望,2020,16(12):85-88+93.

[10]王婷,姚旻,张琦,宁志中.高质量发展视角下乡村旅游发展问题与对策[J].中国农业资源与区划,2021,42(8):140-146.

[11]蔡碧凡,陶卓民,张建国,等.浙江休闲农业经营主体发展特征与空间演化[J].经济地理,2017,37(5):181-190.

[12]李任."双向奔赴":文旅发展新趋势下营销创新的理念与模式[J].理论月刊,2023(12):106-116.

[13]王晓晖,黄强.以发展新质生产力为重要着力点推进高质量发展[N].人民日报,2024-03-12(009).

[14]牛君仪.乡村旅游转型升级与新型农业经营主体培育[J].农业经济,2014(9):43-45.

[15]车海艳,李剑锋.乡村旅游新型经营主体培育研究——以山西省13个乡村旅游示范村为例[J].运城学院学报,2021,39(2):48-52.

[16]习近平经济思想研究中心.新质生产力的内涵特征和发展重点[N].人民日报,2024-03-01(009).

[17]杨泽伟.积极探索村庄经营市场化改革[J].政策瞭望,2022(3):50-52.

[18]罗文斌,楚雪莲,雷洁琼,丁德孝.乡村旅游导向型土地整治模式:内涵、机制及路径[J].中国国土资源经济,2022,35(2):67-76.

[19]管婧婧,陈伟洪.发挥乡村运营在乡村旅游中的作用[N].中国旅游报,2022-10-14(003).

[20]吴中梁,陈伟洪,陈丽茜,张明生.临安"村落景区"运营的实绩与建议[J].浙江农业科学,2021,62(8):1575-1577+1579.

[21]张星星.农村集体经营性建设用地旅游开发模式选择研究[D].郑州大学,2021.

[22]袁政,李宇,黄羽洁.非遗传承活态保护视角下乡村景观设计——以乌镇横港村为例[J].绿色科技,2020(11):23-25.

[23]李涛.中国乡村旅游投资发展过程及其主体特征演化[J].中国农村观察,2018(4):132-144.

文化研究

基于文化生态链理论视角的文化生态保护区建设研究

徐宁宁[1]　崔凤军[2]　叶征宇[1]

（1.台州学院，浙江　台州　318000；
2.台州市文化和旅游研究院，浙江　台州　318000）

摘　要：文化生态保护区建设是国家对非物质文化遗产和文化生态保护的有效方式和重要抓手。各地在创建过程中探索出了一系列的成功经验，但也存在措施针对性不强、体制机制不健全等问题。其中，梳理在文化保护和传承过程中存在的突出问题并施之切实可行的措施至关重要。以浙江省和合州文化生态保护区为研究区域，采用访谈文本和马蜂窝游记作为研究样本，以扎根理论构建文化生态保护区发展与问题框架。借助文化生态链这一理论框架构建了文化资源、生产、传播和消费之间的关系模型，提出了优化文化生态保护区建设与非物质文化遗产保护传承的相关对策。

关键词：文化生态保护区；和合文化；扎根理论；文化生态链

一、引言

国家级文化生态保护区是以保护非物质文化遗产为核心，对历史文化积淀丰厚、存续状态良好，具有重要价值和鲜明特色的文化形态进行整体性保护，并经国家文化主管部门同意设立的区域。我国文化生态保护区建设经历了从"少数民族民间文化的保护"到"民间传统文化的保护"再到"区域性整体保护"的三次转型。2007年6月文化部批准设立国家级文化生态保护实验区，2019年12月又将部分试验区正式公布为国家级文化生态保护区，标志着我国非遗保护工作进入了整体性、系统性和生活性保护的新阶段。

文化生态保护区建设的理论基础是文化生态理论和生态博物馆理论。文化的生态性、文化生态的系统性与文化生态系统的动态性与区域性，成为设立国家文化生态保护区建设的理论依据。建设的主要原则是整体性保护，建设的路径是发挥政府主导、民众主体职能，以及加强环境建设，维持文化生存发展所需的自然和文化环境，基本原则是开放、发展、明确主体、保护价值观四个原则。

作者简介：徐宁宁，博士，主要研究方向为旅游消费者行为；崔凤军，教授，博导，主要研究方向为乡村旅游、文化旅游；叶征宇，主要研究方向为旅游治理。

当前，国内对文化生态保护区的研究尚处于起步阶段，通过定性方法研究的学者更是凤毛麟角。学界对文化生态保护区的研究主要集中在文化生态学视角下对理论和实践的探索，如实践过程中的核心场域、保护范围上的圈定、问题研究、优化路径等，空间研究围绕空间性、文化空间、空间认知、空间转变、空间生产、空间赋能等，实证研究主要围绕居民文化认同。在保护手段上多围绕"抢救性保护""原地保护""活态保护""生产性保护"和"整体性保护"的原则性问题的探讨，缺乏具体操作性案例。

保护与利用是一体两翼。旅游和文化自古以来便难以分家，文化发现价值，旅游体验价值；文化创造价值，旅游实现价值。在文旅融合往纵深发展的大背景下，文化和旅游在形态上相融、产业上相通、业态上相连、功能上相关，非遗不仅仅是文化传承，也已经成为重要的旅游吸引物。事实上，旅游是文化遗产保护和旅游开发互动的基础动力，传统的非物质文化遗产与物质文化遗产能够带动区域旅游经济发展。文化在时间上串联古今，旅游在空间上纵横天下。文化生态中文化鉴赏与游憩体验的服务功能正如海德格尔所讲"诗意的栖居"那般天作之合，但学者在文化生态整体性保护与旅游开发的结合研究上尚未见有价值的学术文献，鲜有旅游学者对此关注。

文化生态保护区的根本宗旨是保护，在信息化时代，开发利用手段更加科学，可以通过一定程度的合理开发利用更好地保护文化遗产，如非物质文化遗产的活态传承、保护区的资金来源等。但在保护的大前提下如何实现合理利用，如文化遗产旅游的发展需要采取什么模式、遵循哪些原则、怎样进行监管等都不能回避，需要专家学者进行研究和明确。本文以文化生态链理论为依据，以浙江省级和合文化生态传承保护区为研究对象，通过扎根理论进行质性研究，探寻文化生态保护区运行中存在的问题，寻找开发利用与整体保护之间的平衡，提出精准化治理对策。

二、研究区域

为贯彻国家文化生态保护规定，浙江省设立了省级文化传承生态保护区。在名称上增加了"传承"两字，主要意图是指立足非物质文化遗产（下称"非遗"）整体性保护、传承，通过项目融合、产业融合、市场融合，凸显区域文化特征、培育特色产业集群，提升优秀传统文化传承发展能力，促进地方经济、社会、文化全面协调发展。

台州市天台县作为浙江省和合文化传承生态保护区（下称"和合生态区"）创建地，以和合文化为核心，以非遗整体保护为主要内容，设立的初衷是促使区域内的文化遗产尤其是非物质文化遗产得到全面、完整、可解读的保护，并在此基础上达到文化多样性的保存。天台县位于浙江中东部，是和合文化遗存的主要区域，各乡镇（街道）共普查非物质文化遗产资源线索1673条，已经公布7批县级以上非物质文化遗产项目144项，其中以"和合文化"为内涵的项目，包含寒山拾得传说、济公传说、一根藤制作技艺、天台山易筋经、摆看桌、囡节等。例如，以干漆夹苎造像工艺为代表的民间工艺和传统民俗，就其物质的和非物质的文化形态而言都蕴含着丰富的和合文化内涵。显然，保护好、维护好这种良好的文化生态，意义重大。

和合生态区总面积 1431.66 平方公里。根据和合文化传承保护区建设方案，实施"两地一区"文化地标计划，即打造和合文化传播地、和合文化标志地，建设和合文化传承发展示范区的保护格局。其中，国家级风景名胜区、5A 级旅游景区天台山景区为核心保护区，三镇（白鹤镇、街头镇、三合镇）、一村（平桥镇张思村）、一街道（赤城街道）、一乡（龙溪乡）为重点保护区，境内其余区域为一般保护区。

三、研究方法

（一）数据来源

研究数据主要来源于和合文化生态保护区的访谈资料、和合文化生态保护区提供的文件资料、网络整理的新闻资料以及文献资料。调研小组于 2021 年 2 月至 11 月对和合文化生态保护区进行了为期 10 个月的深入调研，对和合文化生态保护区的政府主管人员、非遗传承人、游客等利益相关者进行半结构化访谈和深度访谈，重点围绕和合文化生态保护区以及非遗保护和开发面临的问题等方面展开。有效访谈受访者 18 人，每位受访者接受访谈时间约 45 分钟，共整理访谈文本和各类资料约 35 万字。

（二）分析过程

使用扎根理论在进行内容收集和分析的时候遵照开放化原则，其关于方法和程序使用方面也形成了一定范式，包含极其严格的分析程序，从以下四步骤进行分析：第一，已有文化生态保护区相关文献的梳理与整理，目的是为可以进一步确定想要研究的问题，明确最终研究目的；第二，关于方法所要采取的研究文本的收集，借助合适的调查方法在明确调研对象的基础上通过访谈、游记收集、文献分析等质性方法收集数据；第三，数据的梳理与解析，在数据编码的基础上，从大量的文本材料中提炼出主要概念类属、范畴类属以及每个范畴所对应的核心范畴，并且建立不同范畴间的关系，得到初步结论；第四，理论模型的构建，对上一步骤所获得的初步结论，通过"取其精华，去其糟粕"的方式进行理论的加工、提炼与精练，最终能完成理论模型构建的目标。

四、研究结果

（一）开放式编码

开放式编码是对所收集和整理的和合文化生态保护区的相关访谈和游记数据的第一步处理，全面阅读访谈中获取到的文本资料和游记资料并完成文本的概念化。该过程是对所获取的原始文本资料全面进行编码并开展完整的研究解析。具体而言，首先把已经整理好的可用的访谈文献材料分开，通过对每个字眼的详细分析，将游记的原文本抽象为初始概念，其次将其范畴化。本研究使用 NVIVO11.0 对 18 篇深度访谈资料和 16 篇游记采取开放式编码（见表 1、表 2、表 3）。

表 1 和合文化生态传承保护区研究对象资料

资料形式	资料概况
网络游记	第一部分资料是选择国内知名度较高的游记网站马蜂窝及飞猪,在平台检索游记目的地为"天台",2018—2021年的游记总计53篇,在全面阅读游记的基础上,筛选出提到非遗以及文化生态保护区的游记16篇
深度访谈	2021年2月23日,在天台县对非遗保护中心主任和2位非遗传承人进行访谈 2021年5月1日,在天台县对3位非遗传承人进行深度访谈 2021年5月3日,在天台县对3位非遗传承人进行深度访谈 2021年5月4日,在天台县对2位非遗传承人以及1位企业经营者进行深度访谈 2021年8月18日,在天台县对3位非遗相关企业经营者进行深度访谈 2021年11月23日,在天台县对文旅局长以及2位非遗传承人进行深度访谈

表 2 和合文化生态传承保护区研究开放式编码

文件类型	文件名称	研究对象特征		资料时间	资料编号
		人数	天数		
访谈	寺若成,国即清——国清寺见闻	2	1	2018/4/13	YJ-04
	天台山桐柏宫 浙江道教学院	1	1	2018/4/25	YJ-05
	天台博物馆	1	1	2018/4/27	YJ-07
	寻霞客古道,访天台圣境,饱览沿途风光	1	1	2018/5/24	YJ-13
	国清幽居,好一派禅意生活	3	2	2018/6/21	YJ-15
	前无古人第十季浙江第十九集——天台:济公,游本昌,李修缘	2	1	2019/5/27	YJ-29
	和合三教之旅	2	3	2019/7/3	YJ-30
	佛宗道源 山水神秀——路过不可错过	1	1	2019/8/30	YJ-32
	在国清寺看古建、吃斋饭、品茶、赏花	3	1	2019/11/2	YJ-34
	天台山游	3	1	2019/11/3	YJ-35
	到南屏观莲花梯田/登南黄古道看万山红遍层林尽染	2	1	2019/12/1	YJ-36
	溯溪国清寺,风雨华顶山	1	2	2020/5/4	YJ-43
	阳春四月行走在天台山华顶杜鹃、石梁飞瀑间	3	1	2020/5/11	YJ-44
	寻味天台,城东大院的"九大碗"堪称经典	1	1	2020/6/3	YJ-48
	天台有个研学基地,不仅可以体验扎染,还能亲手做鸡炖鱼烘面包	2	6	2020/6/8	YJ-49
	济公故居	2	3	2020/9/11	YJ-50
	天台县非遗保护中心主任	3	1	2021/2/23	FT-01

续表

文件类型	文件名称	研究对象特征		资料时间	资料编号
		人数	天数		
访谈	省级非遗"一根藤"制作技艺传承人	3	1	2021/2/23	FT-02
	省级非遗天台山云雾茶制作技艺传承人	3	1	2021/2/23	FT-03
	省级非遗灵溪奚家拳传承人	2	1	2021/5/1	FT-04
	省级非遗灵溪奚家拳传承人	2	1	2021/5/1	FT-05
	市级非遗天台红曲酒传统酿造技艺传承人	2	1	2021/5/1	FT-06
	市级非遗银饰錾刻技艺传承人	2	1	2021/5/3	FT-07
	市级非遗佛像泥塑技艺传承人	2	1	2021/5/3	FT-08
	市级非遗佛像泥塑技艺传承人	2	1	2021/5/3	FT-09
	国家级非遗天台山干漆夹苎技艺传承人	2	1	2021/5/4	FT-10
	省级非遗天台山云雾茶制作技艺传承人	2	1	2021/5/4	FT-11
	天台县旭日茶业经营者	2	1	2021/5/4	FT-12
	天台温泉山庄经营者	2	1	2021/8/18	FT-13
	浙江济公缘药业有限公司经营者	2	1	2021/8/18	FT-14
	天台艾草文化体验中心经营者	2	1	2021/8/18	FT-15
	天台县文旅局局长	2	1	2021/11/23	FT-16
	国家级非遗天台山干漆夹苎技艺传承人	2	1	2021/11/23	FT-17
	国家级非遗济公传说传承人	2	1	2021/11/23	FT-18

表3 和合文化生态传承保护区研究开放式编码形成的概念

原始语句示例	概念化类属
非遗进校园的涉及单位多,落实困难,正在推进。有些产业要去促进其做大,得提供厂房、资金,那么涉及的土地问题、资金问题协调困难	A1 部门联席保障堵塞
主管部门两三个人员编制力不从心,一年十几万元的经费对非遗保护工作也微乎其微	A2 体制保障亟须健全
现在对于文化生态保护区的一个问题就是机构不健全,我觉得应该成立专门的工作组或者专门的办公室来管理	A3 管理机构不健全
政府对非遗云雾茶的支持力度很小,见不到开推介会,也几乎没有给予政策、资金等扶持;按照传统做法,存在产量不高、利润不大的问题。非遗名录十个类别中,只有传统技艺与传统美术容易形成产业,其他都比较困难,只能靠政府拨款	A4 政府支持力度不够
有些地方政府只考虑经济效益,不顾社会效益,非遗是中华民族五千多年文化的智慧结晶,只考虑经济效益只会给传统文化抹黑	A5 政府立场不坚定

续表

原始语句示例	概念化类属
整个县都是和合文化（传承）生态保护区，是人民政府牵头的，但是他们那么多事情，哪里能管得过来	A6 行政边界不明确
那些用玻璃钢制造的用 20 年就坏掉了，这有损我们荣誉，政府只考虑能赚钱就行，就不重视这个事情，时间长了，就坏掉了	A7 创作标准缺失
如果是把非遗和旅游结合起来，那一定要注意，一定是游客感兴趣的、程序简单，但是这对非遗的本真性又是挑战	A8 开发和保护矛盾
目前存在技术尚未传承好的问题，要坚持"先技术后市场"的原则，贸然进入市场容易被吞噬	A9 非遗学徒手艺不精
这项技艺不出几十年，还是要失传的，因为已经看不到人接上来	A10 传承人青黄不接
现在报上去的每个项目的传承人只能是一个，有一个项目的传承人都 80 多岁了	A11 传承人录入体系不合理
传承人资金补助以前都是省里发给县里，县里发给个人，现在直接发给个人了，但是他们领了钱又不干活	A12 传承人考核机制不完善
到第五代就没有传承人了，年轻人吃不了苦，待不到三个月就走了，这是最大的问题	A13 非遗传承队伍断层
我们非遗传承对雕塑、画画这些功底要求很高的，符合要求的人比较少	A14 非遗传承技艺要求
现在那些商人为了赚钱，用玻璃钢代替原材料，这样成本低，售价也低，真技艺 10 万元，这个 1 万元就搞定了	A15 商品化导致技艺失真
一个人想要掌握泥塑的全部流程，起码要 15 年	A16 非遗传承学习周期长
非遗有的技艺对原材料的要求比较高，就比如干漆夹苎和一根藤，原材料是比较难获取的	A17 非遗传承原料获取不易
非遗本来就是时代发展的产物，应该是跟随时代不断进步的，但是有的非遗就还是传统方式，这样下去迟早会消失的	A18 非遗技术传承发展困难
现代医药技术能够把中药浓缩到胶囊里，那么乌药的制作技术只用作展览了	A19 现代科技取代古法
苎麻渔网是非遗，但现在尼龙绳便宜又坚固，谁还用苎麻	A20 科技取代传统手艺
外行人看不出手工不手工，再加上工业产品价格便宜不止一点，买的人少之又少	A21 市场产品良莠不齐
手工茶传承人越来越少，手工艺人缺失，迫于生计外出打工人多。技艺传承没法速成，手感经验需要日积月累，手工茶有市场，才能吸引劳动力长时间参与	A22 非遗产业利润不高
有些像县级非遗"三合大油泡"，其产业就是做不大的，由于其夫妻店、作坊式的传承方式，一做大就难以保证质量，从而影响品牌	A23 非遗产业化困难
现在环保查得严，硬碳不让烧，这项非遗也无从保存	A24 环保法律制约
现在有些非遗，比如说锤面，还是传统的制作和售卖方式，这样效率又低，又不利于手艺传承	A25 非遗技艺不更新
当一些村里的传统舞蹈演艺在县文化馆排演时，文化馆的审美视角会和村里民俗起冲突。县里觉得二胡、笛子等旋律难登大雅之堂，村里坚持传统不接受改变，造成僵局	A26 传统与现代审美冲突
对非遗的保护和传承是有问题的，如果只是靠建个展示柜就能保留下来，那绝对是不可能的	A27 非遗展示需活化

续表

原始语句示例	概念化类属
挂饰多是在一些节日里才拿出来，解放之后当地的民俗简化得厉害，这些行当也就没有人置办了	A28 非遗使用场景减少
小济公动画片作为济公传说宣传的渠道，需要继续编写续集，让济公传说可以一直流传	A29 传播渠道单一
现在文旅局会邀请我去文化礼堂讲济公故事，也会发在自媒体，但是传播还是需要政府大力支持的	A30 传播方式待拓展
济公故事还是需要接着编下去的，然后出书，这样才能把传说留下来，我年纪大了，身体和精力有限	A31 传播挖掘不深入
目前和合文化（传承）生态保护区的保护规划和设定以及整个项目的实施过程中，民众的主体性并没有得到关注，整个项目应该是见人见物见活化的	A32 民众主体性缺乏
云雾茶作为台州唯一的非遗茶，品质也上等，那么政府办公用茶都没有用非遗，谈何支持非遗	A33 政府支持路径欠缺
银饰錾刻由于是纯手工的技艺，手工费超过材料费许多，所以价格没有竞争力	A34 非遗产品价格高
非遗项目体验需要时间，旅行社不愿意把游客带过来消费，他们一般是到一个点就要走的	A35 企业引导不到位
济公传说虽然不比其他技艺可以体验，但是也可以通过设计一些文创产品，像熊大熊二一样，做成书包、文具，这样才能活化	A36 非遗体验层次低

资料来源：研究者根据访谈整理。

（二）主轴编码

主轴编码是在开放式编码完成后，开展下一步数据分析，主要是为了发掘不同概念之间的从属关系。本研究对获得的初始概念和范畴之间的相关关系以及可能存在的从属关系开展分析。最终形成非遗保护不力、非遗传承受阻、非遗创新困难、非遗产业化受制、传播渠道断链、传播深度待挖掘、信息不对称和非遗体验层次低8个范畴（见表4）。

（三）选择性编码

选择性编码是在完成主轴编码后，进一步整合类别间的关联，抽取出所要提取的故事线，从而梳理出最终的包含因果关系的模型框架。在对主范畴梳理的过程中，发现可以借助文化生态链理论梳理和合文化生态传承保护区整个文化生态链现存的问题与作用机制，构建和合文化生态传承保护区问题的研究框架。该理论认为，文化生态链包括文化资源、文化生产、文化传播和文化消费等环节，涉及文化资源到文化消费的全过程（见表5）。

上述理论给本文的启示为：可以从文化资源、文化生产、文化传播和文化消费这四个文化生态链的层面梳理和合文化生态传承保护区遇到的问题。文化资源指的是人们从事一切与文化活动有关的生产和生活内容的总称，本研究涉及的文化资源

表 4　和合文化生态传承保护区研究主轴编码

范畴化类属	概念化类属	范畴定义
B1 非遗保护不力	A1 部门联席保障堵塞 A2 体制保障亟须健全 A3 管理机构不健全 A4 政府支持力度不够 A5 政府立场不坚定 A6 行政边界不明确 A7 创作标准缺失 A8 开发和保护矛盾	非遗保护不力指的是在非遗保护过程中所存在的各个环节问题，如保护机构环节方面的体制机制问题、保护主体方面的标准维持问题
B2 非遗传承受阻	A9 非遗学徒手艺不精 A10 传承人青黄不接 A11 传承人录入体系不合理 A12 传承人考核机制不完善 A13 非遗传承队伍断层 A14 非遗传承技艺要求 A15 商品化导致技艺失真 A16 非遗传承学习周期长 A17 非遗传承原料获取不易 A18 非遗技术传承发展困难	非遗传承受阻指的是非遗在传承过程中所存在的各种阻碍因素，如传承人的问题、传承考核机制的问题以及所需要传承的非物质文化遗产本身的原料找寻问题
B3 非遗创新困难	A19 现代科技取代古法 A20 科技取代传统手艺 A21 市场产品良莠不齐	非遗传承困难指的是非遗在随着时代发展的过程中所遇到的创新问题
B4 非遗产业化受制	A22 非遗产业利润不高 A23 非遗产业化困难 A24 环保法律制约 A25 非遗技艺不更新 A26 传统与现代审美冲突	非遗产业化受制指的是非遗在通过产业化实现传承的过程中所存在的制约问题
B5 传播渠道断链	A27 非遗展示需活化 A28 非遗使用场景减少 A29 传播渠道单一	传播渠道断链指的是非遗在传播环节所存在的渠道断链的问题，如非遗的使用场景减少和传播渠道较为单一
B6 传播深度待挖掘	A30 传播方式待拓展 A31 传播挖掘不深入 A32 民众主体性缺乏 A33 政府支持路径欠缺	传播深度待挖掘指的是社会各类机构对于非遗传播的内容和参与主体深度不足的问题，如政府支持路径欠缺、民众主体性缺乏等

续表

范畴化类属	概念化类属	范畴定义
B7 信息不对称	A34 非遗产品价格高	信息不对称指的是大众不能够直接获取非遗的相关信息，需要依靠第三方机构
	A35 企业引导不到位	
B8 非遗体验层次低	A36 非遗体验层次低	非遗体验层次低指的是大众对于非物质文化遗产的参与体验程度较低

表 5　和合文化生态传承保护区研究选择性编码

序号	核心类属	范畴化类属
1	C1 文化资源	B1 非遗保护不力；B2 非遗传承受阻
2	C2 文化生产	B3 非遗创新困难；B4 非遗产业化受制
3	C3 文化传播	B5 传播链条断链；B6 传播深度待挖掘
4	C4 文化消费	B7 信息不对称；B8 非遗体验层次低

主要指非物质文化遗产资源。文化生产指的是将非物质文化遗产作为文化资源，生产文化产品、提供文化服务和创造社会财富的能力，表现为一定的物化过程。文化传播是指一定的主体通过将非物质文化遗产符号化，传递或交流信息，并使一定的受播者得到影响的过程。文化消费是指人们为了满足精神文化生活需要而以各种方式消费非物质文化遗产的文化用品和服务的行为。

五、模型阐释与研究发现

四个范畴之间具有一定的内在联系，根据文化生态链理论，结合访谈内容，得出核心范畴之间的关系如图1所示。

（一）文化资源赋能文化生产，文化生产重构文化资源

文化资源为文化生产提供丰富的生产

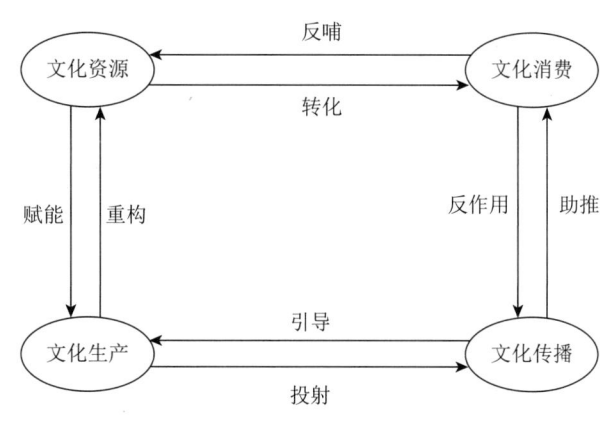

图 1　和合文化生态传承保护区文化生态链

资料，而文化生产过程中又会根据生产要素对文化资源进行重构，但是非遗保护不力和非遗传承受阻问题不利于文化资源"赋能"，而是不断"减能"，这就会使非遗创新困难，非遗产业化受到限制。产业化受到限制意味着非遗保护和传承失去支持，进而陷入恶性循环，如FT-17提到，"目前看来，这项非遗遇到最大的难题就是传承的问题，年轻人没有耐心学习，也吃不了苦，每次来不超过半年就走了，下一代的学徒就没有了。还有就是我们的非遗工艺复杂，市场上有一些简化的工艺，导致市场上我们这个技艺的工艺参差不齐，也阻碍了我们在中国市场的发展"。

（二）文化生产投射于文化传播，文化传播引导文化生产

文化生产保护区可将生产出来的精细化产品向外输送，建立文化IP，又产生具象化的文创产品、旅游演艺等不同形态符号，这些符号标志的具象化可以延伸非物质文化遗产的情感体验，以共享记忆等形式得以传播，而文化传播又会根据传播效果对文化生产进行引导，文化生态需要仰仗社会体系对其进行持续性的能量介入，才能得以健康运转。但是由于非遗创新困难和非遗产业化受制，导致传播形象固化、不能持续更新、传播链条断链，传播效果事倍功半，而传播效果所映射的品牌效应又会反作用于文化生产，抑制其更新过程。如FT-18提到，"央视播出《小济公》是对济公传说很好的传播，但是从那之后就没有更新和其他影视化作品了，现在问题就是后劲不足，没能持续推进济公传说的文化创作更新，没有媒体的宣传，自然就发展不起来了"。

（三）文化传播助推文化消费，文化消费反作用于文化传播

文化传播是吸引文化消费的动因，而在场的深度体验又会使消费者自发传播，进一步优化传播效果。但是非遗传播过程中出现的传播断链和深度不足的现象，导致市场无法接收文化宣传，部分资源等也会由于经济利益等方面的考虑而无法被市场直接获取，信息不对称进一步导致文化消费存在消费"断节"。如FT-05提到，"我们非遗现在还只能是家庭作坊式的生产，不能实现产业化发展，不然就会破坏工艺本身的原真性，但是这种方式只能以被接受的方式发展，还是不能实现可持续性的发展"。

（四）文化消费反哺文化资源，文化资源转化为文化消费

文化消费所获取的收益和知名度继续反哺于文化资源的保护和传承，文化资源也可以直接转化为吸引物，助力文化消费，但是信息不对称和活化体验层次低的问题会使消费者无法获取足够信息或者无法获得深度体验，这直接影响其市场效益，导致文化资源保护和传承受阻。正如FT-14提到，"我们的非遗项目知名度还是不高，只能靠旅行社拉来一些客人，但是他们待的时间很短，不能有完整和优质的体验，也就没办法形成传播力，如果政府能多多支持就好了，开展一些研学项目，应该会有不错的发展"。

六、研究结论与展望

（一）研究结论

本研究通过扎根理论构建了文化资源、文化生产、文化传播和文化消费4个核心范畴，非遗保护不力、非遗传承受阻、非遗创新困难、非遗产业化受制、传播渠道断链、传播深度待挖掘、信息不对称和非遗体验层次低8个初始范畴构成的文化生态保护区现存问题模型，并借助文化生态链理论构建了各核心范畴之间的逻辑关系。

（二）理论贡献与管理启示

本研究的理论贡献：理论层面，构建了文化生态保护区现存问题的各环节与要素之间的关系模型，识别了文化生态保护区在各个环节的问题，为文化生态保护区的保护和传承提供了理论支持和指导。首先，文化资源赋能文化生产，为其提供丰富的生产资料，而文化生产过程中又会根据生产要素对文化资源进行重构；其次，文化生产投射于文化传播，将生产出来的精细化产品向外输送，建立文化IP，而文化传播又会根据传播效果对文化生产进行引导；再次，文化传播是吸引文化消费的动因，而在场的深度体验又会使消费者自发传播，进一步优化传播效果；最后，文化消费所获取的收益和知名度继续反哺于文化资源的保护和传承，文化资源也可以直接转化为吸引物，助力文化消费。

（三）研究局限与展望

本文仅选取了和合文化生态传承保护区进行研究，而不同文化生态保护区的非物质文化遗产和生态环境不同，对应的管理体制和保护方式也就不同，存在的问题也就会有所差异。在今后的研究中将进一步拓展研究案例的筛选范围，对同一类型的不同案例地和不同类型的多个案例地进行深入探讨，使研究结论更具有普适性和实用性。

参考文献

[1] 文化部非物质遗产司.探索与实践：国家级文化生态保护区建设现场交流会暨专家论坛资料集[C].北京：文化艺术出版社，2011：75-76.

[2] 张颖.基于区域知识的整体生态观——人类学区域研究视角下我国文化生态保护区的理论与实践反思[J].贵州社会科学，2022（1）：50-56.

[3] 赵尔文达."文化生态保护区"研究：现况与展望[J].青海民族大学学报（社会科学版），2021，47（4）：161-169.

[4] 宋俊华.关于国家文化生态保护区建设的几点思考[J].文化遗产，2011，4（3）：1-7+157.

[5] 杨洪林.民族文化生态保护区建设的理念与实践研究述论[J].黑龙江民族丛刊，2016，31（5）：113-118.

[6] 刘魁立.文化生态保护区问题刍议[J].浙江师范大学学报（社会科学版），2007，32（3）：9-12.

[7] 陈华文.特色呈现：文化生态保护区实践的核心场域[J].浙江师范大学学报（社会科学版），2017，42（5）：46-51.

[8] 蓝雪霏."文化生态保护区"及其"非物质音乐遗产""保护"的学术探讨[J].中国音乐学，2015，30（4）：90-95.

［9］张志颖.非物质文化遗产整体性保护的中国实践——国家级文化生态保护区建设成效与问题探究［J］.青海民族大学学报（社会科学版），2021，47（3）：124-131.

［10］代辛.热贡文化生态保护区整体性建设与优化路径［J］.青海社会科学，2020，40（5）：200-204.

［11］李晓松.文化生态保护区建设的时间性和空间性研究［J］.民俗研究，2020，35（3）：33-45+158.

［12］陈桂波.非遗视野下的文化空间理论研究刍议［J］.文化遗产，2016，9（4）：81-86.

［13］林继富.文化生态保护区的"空间"认知研究［J］.中国人民大学学报，2021，35（3）：155-163.

［14］王秀伟，延书宁.从场所到场域：文化生态保护实验区的空间转变［J］.民族艺术研究，2020，33（1）：152-160.

［15］马威，邱泽媛.文化生态保护区的"空间生产"——以东乌珠穆沁旗"那达慕"节日为例［J］.中南民族大学学报（人文社会科学版），2013，33（4）：41-45.

［16］林继富.文化生态保护区建设的动力机制——基于"空间生产"视角的讨论［J］.中央民族大学学报（哲学社会科学版），2021，48（4）：114-122.

［17］林继富."空间赋能"：融入乡村振兴的文化生态保护区建设［J］.西北民族研究，2021，41（4）：97-109.

［18］王永桂.文化生态保护区居民地方文化认同的影响机制——基于徽州文化生态保护区的调查数据［J］.湖南农业大学学报（社会科学版），2017，18（6）：67-73.

［19］崔凤军，徐鹏，陈旭峰.文旅融合高质量发展研究——基于机构改革视角的分析［J］.治理研究，2020，36（6）：98-104.

［20］张建忠，郜学敏，刘家明.文化生态保护实验区与旅游开发的互动及其机制分析——以晋中文化生态保护实验区为例［J］.经济地理，2016，36（7）：203-207.

［21］朱生东，赵士德.文化生态保护区理论溯源与研究述评［J］.资源开发与市场，2011，27（3）：236-238+256.

［22］成赫.谈文化生产的"二重性"［J］.戏剧之家，2010，14（11）：86.

［23］戴俊骋，那鲲鹏，赵子婧.当前文化消费空间特征与发展动向探析［J］.城市发展研究，2021，28（7）：99-104.

［24］蔡劲松.大学文化理论构建与系统设计［M］.北京：文化艺术出版社，2009.

［25］杨曾辉.文化生态保护区的现状困境与解决路径研究［J］.原生态民族文化学刊，2019，11（1）：12-18.

以观众为核心的现代博物馆发展策略

——专业性、娱乐性与审美体验

周雨恬[1] 周玲强[2]

（1. 中国美术学院，浙江 杭州 310002；

2. 浙江大学，浙江 杭州 310058）

摘 要：近年来，"博物馆热"持续高涨，我国城乡居民对高品质精神文化生活的需求不断攀升。伴随着"观众参与""终身学习"等理念的兴起以及"娱乐时代"的到来，博物馆已不再局限于单一学术范畴的教育，而是巧妙融合艺术、科学与历史等多种元素，以期为参观者呈现全面性学习之旅。现代博物馆应借助科技手段帮助观众深入参与博物馆互动，以游戏化学习方式增强观众体验，利用多媒体工具为观众创造沉浸式体验，为不同年龄、背景和兴趣的用户群体定制个性化参观方式，融合多个学科增强博物馆娱乐性，通过创意衍生产品吸引用户，以"寓教于乐"的方式提升观众的文化获得感和满意度。

关键词：博物馆；教育；娱乐；体验；观众

一、引言

2015年2月，习近平总书记在访问陕西省期间指出："一座博物馆等同于一所大学。须妥善保护与管理承载中华传统文化精髓的古迹，进而深化研究与活用，借由古迹与文物讲述历史故事，以此激发民族自豪感与自信心，铭记历史的经验与失误，警惕未来发展的潜在陷阱，从而稳健前行。"考古是探寻文明的"第一现场"，博物馆则是大众接触文明的"第二现场"，其职能从单纯考古发掘延伸至收藏与呈现。近年来，在民众物质生活水准提升与国家的大力提倡与扶持下，民众游览博物馆的热情显著提高，造访人次大幅递增，部分区域甚至激增至原先的十倍以上，博物馆的社会影响力达到前所未有的高度。2016年11月，习近平总书记向国际博物馆高级别论坛致贺信中指出："博物馆作为守护与传递人类文化遗产的关键场所，扮演着联结历史、当下与未来的纽带角色，在推动全球文明互学互鉴中发挥着独特功能。中国博物馆业历经逾百年的演

作者简介：周雨恬，主要研究方向为文物与博物馆；周玲强，博士，教授，博导，主要研究方向为旅游规划。

变与发展。"现今博物馆在职能界定及价值追求方面显著转变,博物馆理应成为普及知识与教育的平台。国家文物局统计数据显示,2024年"五一"小长假期间,全国超过6000家博物馆总计迎来约5054万参观者,创下历史同期的最高流量。随着参观人数剧增,预约困难与门票紧俏已成为诸多博物馆的普遍现象。"文博热潮"持续高涨,彰显我国城乡居民对高品质精神文化生活的需求不断攀升。

二、寓教于乐的博物馆发展趋势:时代背景

自20世纪中叶以来,随着新博物馆学的兴起,学术界开始审视传统博物馆的演变与当代博物馆所面临的考验及使命,诸多议题均围绕"以观众为中心"的概念展开。该理念强调博物馆应响应观众的全新需求与期望,展览的设计应从观众的角度出发,并鼓励观众的互动与参与,这已成为学术界的普遍认同。在此语境下,"观众参与"是学术界近来屡见不鲜的话题。国际学术领域内,博物馆学专家们针对"观众参与"主题展开深入探讨,相关代表作品包括《吸引人的博物馆:发展观众参与的博物馆》(*The Engaging Museum: Developing Museums for Visitor Involvement*)、《参与式博物馆》(*The Participatory Museum*)、《培养积极的长期参与》(*Fostering Active Prolonged Engagement*)等。我国学术界也有涉及观众互动的探讨:甄朔南先生指出,新型博物馆学与传统博物馆学显著差异之一在于"极力倡导观众的参与";周婧景强调,判断"阐释性展览"与"非阐释性展览"的核心依据是"是否能激发观众的参与热情"。

随着全球化的不断推进,公众对文化体验的渴求已从单纯的教育内容摄取转变为寻求更为丰富多元且具娱乐性的互动方式。博物馆作为文化传承的关键平台,现今也逐步转向更注重互动与休闲的策略,旨在吸引多元年龄与文化背景的观众群体。在现代社会,文化消费呈现出注重体验与互动的倾向,此趋势在博物馆领域尤为显著,体验经济的理念得以具体展现。观者不仅渴望了解展品的历史与文化脉络,也期待通过直接互动来深化其对文化的感知。随着体验经济的崛起,博物馆的发展焦点已从"以藏品为核心"转变为"以人为主体",更侧重于提升游客在参观时的体验感受。各地博物馆正透过跨领域整合,加速文创区域的革新与优化,孕育出集多元产业于一体的沉浸式文化环境。将来,博物馆将借助艺术文化场所、沉浸式互动等多样模式,推进"博物馆+"多元化产业协同发展。

自20世纪80年代起,"终身学习"概念逐渐演变为全球性教育理念,被各国采纳,并相继制定相关政策予以支持。随着"终身学习"观念的广泛传播,该教育思想所强调的公平性、开放性和积极性与博物馆教育的价值观高度契合,推动从"博物馆教育"向"博物馆学习"的转变。博物馆教育领域内普遍应用的两个术语为"教育"与"学习",这两个概念在特定情境下的应用隐晦地揭示了权力结构的演变与主导权的变迁。"教育"概念象征着

主导性的、导向性的影响力，正如高志敏在其论述中所阐述的，它代表着非主动探索的学习机制。"学习"象征着非义务性、自发主动地学习，彰显个人意愿在教育进程中的核心作用，使决策权从教育单位转移至学习主体手中。从"博物馆教育"转向"博物馆学习"的变化恰是博物馆领域内体现平等与赋权理念的生动体现。博物馆已不再局限于单一学术范畴的教育，而是巧妙融合艺术、科学与历史等多种元素，以期为参观者呈现全面性学习之旅。这种动态不仅能提升博物馆的学术地位，也使其更加富有趣味性和娱乐性。

随着博物馆观众期待值的攀升，博物馆亟须探索教育与休闲间的和谐共融之道，以回应访客对丰富多元体验的追求。回顾博物馆的成长历程，起初它们留给访客的感受往往是庄重、僵化，仅被视为少数人的专属空间。伴随公众对高品质生活的向往日益增强，博物馆已不再局限于学术研究的象牙塔，而是逐渐走近大众生活，其教育职能越发显著。这一转变引发博物馆的普及化趋势，为满足广大民众理解并欣赏博物馆藏品的需求，诸多博物馆在策展策略、教育模式以及传播手段上均进行革新。伴随19世纪末至20世纪初"娱乐时代"的兴起，社会对休闲活动的渴求日益增强，大众传媒的娱乐特性也随之显著彰显。作为承载公众文化渴求的公共文化传播平台，博物馆在持续演变中越发凸显其休闲属性。当代观众已不再局限于被动接收资讯，他们渴求能融入文化的生成环节中。博物馆应借助趣味与教育并重的展示手法，提升参观者的互动体验，强化其在传承文化使命中的作用。

三、专业性与娱乐性融合的新时代博物馆：基本策略

（一）互动式展览设计

虚拟现实（VR）、增强现实（AR）、触控屏等技术工具，旨在强化参观者与展陈内容的交互体验，使观众不再局限于单向接收资讯，而是能积极参与其中。为了把握信息化发展为博物馆社会教育服务带来的契机，应善用内容与新科技整合的策略。中国文字博物馆借助声光电环境营造、触控红外集成终端、多点后投联动、触摸屏阵列、幻象影像技术、人体感应、雷达多点互动、人工智能肖像编辑、Unity互动娱乐项目、巨幅显示屏交互等功能，让乏味的文字变得生动、形象且富有活力。在"甲骨文猜字谜"展区内，多媒体联动装置通过集成与优化红外光发射元件、影像采集以及即时运算平台等互动手段，允许多位观众同步参与展示区内的互动竞技，并展开较量。系统能自动识别正误，而得分最高者将摘得桂冠，增进参观者对甲骨文字构造的理解。

传统博物馆因受制于时间和空间因素，往往无法满足全部观众的参观需求。通过数字化转型，博物馆得以运用数字技术展示藏品与文化遗产，通过构筑线上博物馆及提供虚拟导览服务，将博物馆的文献资源传播至全球，使更多受众得以探索博物馆的深厚底蕴。数字化迁移显著提升了展览互动性和定制化水平。在规划展示区域时，可引入情境复原手法，使访客犹如亲历历史或文化情境，比如模拟古代

市集、关键历史事件等，以提升互动学习过程的吸引力。沉浸式体验根植于心流理论，专注于阐述个体全心投入某活动，以至于忘却时间与外界环境的现象。依托科技、消费领域与国家政策的双重驱动，持续为中国的旅游业注入沉浸式体验的新活力。国内沉浸式艺术展厅迅速兴起，运用数码媒介对经典艺术进行二次演绎，超越传统展现手法的约束，构建融合多维度互动体验的沉浸式环境。作为崭新的艺术表达手段，沉浸式艺术展日益受到公众及艺术追随者的青睐，其创新的展示手法与全方位感官互动，在当前艺术展览领域释放出非凡的影响力。

虚拟现实技术涉及利用计算机生成模拟环境，引导用户与所创造的假想场景进行互动。虚拟现实技术能模拟历史环境。通过运用虚拟现实设备或交互式触摸屏等工具，参观者得以身临其境，感受古代建筑、历史时刻或文化遗产的魅力。他们在虚拟领域能够探索不同的时空，并与虚拟展品进行深度交互，深入挖掘历史和文化的内核。虚拟现实技术能够全面呈现展览信息。传统展陈方式束缚观众对于展品的观察角度与细节理解，而虚拟现实技术则能以全方位的方式呈现展品，让观众能够从不同角度审视、放大并旋转展品，进而深入掌握展品的每个细节。此外，虚拟现实技术也能整合音频与视频等多媒体元素，为参观者呈现更为详尽的展品资讯，营造更加沉浸式的体验感。

增强现实技术是一种创新手段，其核心在于将数字信息与实际环境无缝集成，借助智能装置的摄影镜头及显示屏，将虚构影像嵌入真实场景之中，从而为使用者创造沉浸式的体验。增强现实技术能够为使用者提供实时的阐释与指导。利用移动设备内嵌的增强现实应用，用户通过拍摄或扫描艺术品，即可获取详尽的解说与艺术解读信息。这种导览方式不仅为访客提供了更为丰富的知识和资讯，同时也有助于增强参与者与展品之间的互动体验。增强现实技术能够为访客提供互动式的虚拟展示与环境体验。在博物馆内，特定藏品可能因保管状态或安全性考量而未能进行实体展示，借助增强现实技术，观者能在实际场景中观赏到数字化复制品，并具备触碰、翻转及交互的能力。虚拟展品得以展现，不仅扩充了展陈资料，也为游客提供了更多的选择，从而提升了参观感受。

伴随互联网的发展，诸多博物馆已着手创建线上平台，旨在向公众提供虚拟导览体验。网络博物馆借助数字展示与虚拟巡展，为访客提供快捷的游览体验。网络博物馆颠覆时效与地域的限制。观者能够随时随地通过网络连接访问虚拟博物馆，不再受实体博物馆的开放时间和地理位置约束。无论是在家中、办公室还是旅行途中，观众均可借助计算机、移动设备或平板电脑等电子工具进行虚拟漫游，深度领略丰富多样的文化遗产和展览活动。虚拟漫游为游客提供个性化的参观体验。在线虚拟博物馆通常集成丰富的交互特性，如拖动、放大、翻转展品等互动方式，旨在使游客能够自定义其游览路径，专注于他们感兴趣的收藏品进行详尽探究。游客可根据其偏好与步调，自在浏览博物馆各个部分，并依据个人喜好深度理解展品的历史背景、文化价值与艺术风采。观众能够借助社交媒体平台传播其游览体验与影像。他们能够利用社交媒体平台来表达对展品、展览或博物馆的看法和体验，并与广大公众进行互动和讨论。这种互动能加强参观者之间的联系，同时提高博物馆的社会声誉和公众知名度。博物馆可通过社交媒体渠道与访客实现交流互动。博物馆能够公布关于展览、讲演或活动的详情，回应访客的疑问，开展线上沟通与讨论。借助社交媒体平台，博物馆能够与观众构建更为密切的互动关系，发布最新的展览信息和及时的内容更新。

（二）游戏化学习

借助模拟"任务"形式的游览路径，寻宝活动引导访客在达成特定目标或克服挑战的同时获取所需信息。博物馆能够拓展观赏经历至考古幕后，使访客洞悉古物的发掘与复原历程。观者不仅能观赏到展品，还能探知展品背后的背景叙述。例如，御窑博物馆安排"考古公众日"活动，参观路径包括考古准备区、修复工作坊、科技实验室、样本分析室、传统工艺再现区以及古陶瓷基因库等，借助参与式的游览方式，访客能够对陶瓷艺术与文明、文化遗产的保护与复原等方面形成更深入的认识。

利用积分或奖励机制，鼓励参与者在参与互动或回应提问后获取回馈，以提升学习过程的趣味性与满足感。苏州市立博物馆的注册会员享有以积分兑换图书凭证及馆内精选目录集的福利，加入后可积累10000分会员积分，此积分可用于置换图书及其他赠品。此外，成都博物馆的"成博探索"互动体验让参与者能通过解答问题获取积分，这些积分可用于换取奖品。

（三）多感官参与

利用影片、纪录片、动画等多媒体工具，以生动的方式呈现历史事件、文化遗产、艺术作品等，结合声音、影像和音乐，增加观众的记忆点。视听多媒体技术的进步为博物馆的展览与展示开拓了创新途径与未来发展蓝图。作为辅助展示工具，视听多媒体技术虽未能取代实体展示的核心位置，却在事实上对既有的展示理念构成挑战，其独特价值也非实体展示所能替代。大连自然博物馆的古生物展区利用视听多媒体技术，综合运用视频、音频、动画、图片、文字等多元媒介，深入探索和呈现古生物化石背后的历史、生物科学与地质学价值，以超越传统展陈方式，提供既纵向深入又横向连接的动态展示体验。借助其直观、新颖、现代化的优势，视听多媒体技术在视觉、听觉以及多重感官互动方面为访客创造出前所未有的沉浸式体验。这一创新手段显著激发了观众对于探索古生物学遗存与生命进化的内在兴趣，使他们能够深入理解展陈设计者所传达的理念与初衷，全面提升了展览的现代气息与时代感。应保证技术工具和装置与展示的主题、内涵及表现手法协调，以回应参观者对展览互动、求知及新奇体验的需求。向访客展示可供触碰的模拟古物或复制品，旨在丰富展览的感官交互性，特别对于孩童及残障人士而言，触觉的沉浸能够显著提升其参与度与学习兴趣。

鉴于博物馆作为城市文化象征及公共活动的核心空间，针对视障群体的需求，探索并确立体现人文温度的触觉系统设计策略与执行规范，已成为业界焦点议题。触觉系统的构建与执行对于视觉障碍个体而言至关重要，因其能辅助其在博物馆内自由移动，进而显著提升其融入度。在构思触觉体系之际，博物馆应高度关注，致力于为视障人士提供优质的服务与体验。

（四）个性化学习体验

数字化博物馆应用程序：借助定制化的博物馆软件，访客能够依据个人偏好设定游览线路，获取与其认知程度相匹配的信息。强调针对特定群体的研究，精心制订教育计划，确保各个年龄段、知识背景的观众都能找到适合自己的内容，实现个性化学习。对教育服务项目进行分类细化，以提高公众对博物馆教育活动的参与度。具体而言，在规划教育项目之际，应考量不同年龄段、背景与喜好的参与者，推出多元且互动性强的教育方案。这包括为成熟受众定制更加精确与专业的专题研习课程，以及为儿童策划富有趣味性的探索活动，旨在满足各年龄层观众的独特需求。课程设置不仅应包含历史文化的理论知识，还需融入实操活动，使学员能够在实践中获取知识。

观众自主探索：借助设置多元主题的导航系统，使访客得以依据个人偏好挑选专属导览路径，实现对展品的自主深入探究，这就是博物馆向观者呈现的定制化与交互式体验活动。此类活动涵盖自主游览、疑点解析、参与性游戏等多种表现形式，借助参与此类活动，访客得以依其个人喜好与需要，挑选感兴趣的展项或议题进行深入研究与发掘。

推行访客主导的探索行动的意义在于强化其参与体验与提升调研产出。游客在自行挑选及探索之际，展现出更高程度的参与度，从而更有效地领悟并内化展品呈现的事实与智慧。此外，访客还能经由互动与沟通，扩宽其视界，并与其他到访者产生共情与协作。

即便访客实施自发性探索，博物馆也须供给明确的指引与辅助。举例而言，可供给展览指南图、展品导览、互动设备的介绍等，以帮助访客深化对展品与体验活动的认识。

（五）优质活动赋能

艺术与文化工作坊融合博物馆展陈的核心议题，组织手工创作、绘画展示、戏剧演绎等互动体验，促使参观者透过直接操作来深化对展品的认知与热情。譬如，三星堆博物馆创新性地开设"吉金铸史"——古代青铜器铸造体验课程，以三星堆标志性青铜文物为载体，融合丰富多样的教学与实践活动，旨在使青少年深入理解三星堆文明，实现教育与娱乐的完美融合。借助策划具有针对性的夜间活动，比如文化之夜、音乐晚会、灯光表演等，与展览项目相融合，以娱乐方式传播知识。于夜晚实施的专属活动或延长营业时间，旨在为访客呈现与日间截然不同的游览感受。此类活动模式不仅增添了市民与游客的夜间文化体验，也推动了"夜间经济"的繁荣，成为城市旅游文化的新风景线。夜间的活动内容丰富多元，涵盖专题展示、文化论坛、参与互动及夜间游览导览等，其目的是赋予访客与众不同的观赏旅程，领略历史与文化的独特韵味。

至2024年7月伊始，上海市文旅部门指导本市主要博物馆在暑假期间推出"博物馆奇妙夜晚"活动，此举动随即引发多座博物馆的跟风响应。上海博物馆陆续呈献崧泽·良渚文明考古专题展览、珍藏宋元古籍展及金石传拓艺术三场特别展览，并启动历史研讨讲坛。世博会博物馆规划推出"梵高重现"沉浸式光影展览，借助梦幻般的照明与夜色交相辉映，以期吸引众多游客前来留影，并增设亲子手工艺课程与艺术作品鉴赏活动。

上海博物馆结合前述两大活动特色，在推出特别展览"江海精华——长江口二号的科学考古进程"的基础上，向访客提供多项夜间的附加服务，着重于家庭亲子体验，服务项目涵盖导览、互动游戏、手工制作、观赏光影剧等。于2023年年末，上海市博物馆展开名为"与达·芬奇对话——辞旧迎新奇趣之夜"的活动。该活动对"对话达·芬奇"特展中的艺术巨匠及其杰作中的人物角色进行经典重塑，包括达·芬奇与"长发飞舞的女性"，唐寅与《秋风纨扇图》中的仕女等。访客得以装扮参与奇妙之夜，穿戴传统汉服或文艺复兴风格的西方古典服饰的参与者将获赠雅致的文化创意纪念品。此外，活动期间也提供名作临摹及新年音乐会的参与机会，并附赠特制礼品。

（六）跨学科融合增强趣味性

博物馆与学校携手定制专属课程及学术实践，借助跨领域的资源整合，激发学生与教育工作者参与博物馆教育项目的兴趣。借助博物馆资源推进中小学校园教学活动、增强"大思政课"的教育资源传播与应用，携手构建博物馆青少年教育项目集合、开发精选教学材料，构筑青少年学习的"拓展课堂"。2023年"中国文化和自然遗产日"，故宫博物院携手北京市东城区教育科学研究院及北京市第六十五中学开展"故宫世界文化遗产维护推广周"活动，借由馆校联动的系列举措揭示文化遗产的内涵、弘扬中华民族的卓越传统文化。围绕"守护文化遗产，强化文化认同"的核心理念，特设"中轴线遗产维护与应用"实践体验与遗产保护专业讲坛等互动环节，邀请中学生步入故宫，亲睹故宫博物院在遗产保护领域的思想与成就，促使参与的青少年群体亲身领略中华文化的深邃与辉煌。

此外，还应当定期策划并实施与展览主题相关的专业讲座或深入研讨活动，旨在通过新媒体渠道及线下循环播放的方式，广泛传播学界精英的研究成就。借助这些讲演与讨论，参与者能够深入探究博物馆背后的研究工作，从而对文物承载的历史文化及社会意义有更为全面而深刻的领悟。通过提供娱乐性内容的同时传递专业信息，以增强博物馆的学术气息。

（七）社交媒体与线上互动

借助网络平台，实施线上展示、虚拟游览及展览直播等举措，让未能亲至现场的参观者也能融入博物馆的学习与参与过程。设计交互式应用软件，使用户利用移动设备（如智能手机和平板电脑）深度参与教育项目。线上线下的融合使未能亲临现场的观众也能参与博物馆的互动，以此拓展教育活动的触及范围，增强教育信息的传播效能。故宫博物院推出"故宫以东"协作方案，通过广泛运用数字科技与互联网渠道构建跨界的文博商业整合平台，实现"故宫文化创意商品平台"的转型，升级为"故宫文化创意产业资源生态圈"。借助社交媒体渠道，博物馆可定期推送与展览主题相关的知识问答和短视频内容，旨在鼓励观众通过社交平台与博物馆展开互动交流，进而有效地提升博物馆在教育及娱乐领域的社会影响力。

（八）创意衍生产品开发

旅游产品正日益成为旅游业的核心关注点，而博物馆则凭借其独有的文物与文化底蕴，在开发和运营旅游产品上投入大量精力，致力于创造出具有独特性的创新旅游商品。对馆藏的史学艺术价值进行深层次探索，并通过各类创新演绎方式，让访客在多维度的互动中领略文化的深厚内涵与广阔视野。前沿科技可将古物的面貌与艺术创意相融合，创造出引人入胜的文创商品，使观众全面领略古物的文化精髓。可引导受众参与文创商品的构思与制造流程，自行挑选T恤、帽子、丝巾等文创商品的图案与商标，对古物图样实施多种创新演绎。通过认知古物意义、甄选古物图样，促使古物融入大众日常生活中。四川三星堆博物馆推出的"三星堆面具冰激凌"，以馆内珍藏的青铜面具为设计灵感，巧妙融合独特的出土氛围与青铜文化元素，成功引领博物馆文创产品的时尚风潮，进而逐步形成涵盖动漫、电影、小说、网游等文化创意产品的全新三星堆文创体系。甘肃省博物馆基于铜奔马元素，精心打造"马踏飞燕"主题的文创系列商品，以其轻松诙谐且略显可爱的"丑萌"设计风格，在博物馆文创领域中脱颖而出，成功俘获广大消费者的喜爱，成为现象级的热销产品。

四、结语

博物馆"寓教于乐"的发展不仅是时代需求的响应，更是文化传播理念的一次深刻转化。博物馆不再致力于保存和展示文物的静态空间，而是成为文化活力的枢纽，连接现在与未来。通过将教育与娱乐相融合，博物馆为观众打开了一扇通往知识与情感思考的大门，使文化传承不再是过去单向的灌输，而是互动、体验与体验的未来，博物馆应当在层次上思考如何通过创新手段激发公众的参与感与责任感，使文化遗产不仅成为一种审美享受，更是社会发展和个人精神成长的重要力量。唯有如此，博物馆才能在快速变迁的时代中保持其独特的文化影响力和使命，引领社会走向教育更加丰富而深邃的文明高度。必须秉持"以人为本"的核心理念，确保所提供的服务能够覆盖不同年龄、背景和兴趣的群体需求，同时最大化发挥博物馆的教育功能和休闲娱乐功能。历史研究领域的专家应采用更多跨学科的视角，与博物馆策展人合作，运用更多的高科技展示手段，打造寓教于乐的参观体验，不断提升观众的文化获得感和满意度。

参考文献

[1] 曹意强. 美术博物馆学导论[M]. 杭州：中国美术学院出版社，2020.

[2]巫鸿.时空中的美术[M].北京:生活·读书·新知三联书店,2021.

[3]徐钦禹.让博物馆成为儿童成长的生动"绘本"[J].江苏教育,2021(23):79-80.

[4]黄俊娴.博物馆能陶冶人的情操更能起到教化人的功能[N].美术报,2020-05-30.

[5]王丽萍.博物馆的数字化转型与科技创新:互联网时代的展览与参观体验[J].文物鉴定与鉴赏,2023(21):84-87.

[6]明宸.沉浸式观展在博物馆展览中的应用——以国家典籍博物馆为例[J].文物鉴赏与鉴定,2024(14):96-99.

[7]王芸,周佳丽,李昱芳,张婷,陈思诺,丁其磊.基于4P理论对沉浸式体验消费市场的营销策略研究——以遇见博物馆为例[J].现代商业,2024(15):27-31.

[8]任悠然.博物馆旅游教育功能研究[J].旅游纵览,2024(5):37-39.

[9]谢天,张璟怡.探讨博物馆休闲娱乐功能的更好实现[J].当代旅游,2019(7):216.

[10]常丹婧.博物馆展览中的观众参与:内涵、方式、困境与对策[J].东南文化,2023(2):150-156.

[11]张峥,冯楠,黄岑艳."终身学习"理念影响下英国博物馆教育发展趋势研究[J].中国文物科学研究,2023(4):28-34.

基于用户需求导向的博物馆线上数字化体验产品发展对策研究

——以浙江省 13 家一级博物馆为例

汪玲琳 胡 剑

（浙江旅游职业学院，浙江 杭州 311231）

摘 要：发展线上数字化体验产品是博物馆数字化改革的重要方向，对满足公众公共文化需求、增强文化自信、推动文化传承有着重要意义。基于用户需求导向，对浙江省 13 家一级博物馆的线上数字化体验产品进行调研，发现存在互动体验不佳、导览不够完善、用户需求管理不到位、藏品解码不充分等问题。在剖析把握用户需求导向的内涵和特点基础上，提出加强注重用户体验的体系化顶层设计、提升契合公众需求的人性化科技服务、丰富文化特色鲜明的多元化产品供给、制定符合数字经济特征的标准化技术规范、探索互补式的线上线下模块化联动等发展对策，以提高博物馆高质量线上公共服务能力。

关键词：用户需求导向；博物馆；线上数字化体验产品；发展对策

《国民经济和社会发展第十四个五年规划和2035年远景目标纲要》提出，推进博物馆等公共文化场馆免费开放和数字化发展，发展线上数字化体验产品。博物馆线上数字化体验产品是博物馆依托互联网以及微博、微信、网络视频平台等新媒体形式，针对网络受众推出的云展览、云讲解、云教育（云课程）、短视频、高清直播、虚拟展厅、沉浸式体验等具有知识性、教育性、互动性的网络应用程序、内容产品或线上活动。在我国，公众对博物馆线上数字化体验产品的需求极为旺盛，2020年网络观众数以亿计，2021年网络总浏览量超过41亿人次。当人们因为种种原因无法亲临线下博物馆时，线上数字化体验产品成为公众获取博物馆公共文化服务的重要载体。

作者简介：汪玲琳，主要研究方向为文旅融合和旅游职业教育；胡剑，副研究员，主要研究方向为文旅融合与产教融合。
本研究受浙江旅游职业学院科研项目（项目编号：2022XCZD01、2024CGYB05）、浙江省科技计划项目（项目编号：2022C35078）资助。

一、博物馆线上数字化体验产品的用户需求内涵与特点

传统的文物展览以观看、凝视为主要的传播手段，游览者对信息的解读处于被动的状态，是一种对"他者"文化的静态感知。用户需求导向，就是要让观众从观看、凝视为主向参与、互动转变，从被动向主动转变。发展高质量的博物馆线上数字化体验产品，要把握好用户需求导向的内涵，把握住用户需求导向的特点。

（一）内涵

用户需求是指用户在特定情境中对于产品或服务的期待和要求。博物馆线上数字化体验产品的用户需求导向主要强调以下内涵。

一是用户至上，即将用户放在最重要的位置，关注他们的真实需求和期望，而不是仅关注博物馆自身的内部目标或利益。

二是需求驱动，指以用户的需求作为产品设计、构建和管理运营的方向，确保产品或服务能够真正满足用户的需求。英国管理学家贝思·罗杰斯曾提出，如果一个经济组织的产品不能满足消费者的需求，那么它迟早会一败涂地。博物馆线上数字化体验产品亦然。

三是持续改进，通过不断收集用户反馈和观察用户行为，了解用户需求的变化和发展趋势，及时调整和优化线上数字化体验产品和服务，以持续提升用户体验。

（二）特点

线上数字化体验产品的用户需求导向具备以下特点。

一是个性化。线上数字化体验产品应当根据用户的兴趣、偏好提供个性化的展览内容和体验，以便用户可以根据自己的需求，选择感兴趣的展品、主题或展览路径。

二是互动性。线上数字化体验产品通过技术手段，可提供多种交互方式，使用户能够更深入地了解展品信息。同时，还可以设置虚拟导览、在线问答、用户评论等功能，增强用户的互动性。

三是便捷性。线上数字化体验产品不受时间和地域的限制，用户可以随时随地通过计算机、智能手机、平板电脑等设备访问展览内容。

四是高效性。线上数字化体验产品通过多媒体展示技术，将展品信息以图像、视频、音频等多种形式呈现给用户，使用户能够快速获取所需信息。

五是沉浸感。利用虚拟现实技术，线上数字化体验产品能够呈现逼真的展览场景和展品细节，为用户提供沉浸式的参观体验，使用户获得更加真实的视觉体验，让用户仿佛身于真实的展览环境中。

六是智能化。一方面线上数字化体验产品能够实时收集用户的反馈和意见，通过数据分析了解用户的需求和偏好，为后续的展览设计和优化提供数据支持，另一方面基于用户的行为数据和偏好，线上数字化体验产品能够智能推荐相关的展品和展览内容，提高用户的满意度和黏性。

二、浙江一级博物馆线上体验数字化产品发展的现状

基于用户需求导向，以浙江省博

馆、浙江自然博物院、中国丝绸博物馆、宁波博物院、西湖博物馆总馆、中国茶叶博物馆、杭州工艺美术博物馆、天一阁博物院、中国港口博物馆、南湖革命纪念馆、舟山博物馆、杭州博物馆、温州博物馆13家一级博物馆为样本,对2023年8月的线上数字化体验产品平台使用情况、产品类型情况、产品数量情况、用户关注情况、技术应用情况、使用便捷度情况等进行调研,具体如下。

（一）平台使用情况

通过对博物馆官方网站、微信、微博、抖音、快手、哔哩哔哩、小红书等主流数字化平台和移动客户端App进行调研,发现博物馆线上数字化体验产品平台均走多元化发展路径,84.62%的博物馆拥有4个及以上平台（见表1）。

（二）产品类型情况

博物馆线上数字化体验产品类型丰富,并且形成了各个平台互补的格局（见表2）。具体看,官网的用户服务综合性最强,包含了有关公众服务、展览、藏品、科研、活动、宣传等方面,但线上体验功能最强的平台为微信公众号,如浙江博物馆微信公众号比官网提供的产品类型更为丰富。

微信视频号、微博、抖音、哔哩哔哩等平台的功能有些相似,主要承担了云讲解、云教育（云课程）、短视频、高清直播等5种类型的体验服务,其中高清服务

表1 浙江一级博物馆线上数字化体验产品的官方主要平台一览

序号	名称	网站	微信公众号	微信视频号	微博	抖音	哔哩哔哩	小红书	平台数量（个）
1	浙江省博物馆	√	√	√	√	√	√	—	6
2	浙江自然博物院	√	√	√	√	√	√	—	6
3	中国丝绸博物馆	√	√	√	√	√	√	—	6
4	宁波博物院	√	√	√	√	—	√	√	5
5	西湖博物馆总馆	√	√	√	—	√	√	—	5
6	中国茶叶博物馆	√	√	√	√	√	√	—	6
7	杭州工艺美术博物馆	√	√	—	√	—	—	—	3
8	天一阁博物院	√	√	√	√	—	—	—	4
9	中国港口博物馆	√	√	√	√	√	√	—	6
10	南湖革命纪念馆	√	√	—	—	—	—	—	2
11	舟山博物馆	√	√	√	√	√	—	—	5
12	杭州博物馆	√	√	√	√	—	—	—	4
13	温州博物馆	√	√	√	√	√	√	—	6
总计（个）		13	13	11	11	8	7	1	64

表2 浙江一级博物馆线上数字化体验产品主要类型一览

序号	名称	平台		云展览	云讲解	云教育（云课程）	短视频	高清直播	虚拟展厅720°	沉浸式体验
1	浙江省博物馆	网站		√	—	√	—	—	√	√
		微信	公众号	√	√	√	√	—	√	√
			视频号	—	—	√	√	—	—	—
		微博		—	—	—	√	√	—	—
		抖音		—	—	—	√	—	—	—
		哔哩哔哩		—	√	√	—	—	—	—
		其他		—	—	—	√	—	—	—
2	浙江自然博物院	网站		√	—	—	—	—	√	√
		微信	公众号	√	√	—	—	—	√	√
			视频号	—	—	—	√	—	—	—
		微博		—	—	—	—	—	—	—
		抖音		—	—	—	√	√	—	—
		哔哩哔哩		—	—	—	√	√	—	—
		其他		—	—	—	—	√	—	—
3	中国丝绸博物馆	网站		√	—	—	—	—	√	—
		微信	公众号	√	√	—	—	—	—	—
			视频号	—	—	√	√	—	—	—
		微博		—	—	√	√	—	—	—
		抖音		—	—	—	√	—	—	—
		哔哩哔哩		—	—	√	√	—	—	—
		其他		—	—	—	—	√	—	—
4	宁波博物院	网站		√	—	—	—	—	√	√
		微信	公众号	√	—	—	—	—	√	√
			视频号	—	—	√	√	√	—	—
		微博		—	—	√	√	—	—	—
		小红书		—	—	√	—	—	—	—
		其他		—	—	—	—	√	—	—

续表

序号	名称	平台		云展览	云讲解	云教育（云课程）	短视频	高清直播	虚拟展厅720°	沉浸式体验
5	西湖博物馆总馆	网站		√	—	—	—	—	—	—
		微信	公众号	√	√	√	√	—	√	√
			视频号	—	—	√	√	√	—	—
		抖音		—	—	—	√	√	—	—
		哔哩哔哩		—	—	√	√	—	—	—
6	中国茶叶博物馆	网站		√	—	—	—	—	√	√
		微信	公众号	√	√	—	—	—	√	√
			视频号	—	—	√	√	√	—	—
		微博		—	—	√	√	—	—	—
		抖音		—	—	—	√	—	—	—
		哔哩哔哩		—	—	√	√	—	—	—
		其他		—	—	—	—	√	—	—
7	杭州工艺美术博物馆	网站		多次无法登入，安全证书有问题						
		微信公众号		√	√	—	—	—	√	√
		微博		—	—	√	√	—	—	—
		其他		—	—	—	√	—	—	—
8	天一阁博物院	网站		√	√	√	√	—	√	√
		微信	公众号	√	√	√	√	√	√	√
			视频号	—	—	√	√	—	—	—
		微博		—	—	√	√	—	—	—
		其他		—	—	—	—	√	—	—
9	中国港口博物馆	网站		√	—	—	—	—	√	√
		微信	公众号	√	√	√	√	—	—	—
			视频号	—	—	—	√	—	—	—
		微博		—	—	√	√	—	—	—
		抖音		—	—	—	√	√	—	—
		哔哩哔哩		—	—	√	√	—	—	—
		其他		—	—	—	√	—	—	—

续表

序号	名称	平台		云展览	云讲解	云教育（云课程）	短视频	高清直播	虚拟展厅720°	沉浸式体验
10	南湖革命纪念馆	网站		√	—	√	—	—	—	—
		微信公众号		√	—	√	√	—	√	√
		其他		—	—	—	—	√	—	—
11	舟山博物馆	网站		√	√	√	—	—	√	√
		微信	公众号	√	√	—	√	—	—	—
			视频号	—	—	—	√	√	—	—
		微博		—	—	—	√	√	—	—
		抖音		—	—	—	√	√	—	—
		其他		—	—	—	—	√	—	—
12	杭州博物馆	网站		√	—	—	—	—	√	√
		微信	公众号	√	—	—	—	—	—	—
			视频号	—	—	—	√	√	—	—
		微博		—	—	—	√	√	—	—
		其他		—	—	—	√	√	—	—
13	温州博物馆	网站		√	—	—	—	—	√	√
		微信	公众号	√	√	√	—	—	—	—
			视频号	—	—	—	√	√	—	—
		微博		—	—	√	√	—	—	—
		抖音		—	—	—	√	√	—	—
		哔哩哔哩		—	—	√	√	√	—	—
		其他		—	—	—	—	√	—	—

弥补了官网和微信公众号的服务空白。小红书平台聚焦云教育（云课程）、短视频两类体验服务，只有宁波博物馆采用。

值得一提的是，一些博物馆还创新了线上数字化体验服务，如中国丝绸博物馆、中国港口博物馆提供了藏品搜索功能，浙江省博物馆、浙江自然博物院、中国茶叶博物馆、宁波博物院提供了3D藏品展示，西湖博物馆总馆、杭州博物馆提供了互动游戏等各具特色的服务产品。

（三）产品数量情况

据统计，13家博物馆共有云展览4600多个、云讲解29类、云教育（云课程）54种、短视频超过3000条、高清直播超100

场、虚拟展厅和沉浸式体验（720°虚拟展厅）均超200个，但不同博物馆间数量差异较大（见表3）。

（四）用户关注情况

博物馆之间的用户关注度差距非常大，不同博物馆的微信公众号单条最高阅读量、微博粉丝量、微博视频累计播放量、抖音粉丝量、抖音点赞量、哔哩哔哩粉丝量等相差至少数十倍，甚至上百倍（见表4）。官方网站到访人数和小红书因只有单个博物馆可查，无可比性。

直播是吸引用户关注的有效方法。如浙江省博物馆开展的首场《国宝搬家记》活动，得到了浙江卫视和Z视介客户端以直播形式双屏联动，在人民日报客户端、新华社客户端等17个平台同步直播，当天超360万观众共同观看，微博相关话题阅读量超4066.3万。

（五）技术应用情况

博物馆线上数字化体验产品的技术应用较为丰富，较为前沿的为3D（分为360°和720°展示）、VR、全息等技术（见表5）。从应用场景看，虚拟展厅的技术应用最为丰富，3D、VR、虚拟导游全息技术等都有涉及，其中，藏品展示较多应用3D技术。个别虚拟展厅在手机、平板端还可使

表3 浙江一级博物馆线上数字化体验产品数量一览

名称	云展览（个）	云讲解（类）	云教育/云课程（种）	短视频（条）	高清直播（场）	虚拟展厅720°（个）	沉浸式体验（个）
浙江省博物馆	335	2	5	221	12	56	56
浙江自然博物院	127	1	2	205	19	3	3
中国丝绸博物馆	2356	2	7	1258	20	66	66
宁波博物院	43	0	3	273	12	26	26
西湖博物馆总馆	49	1	6	89	1	1	1
中国茶叶博物馆	234	1	4	299	29	5	5
杭州工艺美术博物馆	29	2	1	63	2	19	19
天一阁博物院	178	1	7	268	3	12	12
中国港口博物馆	122	1	4	159	5	11	11
南湖革命纪念馆	89	0	2	35	1	1	1
舟山博物馆	165	17	5	44	1	28	28
杭州博物馆	462	0	3	102	16	26	26
温州博物馆	458	1	5	421	6	12	12
总计	4647	29	54	3437	127	266	266

表4 浙江一级博物馆线上数字化体验产品用户关注度一览

名称	网站到访人数	微信公众号单条最高阅读量	官方微博		抖音		哔哩哔哩粉丝量	小红书粉丝量
			粉丝量	视频累计播放量	粉丝量	点赞量		
浙江省博物馆	—	6.8万	102.8万	290.1万	4万	15.6万	525	—
浙江自然博物院	88043763	2.4万	4.9万	5086	2308	4.9万	1552	—
中国丝绸博物馆	—	1.3万	33.3万	1604.3万	4.1万	9.4万	6.8万	—
宁波博物院	—	4.9万	1.5万	7.1万	—	—	—	2918
西湖博物馆总馆	—	3825	—	—	212	1562	2479	—
中国茶叶博物馆	—	9937	5.8万	2.2万	1826	3415	9129	—
杭州工艺美术博物馆	—	7288	7081	3.5万	—	—	—	—
天一阁博物院	—	2.1万	3966	1.1万	—	—	—	—
中国港口博物馆	—	5503	1.2万	33.6万	122	138	339	—
南湖革命纪念馆	—	4414	—	—	—	—	—	—
舟山博物馆	—	1583	4519	4826	9	47	—	—
杭州博物馆	—	1.9万	5.7万	3.7万	—	—	—	—
温州博物馆	—	2.6万	4万	13.2万	1.8万	12.1万	2827	—

表5 浙江一级博物馆虚拟展厅先进技术应用情况一览

序号	名称	所在平台	3D技术	VR技术	全息技术
1	浙江省博物馆	网站	√	√	√
		微信公众号	√	—	—
2	浙江自然博物院	网站	√	—	—
		微信公众号	√	—	—
3	中国丝绸博物馆	网站	√	—	—
		微信公众号	—	—	—
4	宁波博物院	网站	√	—	√
		微信公众号	√	—	—
5	西湖博物馆总馆	网站	—	—	—
		微信公众号	—	—	—

续表

序号	名称	所在平台	3D 技术	VR 技术	全息技术
6	中国茶叶博物馆	网站	√	—	—
6	中国茶叶博物馆	微信公众号	√	—	—
7	杭州工艺美术博物馆	网站	—	—	—
7	杭州工艺美术博物馆	微信公众号	√	√	—
8	天一阁博物院	网站	√	√	—
8	天一阁博物院	微信公众号	√	—	—
9	中国港口博物馆	网站	√	√	—
9	中国港口博物馆	微信公众号	√	—	—
10	南湖革命纪念馆	网站	—	—	—
10	南湖革命纪念馆	微信公众号	√	√	—
11	舟山博物馆	网站	√	√	√
11	舟山博物馆	微信公众号	√	—	—
12	杭州博物馆	网站	√	—	—
12	杭州博物馆	微信公众号	√	—	—
13	温州博物馆	网站	√	—	—
13	温州博物馆	微信公众号	√	—	—

用陀螺仪功能。

此外,虚拟展厅综合运用了动画、视频、2D、语音解读、自动漫游等传统技术。通过对虚拟展厅各热点的点击调研,有12个展厅的藏品展示采用了影片、动画技术,有39个展厅的视频热点可以点选播放,有20个展厅可语音解读藏品,有117个展厅应用自动漫游技术。

(六)使用便捷度情况

虚拟展厅的流畅度、导航栏、帮助说明、操作、浏览模式、路线导航等科学与否也是直接影响用户体验的重要方面。

流畅度方面,虚拟展厅总体表现优秀,只有1个略卡,其余均可流畅观展;导航栏方面,调研的虚拟展厅均提供了导航栏,但各博物馆虚拟展厅导航栏功能差异较大,多的提供17项功能,少的只提供4项功能;帮助说明方面,37个虚拟展厅有帮助说明,表现为登入时提示或常驻界面两种形态;操作方面,由于官网和微信平台不一样,官网上的虚拟展陈采用电脑鼠标和键盘两种操作方式,微信公众号平台中的虚拟展陈采用手机上手指操作方式。其中,鼠标点击拖动画面均对应视野反向,键盘上下左右键控制出现视野或场景变化两种形态,手指滑动与鼠标点击的操作效果一致；浏览模式方面，全景漫游为主流，迷你模型、俯视图为辅助；路线导航方面，由于在虚拟展厅中观众容易迷失方向感，86个虚拟展陈提供了前进、后退场景的标注，32个没有任何提示，另有20个虽然没有提示，但是提供了开放式空间体验，点击场景点即可模拟人脚步进退。

一些虚拟展陈为了便于观众观展，也提供了更人性化的服务。虚拟展厅中，有69个提供了小地图，有50个提供了所在场景位置标注，有46个标注观展视线方向，16个提供已看场景的标注，3个提供观展游线引导。

三、博物馆线上数字化体验存在的主要问题

（一）互动体验需增强

（1）用户接受度不高。大量线上数字化体验产品存在互动性不强的问题，"叫好不叫座"的问题普遍存在。较为突出的是投入不少人力、财力建立的虚拟展厅，大量存在观赏人数着实不多，甚至长期无新增观展人次的问题，存在博物馆"一头热"用户"一头冷"的状况。

（2）用户主体性较弱。目前，博物馆线上体验的科技应用技术较多，但基本以博物馆单向信息输出为主，而非博物馆与用户双主体间的双向沟通互动。从博物馆已提供的云展览、云讲解、云教育（云课程）、短视频、高清直播、虚拟展厅、沉浸式体验等产品类型看，最具互动性的是高清直播，其余类型尚难以产生大范围、高效率的互动。

（3）互动时间受限。一些设计新颖、主题鲜明、平台主流的高清直播互动效果较好，引流效应不容小觑，但是其互动性受到时间段的极大限制：一是开始时间，受众只能适应博物馆的直播时间安排；二是互动时长，直播结束一般互动就结束，或者仅预留一部分时间用于互动，互动参与度与有效性值得商榷，难以成为常态化的高品质产品供给链。

（4）互动形式简单低效。用户与博物馆通过线上数字化体验产品进行的互动形式主要为文字互动，且并未对线下博物馆运营产生较大影响。这种简单且低效的沟通方式，致使用户难以对博物馆线上体验产品产生过多共鸣，不少展陈甚至一个观众留言都没有。

（二）人性化导览待完善

（1）体验入口分散。一是展示平台不够集中。官网和微信公众号是公众获取云展览、虚拟展厅等体验产品的重要入口，但是有3个博物馆的8个展览是微信公众号特有展览，如果公众没有认真对比，很可能会错过感兴趣的展览。二是藏品观赏入口隐蔽。各个博物馆在官网、微信公众号平台都提供了专门的藏品栏目，但虚拟展厅中已有的高清、3D、影像等形式展示的藏品内容未在官网有关栏目体现，导致数字资源出现浪费。

（2）操作体验不佳。一是容易误退。用手机观展时，很容易误触手机自带后退功能的按键退出观展。由于所有虚拟展厅均无记忆功能，退出后只有重新从头观展。二是容易"迷路"。用户在沉浸式虚拟展厅中的空间感容易迷失，进入不同场

景后的初始视野往往不在同一个角度，要重新适应甚至试错后方能找准方位。三是个别功能较为鸡肋。如一些展厅设计了自动导览功能，但从实际体验效果看，或者速度过快致人头晕眼花，或者速度过慢半天切换不到下一场景，且均无法调节速度。还有一些展厅藏品将放大场景即可看清的展板文字做了热点，而对展陈的藏品未制造热点。

（3）帮助功能不全。考虑到许多用户对虚拟展厅的使用熟练度不高，帮助功能较为必要，但多达上百个虚拟展厅没有帮助说明。在已有帮助说明的展陈中，也出现了说明为全英文、说明仅在登入时较短时间显示、说明无法随时调用等问题。

（三）展陈质量水平不一

（1）线下展陈机械上线。调研的虚拟展陈中，超过三分之一无藏品热点按钮，而且场景像素过低，场景放大至极限也无法看清藏品细节和卡牌介绍文字，只能看到藏品大致外观轮廓。虚拟展陈成了用户体验线下博物馆场馆建设的"场景秀"。

（2）存在文字、技术硬伤。主要表现为两类：一是错别字。个别展陈把线下展陈时出现错别字的内容在建模时移到了网上。二是技术硬伤。如个别展厅藏品热点按钮全部无法打开，另有展陈出现藏品热点按钮中介绍文字和藏品图片不相符、展陈个别场景无法显示、点击按键显示"No function specified"（未指定函数）等问题。

（3）观展体验感较差。一是反光、玻璃缝隙等严重影响体验感。几乎虚拟展厅都存在因严重反光无法看清文字、藏品的问题，玻璃护罩缝隙也同样切割了观展

体验感。二是设备匹配度存在问题。手机、平板等设备在体验观展时，时常出现按键显示不全、说明文字突破屏幕等状况。三是观展角度难以调整。在多数展陈中，用户只能以固定角度观展，一些实景中较长的藏品（如长卷字画）和文字展板，甚至需要切换多个场景才能看完，这对用户耐心着实是个考验。

（四）用户需求管理较薄弱

（1）缺少便捷化的用户需求反馈入口。博物馆对用户需求的获取渠道较为传统，主要为：一是官网上公布博物馆联系邮箱、电话；二是在官网、微信中提供留言渠道。个别虚拟展厅设置了留言功能，但绝大多数线上数字化体验产品缺乏便捷的反馈渠道。

（2）缺乏时效性的用户反馈回应。线上平台的用户反馈受理进度并非实时显示，是否反馈成功、何时有官方答复，用户均无从得知，较为考验博物馆自觉性和用户的关注度。甚至有虚拟展厅留言无须审核就显示在场景中，容易存在失管风险。

（3）缺失主动获取用户需求的机制。调研的上百个虚拟展厅中，几乎没有观展结束后征求用户观展体验的评价收集机制，在官方平台中也较少有主动征集用户对线上展览意见、建议的收集机制。个别博物馆关注到了这个问题，主动征集用户体验需求，如舟山博物馆在官网创新设计了不同主题的调查问卷供用户填写，但问卷也均为阶段性开放，常态化的用户需求收集、反馈机制还有待完善。

（五）藏品解码不充分

（1）藏品解码的信息较简单。线下博

物馆中的藏品说明文字，受展陈空间限制，只有基本的名称、年代等信息。数字化平台突破了线下展陈空间的限制，但是不少博物馆的线上数字化体验产品中，对藏品的解码依然采用了线下博物馆的惯例，仅标注名称、年代等，并未对藏品的背景故事、文化意蕴等做相应的阐述，未能充分发挥数字化平台的虚拟空间优势。

（2）解码藏品占藏品总量较低。各博物馆间对公众开放的数字化藏品程度差异较大，一些博物馆提供了可高清下载的藏品图片、藏品图文搜索查阅，中国港口博物馆提供了包含有编号、名称的藏品目录，但大多数博物馆的公开数字化藏品数量不多，有的甚至没有。据统计，13家一级博物馆藏品总数超过70万件（套），但是对公众开放的数字化藏品数量不足1万，占比不到1.5%。

（3）藏品解码的形式较单一。虽然浙江省博物馆等已经尝试采用3D技术展示部分藏品，但大多数博物馆依然采用传统的2D图文展示。尤其在虚拟展厅中，该现象极为普遍，用户点击藏品热点按钮出现的藏品多为2D图文静止展示，使用全息影像、短视频等新手段解码藏品的手段较少，人工智能等新技术应用更是缺乏。

（六）其他问题

博物馆线上数字化体验产品在预防性保护、用户画像管理、消费、藏品修复、虚拟呈现方面也存在一些问题，突出表现为：藏品预防性保护和虚拟修复工作对公众开放程度较低，公众了解和参与藏品保护、修复工作的渠道几乎没有；用户画像管理缺失，线上缺少针对不同年龄、不同兴趣用户的差异化产品推荐，大量数字化体验产品沉寂于互联网中；消费渠道不畅，不少博物馆仍将线上平台作为文创产品的展示渠道，而非销售渠道；虚拟呈现的大量藏品只在虚拟展厅中以背景形式存在，细节无法看清等。而且线上数字化体验产品展示的多为物质文化，非物质文化的展示内容较为匮乏。

四、基于用户需求导向的博物馆线上数字化体验产品发展对策

（一）加强体系化顶层设计

坚持以人为本的线上体验数字化产品建设方向。关注点从藏品"物"转到用户"人"，是博物馆的发展趋势，也是全球博物馆探索和创新的主流方向。线上数字化体验产品最重要的服务对象是用户，这种共识应当融入博物馆线上数字化体验产品的谋划、设计、管理、宣传中，甚至融入线下场馆的运营中，注重用户的使用体验和反馈意见。

探索线上"1+N"的虚拟展陈发展格局。博物馆的线上数字化体验产品中，成本较高的是虚拟展厅建设。综合考虑性价比和可行性，各博物馆的常设展厅（"1"，通常与线下展厅相同）可以采用虚拟展厅的形式建设，并且持续完善藏品热点按钮（包括3D藏品等），将常设厅建设成为博物馆线上数字化体验拳头产品。临时展览（"N"）可更多运用图片展、视频展、动漫展等较为经济的方式建设，视情况建设藏品热点按钮，作为常设展的补充。

关注物质遗产与非物质遗产的线上同步展陈。线上开发非物质遗产的虚拟展

陈，可以打破线下非遗展示对专业人员、时间、空间的限制，而且部分非物质遗产的制作过程历时较长，甚至以年计。通过线上展陈，借助非遗藏品、视频、游戏等载体，可以较好地提升用户对非遗展陈的体验感和观感。博物馆甚至可以开辟线上购物平台，提供同款非遗素材供用户选购，让大家在线上观展的同时，根据展陈主线推进，一步步完成手工艺品的制作，既增添了学习非遗文化的乐趣，又了解了非遗技艺的特点，而且拉动了消费，一举多得。

（二）提升人性化科技服务

推广藏品大众化解读。藏品是中华文明的印记，但是年代久远的不少藏品其命名存在不少生僻字，如鋬、盉、镞、簋、甗等。受空间限制，线下展陈对此类器物的注音、注释不多。在线上展陈中，完全可以通过科技手段，将生僻字的读音、解释、同类器物的对比照片等纳入虚拟场景和藏品解码中，通过技术应用让文物在屏幕中"活"起来。甚至可以将科研成果运用于解码之中，用接地气的话，讲专业性内容，让文物成为人人可以看懂的"活课本"。

优化设备适配性。提供流畅、便捷的电脑、平板、手机等主流设备接入端口，提供适配多平台的数字化产品应用，解决好展陈视频无法最大化、操作栏无法完整显示、存在无效链接等细节问题，让用户可以根据自身需求和条件选择合适的设备使用数字化产品，提升用户接受度。在此基础上，可以探索研发可用于博物馆体验线上数字化体验产品的"升级版"装备，如高清设备、体感设备、AR、VR、MR等虚拟现实设备，满足不同层次用户需求。

开发智能推荐功能。博物馆线上数字化体验产品较多，如果没有科技支持，在众多的产品中快速高效找到自己感兴趣的内容，这对任何人来说都是一项挑战。对单个博物馆而言，开发基于用户兴趣的具有针对性的产品推荐功能，按照主题、历史年代等对各种产品类型，提供针对性的搜索并非难事，但理想状态是博物馆可以根据用户线上产品的使用情况进行跨馆间的智能推荐，但这需要各博物馆间开放端口权限，需要更高层次行政主管部门统筹协调。

（三）丰富多元化产品供给

大力塑造龙头品牌。文物是线下博物馆最宝贵的资源，也是重要的旅游核心吸引物。从严格意义来说，没有一个博物馆的文物是相同的。正因为文物有着独一性，通过文物讲述的文化故事，也应有其独特之处。博物馆线上数字化体验产品应当以文物为核心进行开发，深入挖掘特色藏品、珍贵藏品的背后文化故事，通过文物反映前人的智慧和精神，整合好品牌资源，做好线上产品的品质提升，扩大宣传提高影响力，塑造线上数字化体验产品品牌。

完善个性产品推荐。虽然已有一些平台如浙江博物馆公共服务综合平台汇集了全省博物馆的数百个云展览，但只根据省份、城市、单位分类，并未按照人群、主题等分类。可以借鉴淘宝、京东等购物平台的产品推荐功能，在综合平台中完善基于用户需求、用户画像的数字展陈推荐功能，提供关联展陈、藏品供用户选择，增强用户黏性。各博物馆在线上平台明显位置提供平台链接和相关说明即可，毕竟用户更关注的是展陈的质量，而非展陈的归属单位。

激发文创消费潜能。文创逐渐成为博物馆收入重要来源，2021年全国国有博物馆收入达399.7亿元。同为一级博物馆的故宫博物院2017年文创销售收入就达15亿元，旗下网店之一的"故宫淘宝"粉丝量超900万，线上平台成为文创产品消费的重要渠道。将文创产品打造成为展示中国文化新窗口：一要文化"特"，即具有中国文化特色，具体可以根据博物馆藏品研发；二要产品"创"，即有创意，供给的文创产品不是简单的机械复制，而是要将创意、创新融入其中，打造文化创新创意产品；三要人群"准"，产品受众应当重点聚焦消费能力较强、愿意接受新事物的年轻人群体；四要宣传"强"，要通过线上线下渠道，特别是小红书、抖音等主流自媒体平台将产品推向市场；五要购买"便"，要积极建立产品线上购买渠道，在官方平台提供可购买文创产品的链接通道等。

（四）完善标准化技术规范

建立博物馆线上数字化体验产品的基本建设标准。目前，我国尚无博物馆线上数字化体验产品的建设标准，众多博物馆处于自行探索、自由发展的状态。依托领先的数字技术实力，集中力量开展标准建设，重点对博物馆线上数字化体验产品的类型分类、端口设置、知识准确性、链接有效性、技术要素、场景要求、常态化更新维护、用户功能设计、用户反馈收集、用户画像管理等方面加以规范，着重消除场景清晰度不高、反光割裂、用户导览模糊、藏品数据分散、场景无法记忆等问题，提高用户线上体验的舒适度，避免出现"僵尸"类、失管类数字化产品。

关注博物馆线上数字化体验产品的前沿技术导入。关注场景技术导入，如可扩展、可交互的虚拟环境——元宇宙是当前数字技术发展的重要方向，博物馆线上数字化体验产品可以融入其中，成为虚拟公共文化产品供给的重要一环；关注智能技术导入，ChatGPT、文心一言等生成式人工智能技术的发展对博物馆线上数字化体验产品的更新迭代注入了新的活力，未来的产品供给会具备更强的延展性和主题性；关注互动技术导入，在官方平台和专门产品中设置互动通道，通过人工交流、机器人自动回复、产品使用后的即时调研、常态化用户需求问卷、拟设展陈意见征集等方式，提高用户对数字化产品的参与度，变以往博物馆"单方说"为博物馆和用户"一块说"。

加强博物馆线上数字化体验产品的融合发展。科技部等六部门印发《关于促进文化和科技深度融合的指导意见》的通知（国科发高〔2019〕280号）明确提出，坚持需求导向。以满足人民对美好生活向往的精神文化需求为导向，用先进科技手段，助推文化领域供给侧结构性改革和需求侧服务模式创新。"文化+科技"是博物馆线上数字化体验产品发展的重要支撑，但科技赋能只是博物馆数字化产品发展的一个方面，未来很可能出现"+旅游""+研学""+休闲""+消费"等，博物馆线上数字化体验产品可延展的领域、内容会越来越多，融合发展势在必行。

（五）探索模块化线上线下联动

探索以藏品为基础的知识联动。将藏品及其背后的文化故事作为线上线下建立知识联动的媒介。其中线下场馆由于空间限制，重点可以呈现藏品的基础性知识，如名称、年代、用途、造型、样式等，而线上数字化体验产品在呈现基础性知识的同时，更要注重对扩展性知识的呈现，如藏品的考古故事、征集故事、用途故事、研究故事、爱国故事、同类器物的衍变甚至是科研成果等，都可以纳入线上数字化体验产品，从而形成线上线下的知识联动。藏品尤其是特色藏品，不应被视为孤立的物件，而是应当成为展现中华悠久历史文明、展示中华优秀传统文化故事链中不可或缺的一环。

探索以游线为核心的主题联动。串联关联度高的线上数字化虚拟产品，建立虚拟空间游线，这是值得尝试的创新之举。在2023年9月29日国务院办公厅印发的《关于释放旅游消费潜力推动旅游业高质量发展的若干措施》中，明确提出"开展中国文物主题游径建设"。在线上打造旅游精品主题游径，是基于文化底蕴和科技创新能力的新产物，很有可能成为文化和旅游产业融合发展的新亮点。依托我国丰富的文博资源，可以由有关部门牵头，打造博物馆特色藏品线上主题游径，选取相关藏品、展览串联起线上主题游线，利用虚拟游线弘扬中华优秀传统文化，增强用户黏性。

探索以休闲为延伸的活动联动。设计开展具有趣味性、探索性、主题性、知识性的休闲活动，是将博物馆线上流量转化为线下观众的有效方式。如从研学角度切入，可以在线上开展"有趣的博物馆、文物游线系列主题展"，在展览中发布一些具有特色、鲜为人知的博物馆藏品故事，并让人们根据这些故事去对应线下的实体藏品，甚至是跨博物馆的藏品，找到一定数量的藏品可以兑换特制徽章等纪念品或是参加一次线下专家交流活动等，激发大家的兴趣；反之亦然。只有线上与线下活动联动在一起，线上数字化体验产品才与线下博物馆有了生动、紧密的联系，各自的优势方可有机结合在一起，实现收益最大化。

五、结语

博物馆线上数字化体验产品的发展紧跟科技创新的步伐，一些新技术如生成式人工智能生产及应用技术（AIGC）的日益成熟，为博物馆线上体验数字化产品发展带来了新的遐想，未来人们有可能通过便携式的移动和穿戴设备，就可以随时随地获得全球化、高品质、沉浸式的博物馆线上互动体验。但无论如何，只有基于用户需求导向的博物馆数字化体验产品，才是真正具有核心竞争力、能够赢得用户支持的好产品。

参考文献

［1］妮娜·西蒙.参与式博物馆：迈入博物馆2.0时代［M］.喻翔，译.杭州：浙江大

学出版社，2018.

［2］郑霞.数字博物馆研究［M］.杭州：浙江大学出版社，2016.

［3］向勇.中国数字文化和旅游产业发展报告（2021）——数智技术赋能新文旅的应用场景［M］.北京：中国旅游出版社，2022.

［4］刘远志.基于用户体验的线上博物馆趣味性设计研究［J］.明日风尚，2022（10）：123-126.

［5］王申佳，张天雄，李亚灿，等.文化馆数字化服务体验及优化［J］.中国文化馆，2022（1）：89-97.

［6］冯楠，周辰雨，祝端文，苍润，张凯伟，颜金龙.基于观众需求谈博物馆线上服务体验的优化［J］.科学教育与博物馆，2021，7（3）：216-232.

［7］陈必忠，张绮琳，张瑞敏，等.线上社交焦虑：社交媒体中的人际负性体验［J］.应用心理学，2020，26（2）：180-192.

［8］侯亚婧，闫胜昝.人工智能驱动下的博物馆体验设计创新策略研究［J］.设计，2020，33（13）：142-144.

［9］张喜贺.线上博物馆及其数字化体验设计理念研究［J］.传播力研究，2020，4（2）：139+141.

［10］吴琼.面向文化遗产的数字化体验设计［J］.装饰，2019（1）：12-15.

［11］王红，刘素仁.沉浸与叙事：新媒体影像技术下的博物馆文化沉浸式体验设计研究［J］.艺术百家，2018，34（4）：161-169.

［12］王思怡.沉浸在博物馆观众体验中的运用及认知效果探析［J］.博物院，2018（4）：121-129.

［13］侯旻，张瑶，顾春梅.线上线下消费者购物体验比较研究［J］.统计与决策，2017，（6）：54-58.

［14］余日季，蔡敏，蒋帅.基于移动终端和AR技术的博物馆文化教育体验系统的设计与应用研究［J］.中国电化教育，2017（3）：31-35.

［15］李林.弗兰克·奥本海姆的博物馆观众体验研究理论与实践［J］.东南文化，2014（5）：110-115.

［16］李恒云，龙江智，程双双.基于博物馆情境下的旅游涉入对游客游后行为意向的影响——旅游体验质量的中介作用研究［J］.北京第二外国语学院学报，2012，34（3）：54-63+53.

［17］赵婷婷.基于情境认知理论的博物馆线上展览交互体验设计研究［D］.江南大学，2023.

文化馆"年轻态"文化活动创新实践及发展趋势研究

颜苗娟

(浙江省文化馆,浙江 杭州 310000)

摘 要:文化馆是向社会公众开放的公共文化服务机构,担负向全民开展艺术普及和传承优秀传统文化的职能。如何走出为"一老一少"服务、唱唱跳跳的窠臼,让年轻人走进文化馆是当前各级文化馆必须攻坚克难的目标。通过对近年来全国各地文化馆在提升群众文化活动吸引力,吸引年轻人走进文化馆、参与文化活动的实践总结,提出文化馆为年轻人提供的公共文化服务,除了要现代、时尚、高品质,还需要关注年轻人的情感表达需求,不断丰富群众文化的内涵,使提供的公共文化产品和服务能够精准对接青年人群需求。

关键词:文化馆;文化活动;优化策略

长期以来,文化馆一直给人服务"一老一少"、唱唱跳跳的印象,年轻人对文化馆服务内容不了解,不参与。作为面向社会公众开放、主要承担全民艺术普及和优秀传统文化传承功能、开展社会教育的公共文化服务机构,为全人群服务是其工作职能。为了吸引广大年轻人主动走进文化馆,参与公共文化服务,近年来,国内一些文化馆充分挖掘自身优势,重新定义公共文化服务理念,以创新作为核心动力,精准了解年轻人的文化需求,推出了一系列现代、时尚、高品质的公共文化服务内容,以潮流文化激活文化馆公共文化空间。

一、当前各地文化馆"年轻态"文化活动类型

当前,全国各地文化馆针对青年群体开展的创意文化活动,主要有以下几种类型。

(一)潮流文化节会活动

将潮流文化与文旅体验相结合,是当前各地文旅部门提振消费经济的创新之举。各地文化馆秉承"文化惠民""文化便民"理念,以推广普及高雅艺术、丰富市民精神文化生活为目标,不断探索群众文化活动新形式,将市井烟火气与时尚潮流完美融合,把年轻人变成群众文化的

作者简介:颜苗娟,浙江省文化馆副研究馆员,主要研究方向为公共文化。

参与者和体验者。例如，深圳福田莲花山、嘉兴桐乡凤凰湖等地举办的草地音乐节，上海、深圳、东莞等地文化馆开展的"午间音乐会""星空音乐会""潮流东莞·火柴盒"城市艺术 time 音乐会等创意音乐会，以及浙江、广州等地的"吾山吾海——岱山海难公共艺术展"、"泰有艺市·浪漫心事"文化创意市集、"2023广州时尚周"等创意文化活动。这些活动立足群众文化新需求，以新颖、潮流的场景和样式，重塑群众文化活动组织实施方式，让更多群众轻松参与。

（二）沉浸式体验活动

近年来，以新奇、参与感强、互动高为特征的沉浸式体验备受人们瞩目，浸入式戏剧、剧本杀、密室逃脱等各类沉浸式体验项目不断吸引着年轻人参与。在这样的背景下，一些文化馆也与时俱进，推出沉浸式体验文化活动。例如，成都市文化馆配备沉浸式体验厅、黑匣子微剧场、剧本杀活动室、元宇宙体验厅等沉浸美学体验空间，以"文化馆+沉浸式戏剧"的方式开展文化活动，增加年轻群体的黏性；天台县文化馆针对年轻群体创设"文旅+剧本杀"新业态，推出一周一"剧"；上海静安区文化馆推出"非遗十二时辰"，将文化馆打造成沉浸式非遗体验馆，将"时尚感"与"烟火气"有机融合，吸引众多市民争相尝"新"；珠海市金湾区文化馆搭建沉浸式公共文化服务平台，探索"沉浸式+"新业态。"沉浸式"体验文化活动已经成为当前各地文化馆推动全民艺术普及并深入个体美育体验的有效方式。

（三）青年圆梦系列活动

为弥补文化馆服务人群局限于老年人与儿童的短板，一些文化馆积极探索，将优质的传统文化资源及新时代文化资源融入更多老百姓的日常生活，为年轻人开设专题艺术培训、赛事、展演等创意活动。例如，东莞市文化馆推出青年艺术家圆梦行动，发挥文化馆场馆平台资源，为在莞青年艺术家提供无差别的资助，助力青年文化人实现艺术梦想；深圳福田区"青年网络电台""DJ体验室"以及龙华区"音为有你"青工音乐基地，为青年人群搭建实现艺术梦想的舞台；宁波市文化馆全城招募"趣文化馆"馆长，为青年人群提供深度参与、体验的机会，拓展他们的就业思路。此外，成都市文化馆"街头艺术表演"、深圳"街头艺术四季FUN"、哈尔滨"街头文艺"、福建"街艺福见"等街头艺术表演活动，既为街头艺术青年搭建才艺交流展示平台，也让群众"零距离"体验传统与时尚融合、文化与潮流碰撞的艺术。

二、各地文化馆"年轻态"文化活动的创新做法

纵观各地文化馆针对青年群体开展的创意文化活动，发现这些活动紧扣青年群体文化需求、充分利用移动互联网技术，整合社会力量，内容现代时尚、品质精致高雅，有效吸引了年轻人的参与。

（一）活动定位精准，紧扣青年群体文化需求

为群众提供差异性、个性化的公共文化服务是新时代赋予文化馆的新理念。文

化馆只有精确了解不同人群的文化需求，才能开展针对性的服务。近年来，国内一些文化馆秉持"以人为本"的价值观，紧扣青年群体文化需求，积极转变工作思路，推出了一系列内容现代时尚、品质精致高雅的创意文化活动，受到了年轻人追捧。例如，宁波市文化馆积极打造"趣文化馆"品牌IP，推出插画、设计、书艺等创意展、分享会以及汉服换装、宋式点茶等沉浸式体验项目，有效建立起年轻文艺群体与公共文化空间的互动连接；天津市群众艺术馆"梦想家"系列活动，推出音乐、相声、Cosplay、电子竞技等深受当今青年人喜爱的文化活动，弥补了群艺馆一贯为老年人与儿童提供文化服务的短板；深圳市各级文化馆准确把握城市特质，围绕年轻人和都市白领展开服务，通过"潮流艺术沙龙""星空音乐会""午间文化1小时"等一系列现代、时尚、有号召力的活动，有效吸引年轻群体参与；还有最近各大媒体争相报道的"市民艺术夜校"，也是各地文化馆针对青年人群喜好，主动调整公益培训课程内容和时间，将培训时间设在每天晚上7：00—8：30黄金时间段，开设美妆、整理收纳、烘焙等年轻人喜爱的课程，让文化馆成为群众触手可及的美育学校。

（二）参与主体多元，满足青年群体文化生活新期待

文化的大众性、公共性、社会性等特征，决定了文化馆工作必须面向全社会，广泛发动全社会力量来参与。为满足现代年轻人对文化生活的新期待，一些文化馆积极搭建平台，培植社会文化组织，吸引了大量民间文艺团体、文化企业、文艺志愿者等社会力量共同参与公共文化产品和服务的供给，可供青年群体选择的文化产品和服务更加丰富多彩。例如，上海市群众艺术馆利用社群概念，积极引进社会组织，为他们提供场地、辅导和支持，让年轻态文化在群艺馆落地生根；上海浦东新区群艺馆与腾讯国漫联袂策划国漫音乐会，以京剧演绎国漫金曲，吸引众多国漫粉丝来馆打卡；深圳龙岗区"小弹唱LIVE"，依托专业器乐设备和当地资深音乐制作资源，吸引众多都市年轻人走进音乐现场；浙江省文化馆"文艺赋美"全民艺术学堂依托文艺志愿者团队，针对青年群体拓展了多样化课程，并通过小红书、抖音、微博等深受年轻人喜欢的渠道宣发培训活动，让更多年轻人了解并参与进来。社会力量的参与，让公共文化产品和服务供给主体更加多元，实现了文化产品的多样化，有效满足青年群体对文化生活的新期待。

（三）运营模式现代，激发青年群体参与热情

当前一些文化馆通过统筹互联网、移动互联网、融媒体、云计算、大数据、区块链等智慧化数字技术应用，构建省市县互联互通、共建共享、一体化运营的公共文化服务新场景，实现身边艺术导师、艺术培训、文化空间、文化活动等的智能推送，让公共文化服务触手可及，提升了年轻人的文化参与热情。例如，浙江省文化馆打造的以"数智化＋艺术普及"为核心的一体化信息服务平台——浙江全民艺术普及应用"指尖艺术导师"，将所有线上课程内容、线下课程资讯、文化导师信息等进行汇总。只要打开小程序，选择自己的兴趣领域，就能精准找到附近的艺术服务机构。许多年轻人因此成了"指尖艺术导师"小程序的忠实"粉丝"。深圳福田区文体中心建设网站、微信、手机App"三位一体"的线上服务平台，应用形式活泼的H5场景、文化视频、在线直播等青年人喜爱的传播方式，扩大了文化馆公共文化服务在青年群体中的影响力。福州市文化馆"群文一码通"，覆盖移动端、电脑端和线下智能终端三个方面，集一码查询、一码索票、一码预约、一码参赛、一码体验"五个一"功能于一体，用户扫一个二维码即能参与演出、培训、赛事、非遗体验等各项群众文化活动，一站式集成服务极大地激发了青年群体参与文化活动的热情。

三、文化馆"年轻态"文化活动未来发展趋势

青年人有追逐潮流、张扬个性、展现自我的内在精神需求。纵观当下受年轻人喜爱的时尚文化传播阵地，发现其定位始终以"年轻、时尚、高品质"为导向，以年轻人的文化需求为出发点，秉持"以人为本"服务理念，重视个人的体验感和获得感。因此，未来，文化馆为年轻人提供的公共文化服务，除了要现代、时尚、高品质，还要关注年轻人的情感需求，做到服务精准化。

（一）与时俱进，不断创新，把牢"年轻态"文化发展脉搏

创新是发展的根本动力，任何事物要想有新的发展，必须与时俱进、不断创新，文化馆发展同样如此。随着多媒体时代的到来，网络普惠化使移动智能手机全面普及，为微博、微信、抖音、小红书等在青年群体中流行提供了硬件条件。"人人都是自媒体，个个都是麦克风"，这就要求文化馆在开展群众文化活动时，要进一步提高认识，紧跟主流文化发展方向，不断丰富群众文化的内涵，使提供的公共文化产品和服务能够精准对接青年人群的需求。

1. 激发青年人群参与积极性

青年人喜欢追逐潮流、张扬个性。只有活动形式新颖，紧跟时代潮流，才能让青年人群喜欢上文化馆，愿意走进文化馆。因此，文化馆在策划活动时需要不断创新活动形式，要主动运用VR、AR等先进技术手法，通过全景式的视、触、听、嗅觉交互体验，满足青年人群求新求变的需求。

2. 发掘年轻人的兴趣点

文化馆要走出为"一老一少"服务、唱唱跳跳的窠臼，吸引年轻人主动走进文化馆，首先，要找到年轻人的关注点。年轻人在哪里，文化馆服务就应该出现在哪里。文化馆从业人员要主动关注年轻人聚集的微博、微信、抖音、小红书等虚拟社区，尤其是关注那些积极反映新时代文化潮流并具有广泛、积极影响的网络社群，摸清青年人群的兴趣点。其次，筛选出具有代表性的网络社群。文化馆从业人员在策划活动时要紧紧围绕社群年轻人感兴趣的话题展开，探索将年轻人喜欢的网上优秀文化艺术成果引到线下，为他们提供展

示空间。吸引文艺青年走进文化馆，引导他们将个体兴趣扩展至更广的人群。

3. 活动要兼顾便利性和灵活性

当下，青年人整日奔波于学习、工作，他们的生活节奏日渐加快，闲暇时间日益缩短，便利性和灵活性成为他们文化消费的首要考虑因素。即便是感兴趣的活动，也得能够腾出时间参加才行。因此，文化馆在策划活动时，要兼顾便利性和灵活性，以明快、便捷的特点满足青年人的"快餐式"文化消费需求。可以与企业、社会组织合作，将高品质的时尚文化活动送进青年人集聚的写字楼、商业中心等场所；也可以运用App、抖音号、微信群、钉钉直播等网络新平台开展线上群文活动。无论是线下活动还是线上活动，只有方便青年人群参加，才能吸引他们加入。

（二）内外兼修，双管齐下，提升"年轻态"文化活动内涵

各级文化馆针对青年人群开展的文化活动，不仅可以丰富青年人的精神生活、促进文化素质的提高，还可以促进和谐社会文化的建设。随着社会经济的快速发展，青年人群物质生活得到了极大满足，对精神文化生活也提出了更高要求。文化馆从业人员只有不断提升业务素养，增强造血功能，才能适应新时代青年人群文化需求，为青年人精准提供文化服务。

1. 勤练内功，提升自身造血功能

面对青年人群多元化的文化需求，文化馆从业人员需要勤练内功，除了通过招纳艺术院校年轻人加入文化馆团队，补充新鲜血液，以年轻人的视角来开展群众文化活动外，还需要对现有的文化馆业务人员尤其是青年人群进行业务培训，提升他们的专业素养。只有拥有过硬的专业素养，才能对青年人群感兴趣的优秀文化成果进行专业指导，找到共同兴趣点，引发青年人共鸣。此外，文化馆从业人员还需要对自身的服务理念、服务内容、服务方式进行变革，以青年人喜欢的方式开展文化活动，如北京市朝阳区文化馆针对年轻人举办金刺猬大学生戏剧节、白领话剧社等，形成一系列受年轻人追捧的文化品牌活动；上海市群艺馆围绕"如何吸引年轻人参与"举办了插画、模型、玩具、折纸等一系列展览及培训课程，从最初在网上寻找线索到如今纷至沓来的群体主动寻求合作，走出了一条吸引年轻人参与的新路子。

2. 跨界合作，加大外部供血力度

跨界合作最大的益处是让原本毫不相干甚至矛盾、对立的元素相互渗透、相互融会，从而产生新的亮点。在"十四五"新时代文化强国建设的道路上，文化馆需要与社会各行各业优势互补、资源共享、合作双赢、协同发展。可以整合社会力量，吸纳社会各界优秀年轻人加入文化馆志愿者团队，组建各业务线志愿者队伍，发展壮大馆办文艺团队，以及与各类社会组织的合作，为他们提供场地，利用他们的人才提供艺术普及服务，拓宽文化馆服务半径。积极探索跨界合作，与图书馆、博物馆、美术馆、工人文化宫等其他公共文化机构联合策划开展针对年轻人的时尚文化活动。比如可以和图书馆联合开展读剧活动，借助图书馆优秀剧作资源、年轻读者群体，以品读经典剧作、欣赏经典剧目的方式，增加活动附加值，提升活动影响力，吸引青年人群主动参与。

（三）群策群力，多措并举，满足青年人群多样化需求

随着社会的快速发展，文化馆传统阵地文化服务已经无法满足群众的实际需求。在全民艺术普及的时代背景下，文化馆应根据不同年龄层的群众需求，有针对性地提供个性化的服务，使群众文化活动更加具有针对性，满足群众多元文化需求。

1.利用大数据机制，提供精准化服务

近年来，人工智能、大数据、云计算等数字技术在公共文化领域被广泛使用，各类传统文化资源借助数字技术得以"活起来"，大量文化活动被搬上了"云端"，群众能随时随地享受文化大餐。在这样的背景下，文化馆从业人员在策划组织群众文化活动的过程中一定要将创新意识摆在突出的位置，做到与时俱进，敢于开拓新思路，策划一些既符合时代又满足人民需求的活动。要熟练运用"科技＋文化"手法，开发诸如"私人时尚文化活动顾问"小程序，用户可以根据自己的兴趣爱好、空闲时间等输入需求，"私人时尚文化活动顾问"小程序随时随地提供专业定制的群众文化活动指南服务，满足青年人的个性化文化需求。

2.完善反馈机制，提供在线化服务

文化馆在提供数字文化服务时要重视与参与者的交流互动，不断拓展与创新交互平台，让用户在使用服务过程中可以非常方便地获得反馈和帮助。如用户通过智慧文化馆云平台进行学习时，遇到的问题除了可以从智能客服那里获得解答，也可以在线实时地与授课团队的老师进行互动，提升群众体验文化服务的效果，让群众从文化服务接受者转变为文化事业的发起者、传播者。

3.引入市场机制，提供多元化服务

基于文化馆资源、能力的有限性，在文化馆之外，必须积极引进社会多元主体参与公共文化建设，以提高服务效率。要加强文化馆横向合作，除同一区域文化馆纵向之间进行交流合作，还必须加强与不同区域文化馆之间的横向联系与合作，加强与图书馆、博物馆、美术馆、科技馆、工人文化宫等其他公共文化机构、文艺院团、文化企业的合作与交流。要广泛开展文化志愿服务，建立起全民参与公共文化服务的建设格局。要积极引入市场运行机制，激发社会力量参与的积极性，为群众提供更加多元化、个性化的服务，从而提升群众的文化获得感。

参考文献

[1]赵娜.从"抖音"走红现象看青年流行文化的消极影响及价值引导策略[J].新疆社科论坛，2020（2）：88-95.

[2]陈城，崔欣玉.新媒体环境下青年流行文化现象的价值引领研究[J].经济与社会发展，2019（4）：81-85.

[3]郭芙蓉，苏和军.论当代青年流行文化发展趋势及其引导的主体方略[J].思想政治教育研究，2012，28（4）：32-35.

[4]王彬.路在何方？文化馆"十四五"转型发展之思[N].中国文化报，2021-01-08.

［5］王彬.文化馆怎样让人更"沉浸"［N］.中国文化报，2023-09-08.

［6］徐继宏，权紫晶.浙江"指尖艺术导师"数字应用平台：指尖触碰让"艺术之花"遍地绽放［N］.中国文化报，2022-10-18.

旅游研究

生态脆弱区旅游核心主体利益博弈与仿真分析

张文杰

（浙江工业大学，浙江　杭州　310014）

摘　要：对于生态脆弱区而言，旅游发展具有两面性，其在消除贫困、带动经济发展的同时，容易产生生态环境破坏问题，其间不可避免会对区域各利益主体的利益造成冲击。从演化博弈视角，结合系统动力学构建政府、旅游经营者以及旅游者三方利益主体演化博弈模型，借助仿真模拟进一步探析外部变量对三方利益主体行为的影响显著性。研究表明：①纯策略仿真结果表明，（1，1，1）和（0，0，0）为三方演化稳定点；②混合策略仿真分析发现政府起着主导作用，对旅游经营者和旅游者的行为策略选择起着引导和监督作用，同时，采取措施加大旅游经营者和旅游者选择积极行为的概率，也会反作用于政府选择监管策略。其中，中央财政补贴对政府的影响最大；③旅游经营者行为策略选择受旅游经营者不合规经营带来的额外收益的影响；④只要确保旅游者的旅游体验质量，无论政府对旅游者的支持策略奖励程度如何，旅游者仍会选择支持策略。依据仿真结果，本文提出了相关的应对措施。

关键词：生态脆弱区；核心利益主体；利益诉求；博弈分析；SD仿真

作为全球环境变化最为敏感、脆弱的地区之一，生态脆弱区内的系统极不稳定，对气候、环境变化尤为敏感，极易受外部冲击发生退化和恶性演替，进而对区内生态可持续发展造成严峻的影响。事实上，生态脆弱区不仅是生态系统破坏最强烈、最典型和最频繁的区域，同样是贫困问题发生最为集聚的地区。有关数据显示，我国国土面积60%以上都是生态脆弱区域。恶化的生态环境与严峻的贫困问题共同构成生态脆弱区保护与发展的巨大挑战。为破解此问题，世界各国均尝试通过发展旅游业来摆脱生态脆弱区的"生态贫困（生态和经济的双重贫困）"束缚，但实施成效却不尽如人意。长期以来，生态脆弱区在人类活动侵扰下，生态系统屡遭破坏，甚至濒临恶性生态危机边缘，致使旅游业赖以生存发展的生态资源优势受到侵蚀，从而难以支撑生态脆弱区资源依托型旅游业发展模式的可持续性。究其本质

作者简介：张文杰，博士，主要研究方向为旅游生态。

原因，关键在于生态脆弱区始终未形成生态保护与旅游发展之间的互动协同，尤其是忽视了区内旅游业不同利益主体之间的影响机制与作用机制。因此，构建生态保护与旅游发展之间的协同机制是保障生态脆弱区实现可持续发展的核心环节。

《"十四五"旅游业发展规划》提出，对于生态脆弱区的旅游发展，可以发展"生态旅游"、建立"国家公园"等针对适用性政策，并鼓励在生态脆弱区积极探索开展诸如农业旅游、康养旅游、文化旅游等多种生态旅游活动。从生态脆弱区保护与开发的互动逻辑出发，尽管依靠产业开发、市场运行和制度保障，生态脆弱区资源价值得以有效挖掘利用，但在旅游业开发过程中，利益相关者之间能否实现价值共创的均衡协调机制直接关乎生态脆弱区旅游业的发展质量。事实上，在生态脆弱区旅游业发展过程中，一个普遍的现象是，各利益相关主体往往囿于权力、资本、技术和信息条件，利益诉求和价值关切的差异致使利益主体间矛盾冲突不断涌现，尤其表现在单纯以获取经济效益为目标的过度开发、管理越位、违规竞争等问题频发，不仅对生态脆弱区保护，甚至对目的地塑造旅游形象、带动区域经济发展造成严重困扰。鉴于此，为探索生态脆弱区可持续发展路径，应着力推进生态脆弱区生态保护与旅游发展协同互补，重点厘清旅游开发过程中利益相关者关系，提升生态脆弱区资源竞争优势。本文基于社会交换理论和利益相关者理论，运用演化博弈工具，构建生态脆弱区三方利益主体的演化博弈方程，探析核心利益主体之间的行为博弈并实施系统动力学仿真模拟，进一步识别影响生态脆弱区核心利益主体间利益博弈结果的关键因素及影响效果，为在生态脆弱区旅游业发展过程中构建利益主体间均衡协调机制提供科学参考依据。

一、文献综述

学术界早于20世纪60年代便对生态环境的脆弱性进行研究，并且是生态学研究体系中的重要领域。生态脆弱区所具有的生态系统脆弱性特征，具体表现为一个人地关系错综复杂的过程，该地必定直接受到人类活动对自然生态资源利用程度的影响，与社会经济发展因素直接关联。整理该领域内的研究成果可知，国外学者侧重于关注社会经济、气候变化等方面的生态脆弱区研究，涉及农、林、牧等多个生产部门，大多是对自然系统脆弱性的研究。而我国生态脆弱区的研究对象逐渐由生态脆弱带过渡到具体市县，具有多元化发展特征。生态脆弱区发展前期，国内学者主要研究对象为我国典型的生态脆弱带，研究范围较广，此时期的研究以理论探究和定性分析为主。而后，学者们的研究区域逐渐缩小，如贵州省晴隆县、陕西省安康市、甘肃省甘南等，采用定量与定性相结合的研究方法，以AHP、结构方程模型、偏最小二乘法等定量分析为主。随着生态脆弱区相关理论的发展，该领域的研究内容趋于多元化，归纳起来包括理论探究和发展、生态脆弱区景观的空间分异特征、生态修复和重建以及社会经济可持续发展等研究。具体而言，其一，等级系统理论、生态重建理论、可持续发展理论与生态脆弱性研究的结合,为该领域研究奠定了一定的理论基础。在这一阶段,学者们热衷于探析生态脆弱区的概念、区划、脆弱性成因、人为干扰因素以及环境治理等方面内容,虽有学者运用地理信息技术、遥感技术等对该区域的景观格局进行探索,但仍处于起步阶段。其二,土地利用变化的空间分异特征研究,已经成为21世纪初定量测度生态脆弱区内脆弱性的重要主题。土地利用变化研究重在探索研究区内景观格局的演替过程,生态效应研究的关键在于反映景观生态系统功能的变化过程。此外,在对生态脆弱区土地利用空间分异结构变化的研究过程中,我国由最初的单因素分析逐步过渡到多因素的互动反馈研究。随着对研究深度的有效挖掘,学者们将一些重要的因素开始纳入生态脆弱区的研究中,如空间恢复力、生态系统价值、敏感度指数、人为影响因素等。其三,生态脆弱区存在生态环境脆弱、人地关系紧张、经济发展缓慢等普遍问题,究其原因,一方面是生态脆弱区本质属性使然,另一方面是人类过度依赖自然资源,致使生态环境负荷超重。这部分的研究集中在精准脱贫、生态补偿等方面。

鉴于此,学者们从农业可持续发展、城镇化和生态迁移、生态旅游产业发展等探索生态脆弱区的可持续发展之路。首先,农业可谓是生态脆弱区居民的生命线,农业的可持续发展问题直接关乎生态脆弱区内社会经济发展、提升,甚至影响到整个国民经济的发展态势。部分学者对生态脆弱区农业可持续发展进行定量评价、用地问题、实地调研等探索性研究,旨在培养农户自主谋生的能力。其次,生态移民政策为生态脆弱区实施生态保护提供了强有力的保障,有利于提升我国整体城镇化水平。研究发现,生态移民效益的提升对生态环境的退化具有有效遏制作用。最后,作为生态脆弱区实现可持续发展的重要途径,生态旅游对环境和社会负面影响更小,对推动区域经济发展、改善区域环境状况卓有成效。已有研究表明,生态脆弱区旅游研究的核心为管理与保护,研究内容涉及生态脆弱区资源开发、社区管理、可持续发展等,而利益相关者研究一直是生态脆弱区旅游研究的痛点,主要涉及政府、旅游者、非政府组织、媒体、专家、旅游经营者和居民等利益主体。诚然,生态脆弱区旅游发展和生态保护是一项复杂的系统工程,牵扯的利益关系相当复杂,不仅需要科学的政策指引,更需要政府、旅游经营者、旅游者等各类利益主体的共同参与和积极作为,形成发展合力。依据社会交换理论,从利益交换的视角来理解社会经济活动中参与主体的互动以及通过互动建立的关系和获得的所需之物。该理论认为作为理性的"经济人",各利益主体会根据其他参与者的互动结果来决定自己未来的行为。在某种意义上,各利益主体间所存在的冲突和协调过程将会折射出旅游发展和生态保护交互作用的过程和机制,更多地反映出利益主体对于公平的渴望和对社会正义的追求。

基于利益相关者理论,多元利益主体在旅游发展中的利益互动与生态脆弱区研究领域的结合,集中体现在生态旅游利益相关者冲突和合作方面。Fang等(2012)

以长白山、王朗、九寨沟和西双版纳等为例，表述了生态旅游多方利益主体之间存在潜在矛盾、冲突原因和预防措施。在生态脆弱区旅游发展进程中，由于生态旅游资源分布的不均匀性、区域经济发展不平衡性等因素，利益相关者的利益诉求变得更加多样和复杂，矛盾进一步被激化。Wang 等（2020）提出了通过动态激励和惩罚策略来缓解生态脆弱地区生态旅游开发建设中地方政府、旅游企业和居民之间的利益矛盾与冲突。分析现有研究发现，当前关于生态脆弱区旅游发展的文献主要集中在单一主体或是两个主体之间的相互影响研究方面，且大部分研究倾向于利益诉求等单一效应研究，较少有文章对生态脆弱区旅游发展中各利益主体之间的关系进行实证检验。基于此，针对中国本土的发展背景，需要利用利益相关者、社会交换等成熟的理论来探索核心利益主体的交互利益，从演化博弈角度结合系统动力学进行仿真分析，使研究更接近现实情境，研究结论更具针对性、普适性，以便为三方博弈主体在生态脆弱区生态旅游发展中提供长期稳定的实施策略。

二、生态脆弱区利益相关者

我国生态脆弱区旅游发展尚处于初级阶段，由于"最严格保护"措施的影响，该区域市场化程度不高。基于生态脆弱区当下特殊的资源现状和政策背景，当地居民多数通过提供旅游服务的形式参与当地旅游发展，以解决自身发展受限的难题。参考已有的研究成果，借助米切尔评分法，本文将兼具影响力、紧迫性和合法性且与生态脆弱区旅游业发展密切关联的个人与组织定义为本文研究的核心利益相关者。在生态脆弱区旅游发展中，核心利益主体的利益诉求及其利益分配问题影响着该区域旅游业的长足发展，其中，政府、旅游经营者、旅游者为本文最核心的利益相关者。对生态脆弱区进行旅游开发和规划时，在保护生态环境的大前提下，必须确保满足旅游者的需求，而旅游经营者的主要目标是获取收益的同时保护生态环境，这就要求旅游经营者必须厘清生态保护与旅游获利之间的关系。政府为旅游经营者创造良好的旅游营商环境，提供基础服务设施、政策支持以及行政管理，并获取相应收入；旅游经营者为旅游者提供其所需的旅游产品和服务，旅游者则应为自身获得的旅游服务支付一定的费用。

（一）政府

目前，生态脆弱区的环境问题主要是中央政府颁布相关政策，由地方政府进行直接治理。首先，政府作为生态环境、国家利益的维护者，在生态脆弱区的旅游发展中担任监管者，其主要职能是确保社会稳定，通过制定相关政策和法律法规，建立生态脆弱区旅游管理的一系列制度体系，对其他核心利益主体进行管理，维护自己的统治权。其次，政府对当地生态环境保护负首要责任，其提供的公共服务、基础设施的能力来源于政府拨款和旅游税收。最后，政府还致力于提高区域内旅游服务水平，维护旅游者的合法权益，推动当地经济发展。在发展生态脆弱区生态旅游中，政府需要投入大量的财力、物力和人力，制定旅游税收以及制度改革等手段规范和维护市场秩序，使得政府的监管成本随之增加，同时政府设立奖惩机制规范旅游经营者等利益主体的行为。政府既从监管中获得了收益，也得到了大众认可。总之，政府既是规章制度的制定者，也兼负生态保护倡导者、政策支持者、旅游监督者及其管理者等多重复杂角色。但在现实生活中，地方政府也是独立的利益个体，面对区域经济效益、生态保护效益与政绩考核时，也存在自利倾向及自我膨胀的趋势。此时，政府通过不正当的渠道分享经济收益，抑或政府因财力、物力和人力资源不足而对旅游经营者、旅游者监管不到位或不监管时，可能引发居民抗议、面临公信力下降等损失，致使政策的制定与监管行为存在两面性。因此，于政府而言，其期望就是在低监管成本下使旅游经营者合规经营、旅游者积极支持，以此实现利益最大化。

（二）旅游经营者

旅游经营者作为资本要素的拥有者，其最根本的目标为收益最大化。为了实现这一目标，旅游经营者借助寻租等手段向政府行贿，以便获取更低价格的吸引物或获得的分配比例更高；或是巧借制度漏洞，实施机会主义行为以谋取部分不正当利益；抑或降低服务水准，甚至在安全卫生方面放低标准，提供问题产品和不合格服务。在调研中发现，生态脆弱区的居民通过拉马、清洁工等生计方式提供旅游服务，也有开办农家乐来提供旅游服务，充当旅游经营者角色。这也契合当下国家倡导实现生态脆弱区内的居民就地就业等惠民政策。在生态脆弱区的社会背景下，当地居民作为旅游吸引物要素的所有者，囿于权力不平等、讨价还价能力不足等原因，在旅游利益分配中处于下风。若社区居民的利益被过多侵占，社区居民可能通过堵路、违规放牧等手段，试图反抗政府的利益分配决策，逼迫政府调整利益分配格局，维护自身的权益不受侵占。

（三）旅游者

作为旅游消费的主体，旅游者的旅游需求备受关注。常言之，没有旅游者，旅游系统面临崩溃，旅游发展就无法实现。而生态脆弱区的旅游者大多是指访问、鉴赏、享受自然及文化的观光旅游者，具有一定的生态意识和环保意识。除此之外，该地区的旅游者还应发挥推动当地社区发展，保持对当地传统文化的敬畏和尊重，真实反映旅游体验感知和传播当地文化价值观的作用。由于旅游者的个人偏好不同，部分旅游者偏好生态脆弱区的旅游模式，并愿意前往游玩；但也有部分旅游者可能对该模式的旅游不太热情，或在参与该地旅游中获得了质量不佳的旅游体验、利益受损，从而不支持生态脆弱区旅游发展，暂没有去当地游玩消费的打算。

依据以上分析，充分挖掘政府、旅游经营者和旅游者的利益交互关系，可为实现生态脆弱区旅游可持续发展奠定理论基础，具体情况如图1所示。

三、生态脆弱区旅游核心利益主体的博弈分析

（一）模型的假设

1. 模型主体假设

生态脆弱区旅游发展核心利益主体为：

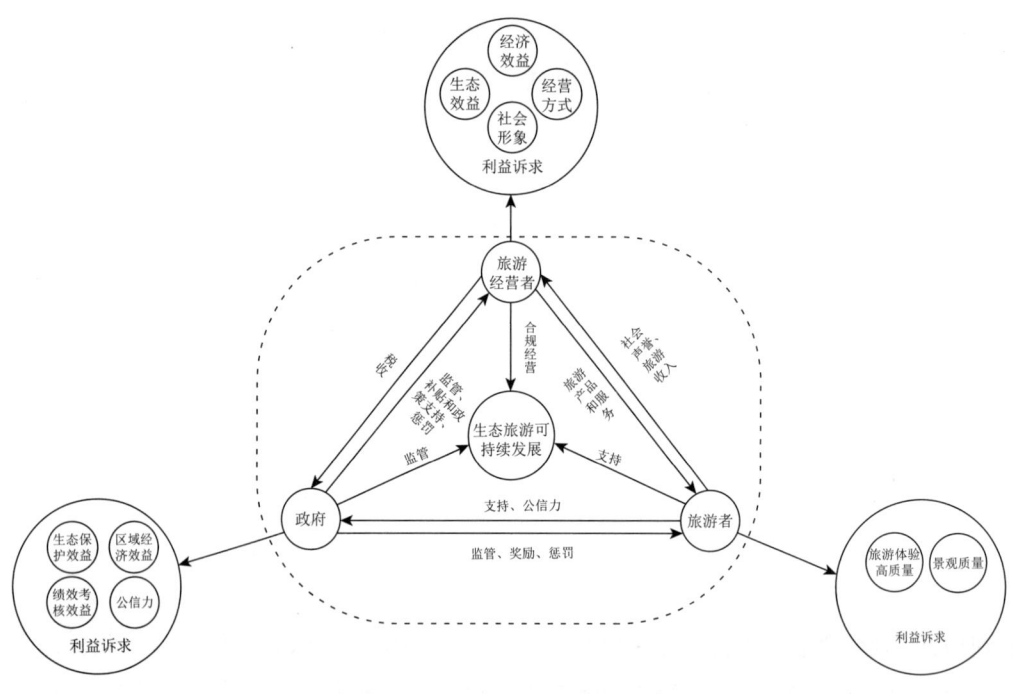

图 1 生态脆弱区三方利益主体诉求

政府、旅游经营者以及旅游者，这三类利益主体均为有限理性，且各方信息不完全，以效用最大化为原则进行策略选择。

2.行为策略假设

在生态脆弱区旅游核心主体利益的博弈中，政府监管旅游发展，简称监管，记为 A_1，概率为 x；其不监管旅游发展，简称不监管，记为 A_2，概率为 $1-x$，$(x\in[0,1])$。旅游经营者合规经营，简称合规，记为 B_1，概率为 y；其不合规经营，简称不合规，记为 B_2，概率为 $1-y$，$(y\in[0,1])$。旅游者支持旅游发展，简称支持，记为 C_1，概率为 z；其不支持旅游发展，简称不支持，记为 C_2，概率为 $1-z$，$(z\in[0,1])$。三方利益主体对于该类地区旅游发展的策略集分别为 $\{A_1,A_2\}$、$\{B_1,B_2\}$、$\{C_1,C_2\}$。

3.参数变量设定

基于上文假设，对演化博弈参数进行设定，并梳理出三方利益主体各自可选择策略、概率以及损益变量，具体如表1所示。

三方博弈主体都可从自身策略集的两个策略中进行选择。三方利益主体在博弈时，通过对不同策略的抉择会获取不一致的收益值。根据三方利益主体选择的不同策略及其策略组合的收益值，三者的利益博弈支付矩阵如表2所示。

（二）模型的构建

政府选择监管策略时的期望收益为 U_{11}：

$$U_{11}=F_1+R_1-G_1+(1-y)N_1+(1-z)G_6-yF_2-zJ_1$$

表 1 生态脆弱区旅游核心利益相关者损益变量

博弈者	策略（概率）	损益变量及解释
政府	监管 x	F_1：实施保护政策后获得的中央财政补贴
		R_1：获得的基本收益
		G_1：监管所需支付的成本（$[G_0+K_1(1-y)+K_2(1-z)]$）（注：G_0 为基本成本）
		F_2：对合规旅游经营者的补贴和政策支持
		J_1：对支持旅游发展的旅游者给予奖励
		N_1：对不合规的旅游经营者的惩罚
		G_6：政府监管下，旅游者不文明行为的罚没损失
	不监管 $1-x$	G_2：不作为造成发展受损，产生的机会成本
		F_3：不监管状态下获得的中央财政补贴
		R_2：不作为状态下的经济收益（$R_2>R_1$）
旅游经营者	合规 y	F_2：政府监管时，合规获得的补贴和政策支持
		R_3：合规经营正常收益
		L_1：旅游者支持旅游发展时，旅游经营者合规经营获得良好声誉带来的附加效益
		G_3：合规所需支付的成本
	不合规 $1-y$	R_3：不合规获得的基本收益
		ΔR：不合规带来的额外收益
		G_4：旅游经营的基本成本（$G_3>G_4$）
		L_2：旅游者支持当地旅游发展，旅游经营者不合规带来口碑、名誉等损失
		N_1：政府监管时，其不合规带来的惩罚
旅游者	支持 z	J_1：政府监管时，旅游者支持旅游发展所获得的奖励
		R_4：旅游者支持旅游获得的直接收益
		G_5：旅游者支持旅游发展所需的成本
	不支持 $1-z$	R_5：旅游者不支持旅游发展获得的收益
		G_6：政府监管下，旅游者不文明行为遭受的罚没损失

注：所有损益变量均大于 0，下同。

表 2　生态脆弱区旅游核心利益相关者博弈支付矩阵

策略		政府监管 A_1	政府不监管 A_2
旅游经营者合规经营 B_1	旅游者支持 C_1	$F_2+R_3+L_1-G_3, J_1+R_4-G_5, F_1+R_1-G_1-F_2-J_1$	$R_3+L_1-G_3, R_4-G_5, R_2+F_3-G_2$
	旅游者不支持 C_2	$F_2+R_3-G_3, R_5-G_6, F_1+R_1-G_1+G_6-F_2$	$R_3-G_3, R_5, R_2+F_3-G_2$
旅游经营者不合规经营 B_2	旅游者支持 C_1	$R_3+\Delta R-G_4-L_2-N_1, J_1+R_4-G_5, F_1+R_1-G_1+N_1-J_1$	$R_3+\Delta R-G_4-L_2, R_4-G_5, R_2+F_3-G_2$
	旅游者不支持 C_2	$R_3+\Delta R-G_4-N_1, R_5-G_6, F_1+R_1-G_1+G_6+N_1$	$R_3+\Delta R-G_4, R_5, R_2+F_3-G_2$

政府选择不监管策略时的期望收益为 U_{12}：

$$U_{12}=R_2+F_3-G_2$$

政府决策行为的平均期望收益为 $\overline{U}_1$：

$$\overline{U}_1=x[F_1+R_1-G_1+(1-y)N_1+(1-z)G_6-yF_2-zJ_1]+(x-1)(R_2+F_3-G_2)$$

基于演化博弈理论，政府监管策略的复制动态方程为 $Q(x)$：

$$Q(x)=x(1-x)[F_1+R_1+N_1(1-y)+(1-z)G_6-G_1-yF_2-zJ_1-R_2-F_3+G_2]$$

从演化稳定理论可知，若存在行为策略 α^*，使 $Q(\alpha^*)=0$，$\dfrac{dQ(\alpha)}{d\alpha}\big|_{\alpha=\alpha^*}<0$，则该策略处于稳定状态。

当 $F_1+R_1+N_1(1-y)+(1-z)G_6-G_1-yF_2-zJ_1-R_2-F_3+G_2=0$ 时，$Q(x)=0$，对于所有的 x 值都是政府的稳定状态，此时 $x=0$ 和 $x=1$ 均为稳定演化策略，即政府的行为策略选择不随旅游者、旅游经营者的行为策略选择改变。

若 $F_1+R_1+N_1(1-y)+(1-z)G_6-G_1-yF_2-zJ_1-R_2-F_3+G_2<0$，恒有 $z>\dfrac{F_1+R_1+N_1(1-y)-G_1-yF_2-R_2-F_3+G_6+G_2}{J_1+G_6}$，此时要满足，$Q(x)<0$，又因 $Q'(x)=\dfrac{dQ(x)}{dx}\big|_{x=1}>0$，$Q'(x)=\dfrac{dQ(x)}{dx}\big|_{x=0}<0$，则 $x=0$ 为稳定点，经过长期的演化博弈，政府选择"不监管"策略。

若 $F_1+R_1+N_1(1-y)+(1-z)G_6-G_1-yF_2-zJ_1-R_2-F_3+G_2>0$，即 $\dfrac{F_1+R_1+N_1(1-y)-yF_2-G_1-R_2-F_3+G_2+G_6}{J_1+G_6}>0$，则有两种情况需要考虑：

若 $z>\dfrac{F_1+R_1+N_1(1-y)-G_1-yF_2-R_2-F_3+G_6+G_2}{J_1+G_6}$ 时，$Q'(x)=\dfrac{dQ(x)}{dx}\big|_{x=0}<0$，$Q'(x)=\dfrac{dQ(x)}{dx}\big|_{x=1}>0$，此时 $x=0$ 是稳定点，此时，有限理性的政府"不监管"生态脆弱区的旅游发展。

若 $z<\dfrac{F_1+R_1+N_1(1-y)-G_1-yF_2-R_2-F_3+G_6+G_2}{J_1+G_6}$ 时，$Q'(x)=\dfrac{dQ(x)}{dx}\big|_{x=0}>0$，$Q'(x)=\dfrac{dQ(x)}{dx}\big|_{x=1}<0$，此时 $x=1$ 是稳定点，$U_{11}-\overline{U}_1>0$，期望收益大于平均收益，权衡利弊，有限

理性的政府选择"监管"生态脆弱区的旅游发展。

综上，当 $F_1+R_1+N_1(1-y)-G_1-yF_2-zJ_1+L_1+T_1=0$ 时，政府行为策略选择不受旅游者、旅游经营者策略改变的影响。当 $F_1+R_1+N_1(1-y)-G_1-yF_2-zJ_1+L_1+T_1\neq 0$ 时，政府的策略选择与旅游经营者、旅游者的行为决策密切相关，并依赖与旅游经营者和旅游者利益博弈的结果。究其原因，政府通过奖惩机制规制旅游经营者和旅游者的行为策略选择，而奖惩机制的实施也影响着政府的监管成本，所以政府监管的概率会随着旅游经营者和旅游者选择积极行为策略的概率的降低而提高，这样政府不仅获益，还能收获公信力。

同理，旅游经营者复制动态方程为 $Q(y)$：

$$Q(y)=y(1-y)[xF_2+zL_1-G_3-\Delta R+G_4+xN_1+zL_2]$$

同政府分析可知，当 $z=\dfrac{G_3+\Delta R-G_4-x(F_2+N_1)}{L_1+L_2}$ 时，无论 y 取值多少，都为稳定状态，即旅游经营者的策略选择不受政府以及旅游者的策略选择的影响。当 $xF_2+zL_1-G_3-\Delta R+G_4+xN_1+zL_2>0$，$y=1$ 为稳定点，旅游经营者进行合规经营。当 $xF_2+zL_1-G_3-\Delta R+G_4+xN_1+zL_2<0$，此时，若 $z>\dfrac{G_3+\Delta R-G_4-x(F_2+N_1)}{L_1+L_2}$，此时 $y=1$ 为稳定点，经过利益权衡，有限理性的旅游经营者选择合规经营策略。若 $z<\dfrac{G_3+\Delta R-G_4-x(F_2+N_1)}{L_1+L_2}$，此时 $y=0$ 为稳定点，旅游经营者不合规经营，获得机会收益。此种情况下，可以发现旅游经营者的策略选择与政府、旅游者的行为决策密切相关，并依赖于政府、旅游者博弈的结果。出现此现象源于旅游经营者的经营行为既受政府的制度管制，还深受旅游者消费的影响。旅游者作为生态脆弱区旅游消费的主体，该地旅游收入同旅游者支持程度正相关，旅游经营者要想获得更多利益，须最大限度满足旅游者的消费需求。

同理可得，旅游者的复制动态方程为 $Q(z)$：

$$Q(z)=z(1-z)(xJ_1+R_4-G_5-R_5+xG_6)$$

同政府分析可得，当 $x=\dfrac{G_5+R_5-R_4}{J_1+G_6}$ 时，无论 z 取值多少，都为稳定状态，即旅游者策略不因政府、旅游经营者的策略改变而发生变化。若 $xJ_1+R_4-G_5-R_5+xG_6>0$，则 $z=1$ 为稳定点，旅游者选择支持策略。若 $xJ_1+R_4-G_5-R_5+xG_6<0$，需要考虑两种情况：①若 $x>\dfrac{G_5+R_5-R_4}{J_1+G_6}$，则 $z=1$ 为稳定点，此时，旅游者支持旅游发展；②当 $x<\dfrac{G_5+R_5-R_4}{J_1+G_6}$，则 $z=0$ 为稳定点，旅游者选择不支持策略。此时，可以发现，因旅游者的策略选择受政府奖惩机制的牵制，所以其行为策略选择只与政府的行为决策密切相关。

联立前面的公式，建立以下方程组。

$Q(x) = x(1-x)[F_1+R_1+N_1(1-y)+(1-z)G_6-G_1-yF_2-zJ_1-R_2-F_3+G_2]$

$Q(y) = y(1-y)[x(F_2+N_1)+zL_1-G_3-\Delta R+G_4+zL_2]$

$Q(z) = z(1-z)[xJ_1+R_4-G_5-R_5+xG_6]$

通过计算，上式存在的特殊均衡点分别为：X_1=（0，0，0），X_2=（1，0，0），X_3=（0，1，0），X_4=（0，0，1），X_5=（1，1，0），X_6=（0，1，1），X_7=（1，0，1），X_8=（1，1，1），由此构成演化博弈解域的边界 $\{x, y, z \mid x$=0，1；y=0，1；z=0，1$\}$，该构成的区域为政府、旅游经营者和旅游者演化博弈的均衡解域，并存在满足以下公式的均衡解 X=（x，y，z）。

$F_1+R_1+N_1(1-y)+(1-z)G_6-G_1-yF_2-zJ_1-R_2-F_3+G_2 = 0$

$x(F_2+N_1)+zL_1-G_3-\Delta R+G_4+zL_2 = 0$

$xJ_1+R_4-G_5-R_5+xG_6 = 0$

计算可得，剩余解分别是：

$X_9 = (0, \dfrac{G_3+\Delta R-G_4}{L_1+L_2}, \dfrac{F_1+R_1+N_1+G_6+G_2-G_1-R_2-F_3(L_1+L_2)-(G_3+\Delta R-G_4)(J_1+G_6)}{(J_1+G_6)(L_1+L_2)})$

$X_{10} = (1, \dfrac{G_3+\Delta R-G_4-F_2-N_1}{L_1+L_2}, \dfrac{(F_1+R_1+N_1+G_6+G_2-G_1-R_2-F_3)(L_1+L_2)-(G_3+\Delta R-G_4-F_2-N_1)(J_1+G_6)}{(J_1+G_6)(L_1+L_2)})$

$X_{11} = (\dfrac{G_5+R_5-R_4}{J_1+G_6}, 0, \dfrac{F_1+R_1+N_1+G_6+G_2-G_1-R_2-F_3}{J_1+G_6})$

$X_{12} = (\dfrac{G_5+R_5-R_4}{J_1+G_6}, 0, \dfrac{F_1+R_1+G_6+G_2-G_1-R_2-F_3-F_2}{J_1+G_6})$

$X_{13} = (\dfrac{G_3+\Delta R-G_4}{F_2+N_1}, \dfrac{F_1+R_1+N_1+G_6+G_2-G_1-R_2-F_3}{F_2+N_1}, 0)$

$X_{14} = (\dfrac{G_3+\Delta R-G_4-L_2-L_3}{F_2+N_1}, \dfrac{F_1+R_1+N_1+G_2-G_1-R_2-F_3-J_1}{F_2+N_1}, 1)$

$X_{15} = (\dfrac{G_5+R_5-R_4}{J_1+G_6}, \dfrac{(F_1+R_1+N_1+G_6+G_2-G_1-R_2-F_3)(L_1+L_2)-(G_3+\Delta R-G_4)(J_1+G_6)+(G_5+R_5-R_4)(F_2+N_1)}{(F_2+N_1)(L_1+L_2)}, \dfrac{(G_3+\Delta R-G_4)(J_1+G_6)-(G_5+R_5-R_4)(F_2+N_1)}{(J_1+G_6)(L_1+L_2)})$

在博弈过程中，政府、旅游经营者和旅游者都会根据自身的"收益—成本"比例选择契合的发展策略。根据 Lyapunov 的稳定性理论，当该系统的雅可比矩阵的所有特征值存在正、负实部，为鞍点；当系统的特征值全为正实部，为不稳定点；只有满足雅可比矩阵所有特征值全为负实部，才是系统的稳定演化点。

$$Q'(x) = (1-2x)[F_1 + R_1 + N_1(1-y) + (1-z)G_6 - G_1 - yF_2 - zJ_1 - R_2 - F_3 + G_2]$$

$$Q'(y) = (1-2y)[x(F_2 + N_1) + zL_1 - G_3 - \Delta R + G_4 + zL_2]$$

$$Q'(z) = (1-2z)(xJ_1 + R_4 - G_5 - R_5 + xG_6)$$

由演化博弈性质可知，当 $Q'(x) < 0$，$Q'(y) < 0$，$Q'(z) < 0$ 时，均衡点 x，y，z 分别表示演化博弈过程中政府、旅游经营者、旅游者所采取的稳定策略概率，系统的雅可比矩阵为 W_1，并将各均衡值代入雅可比矩阵中，分别求出 8 个纯策略均衡点的特征值，如表 3 所示。

$$\begin{bmatrix} (1-2x)[F_1+R_1+N_1(1-y)+(1-z)G_6-G_1-yF_2-zJ_1-R_2-F_3+G_2] \\ x(x-1)(N_1+F_2) \\ x(x-1)(J_1+G_6) \\ \\ y(1-y)(F_2+N_1) \\ (1-2y)[x(F_2+N_1)+zL_1-G_3-\Delta R+G_4+zL_2] \\ y(1-y)(L_1+zL_2) \\ \\ z(1-z)(J_1+G_6) \\ 0 \\ (1-2z)(xJ_1+R_4-G_5-R_5+xG_6) \end{bmatrix}$$

判断政府、旅游经营者和旅游者各自策略是否处于演化均衡状态的依据，可通过计算 $Det(w_1) > 0$、$Tr(w_1) < 0$ 进行判断。分析发现，现有条件暂不能确定每个均衡点的稳定性，故本文引入系统动力

表 3 生态脆弱区核心利益主体博弈均衡特征

(X, Y, Z)	特征值 1	特征值 2	特征值 3
$(0, 0, 0)$	$F_1 + R_1 + N_1 + G_6 - G_1 - R_2 - F_3 + G_2$	$G_4 - G_3 - \Delta R$	$R_4 - G_5 - R_5$
$(1, 0, 0)$	$-(F_1 + R_1 + N_1 + G_6 - G_1 - R_2 - F_3 + G_2)$	$F_2 + N_1 - G_3 - \Delta R + G_4$	$J_1 + R_4 - G_5 - R_5 + G_6$
$(0, 1, 0)$	$F_1 + R_1 - F_2 + G_6 - G_1 - R_2 - F_3 + G_2$	$-(R_2 + L_2 - G_2 - R_3)$	$R_4 - G_5 - R_5$
$(0, 0, 1)$	$F_1 + R_1 + N_1 - G_1 - R_2 - F_3 + G_2 - J_1$	$L_1 - G_3 - \Delta R + G_4 + L_2$	$-(R_4 - G_5 - R_5)$
$(1, 1, 0)$	$-(F_1 + R_1 - F_2 - J_1 - R_2 - F_3 + G_2)$	$-(F_2 + N_1 - G_3 - \Delta R + G_4)$	$J_1 + R_4 - G_5 - R_5 + G_6$
$(0, 1, 1)$	$F_1 + R_1 - F_2 - G_1 - J_1 - R_2 - F_3 + G_2$	$-(L_1 - G_3 - \Delta R + G_4 + L_2)$	$-(R_4 - G_5 - R_5)$
$(1, 0, 1)$	$-(F_1 + R_1 + N_1 - G_1 - J_1 - R_2 - F_3 + G_2)$	$F_2 + N_1 + L_1 - G_3 - \Delta R + G_4 + L_2$	$-(J_1 + R_4 - G_5 - R_5 + G_6)$
$(1, 1, 1)$	$-(F + R - G - F - J - R - F + G)$	$-(F_2 + N_1 + L_1 - G_3 - \Delta R + G_4 + L_2)$	$-(J_1 + R_4 - G_5 - R_5 + G_6)$

注：剩余均衡点 $X_9 \sim X_{15}$ 因其涉及的参数过多，其对应的雅可比矩阵的行列式以及迹的值符号无法确定，故在此不予分析讨论。

（三）基于系统动力学的演化博弈仿真分析

1. 系统动力学模型构建

基于上述模型，利用 Vensim PLE 软件构建了生态脆弱区旅游核心主体利益演化博弈的系统动力学模型，简称 SD 模型。SD 模型中包括三个子模型：政府 SD 子系统、旅游经营者 SD 子系统和旅游者 SD 子系统，如图 2 所示。

2. 系统动力学模型仿真分析

系统动力学仿真分析的目的在于解释系统内部变化的规律，而非重于数值的真实性，模型结构的正确性比参数值更为重要。模型中的外生变量多是难以精准量化的，所以外生变量的赋值并不要求得到精确的结果，而是要求模型能够反映出系统整体的策略选择趋势和政策变化的影响。模型的初始条件设置为：INITIAL TIME=0，FINAL TIME=100，TIME STEP=1，Units for Time=Year。本文将 x、y 和 z 的初始值分别设置为 $\{0.5, 0.5, 0.5\}$。笔者通过实地调研，征询当地管理人员、相关领域专家学者的意见以及参考相关文献，对模型中的外生参数变量进行赋值。仿真参数变量初始值设置如表 4 所示。

3. 纯策略仿真分析

由上文可知，当政府、旅游经营者以及旅游者均采取 0 或 1 的纯策略选择时，存在 8 种纯策略组合。通过 Vensim 软件仿真可知，在纯策略的情况下，任何一方主体都不会主动改变其策略，系统处于相

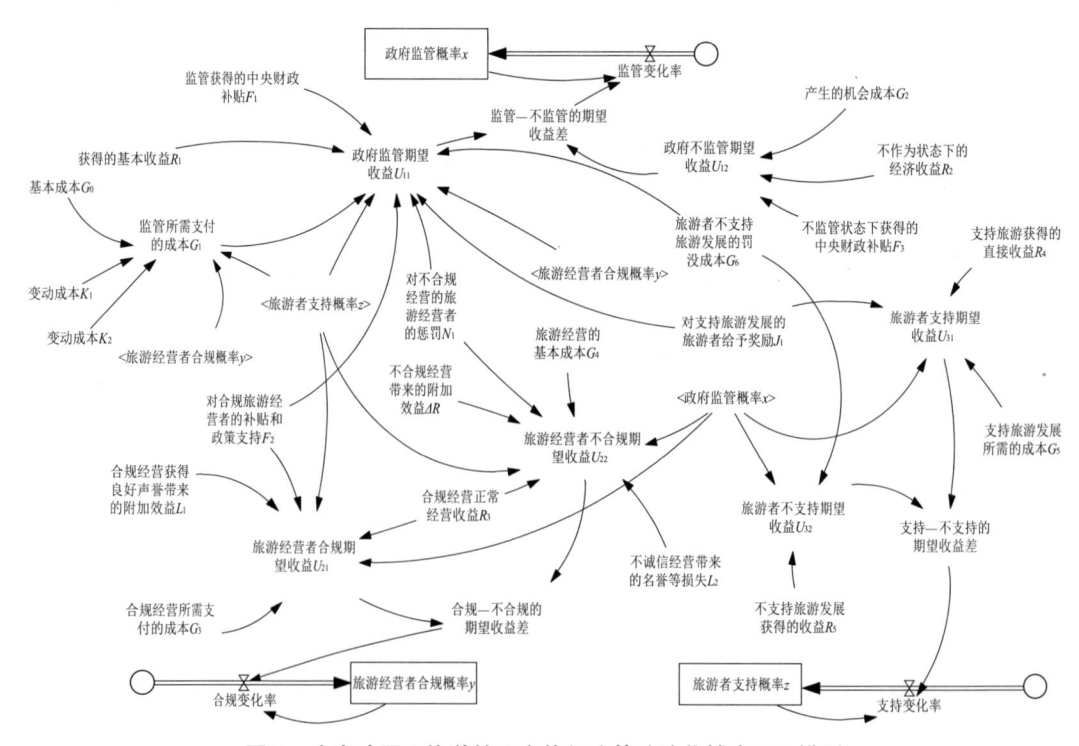

图 2 生态脆弱区旅游核心主体行为策略演化博弈 SD 模型

表 4 仿真参数变量初始值设置

参数	初始值	参数	初始值	参数	初始值	参数	初始值
K_1	1.22	F_1	3.91	F_2	0.62	G_5	0.26
K_2	1.22	R_1	1.75	J_1	0.16	R_5	0.19
N_1	0.53	G_6	0.19	G_2	1.42	G_0	1.22
F_3	2.72	R_2	1.84	R_3	0.92	L_2	0.25
L_1	0.40	G_3	0.77	G_1	0.92		
ΔR	0.89	G_4	0.61	R_4	0.33		

对均衡的状态，如图 3（a）所示。显然，这种相对均衡并不稳定，系统中有一方或多方只要进行微小调整，该均衡状态就会被打乱。以（1，0，1）为例，若政府、旅游者均保持自身策略不变，旅游经营者选择合规的概率只需产生微小的改变（y 从 0 变为 0.01），其演化过程便产生明显的变化，如图 3（b）所示。尽管旅游经营者合规经营概率仅为 0.01，但在博弈过程中，政府和旅游者均选择监管和支持策略时，当小部分旅游经营者选择合规时，由于这个凸变产生了更高的收益，其他旅游经营者立即通过学习和模仿去调整自身策略，使整个系统最终向（1，1，1）演化。

同样对其余 6 组策略组合进行演化，其他策略组合稳定性验证过程与上述相似，在此不过多赘述。通过对其余 6 个均衡点进行仿真模拟，可以发现本系统存在两个演化稳定策略点，即 ESS 分别为（0，0，0）、（1，1，1）。

4. 混合策略仿真分析

初始混合策略为（0.2，0.6，0.5）时，如图 4（a）所示。当旅游经营者和旅游者选择积极行为的概率比选择不积极行为

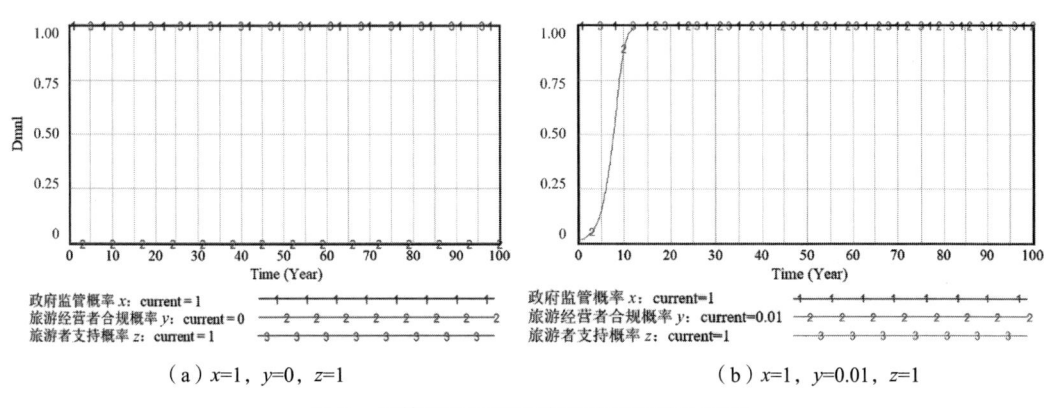

（a）$x=1$，$y=0$，$z=1$　　（b）$x=1$，$y=0.01$，$z=1$

图 3　纯策略下三方博弈主体演化博弈状态

的概率略高时，但整体程度偏低，最终整个系统演化稳定在（0，0，0）点。提高旅游经营者合规经营概率 y 为0.9，旅游者支持概率 z 为0.8，结果如图4（b）所示。比较图4（a）、4（b），通过整合和优化生态脆弱区丰富的旅游资源配置，将促使旅游经营者和旅游者加大积极行为的概率，带动整个旅游市场秩序向好的方向发展，政府受此环境的影响，经过利益权衡，改变原有策略转而选择监管策略，最终整个系统演化稳定在（1，1，1）点。这表明，采取针对性措施加大旅游经营者和旅游者选择积极行为的概率，可引导整个系统向利好形势（1，1，1）演化。调整政府监管概率 x 为1，旅游经营者合规概率 y 和旅游者支持概率 z 为0.01，演化结果如图4（c）所示。当政府进行监管时，即使旅游经营者、旅游者都倾向于选择不积极的行为，政府也能通过调整奖惩幅度、制度规制等手段驱使旅游经营者和旅游者改变现有策略，使整个系统的演化稳定在（1，1，1）点。结果表明，政府在生态脆弱区占主导地位，具有绝对的权威，当旅游经营者和旅游者都倾向于消极行为策略时，只要政府选择监管策略，便可在一定程度上实现生态脆弱区旅游的可持续发展。

5. 外部变量的灵敏度分析

将参数设置为 $x=0.5$、$y=0.5$、$z=0.5$，探讨外部变量的变化对政府、旅游经营

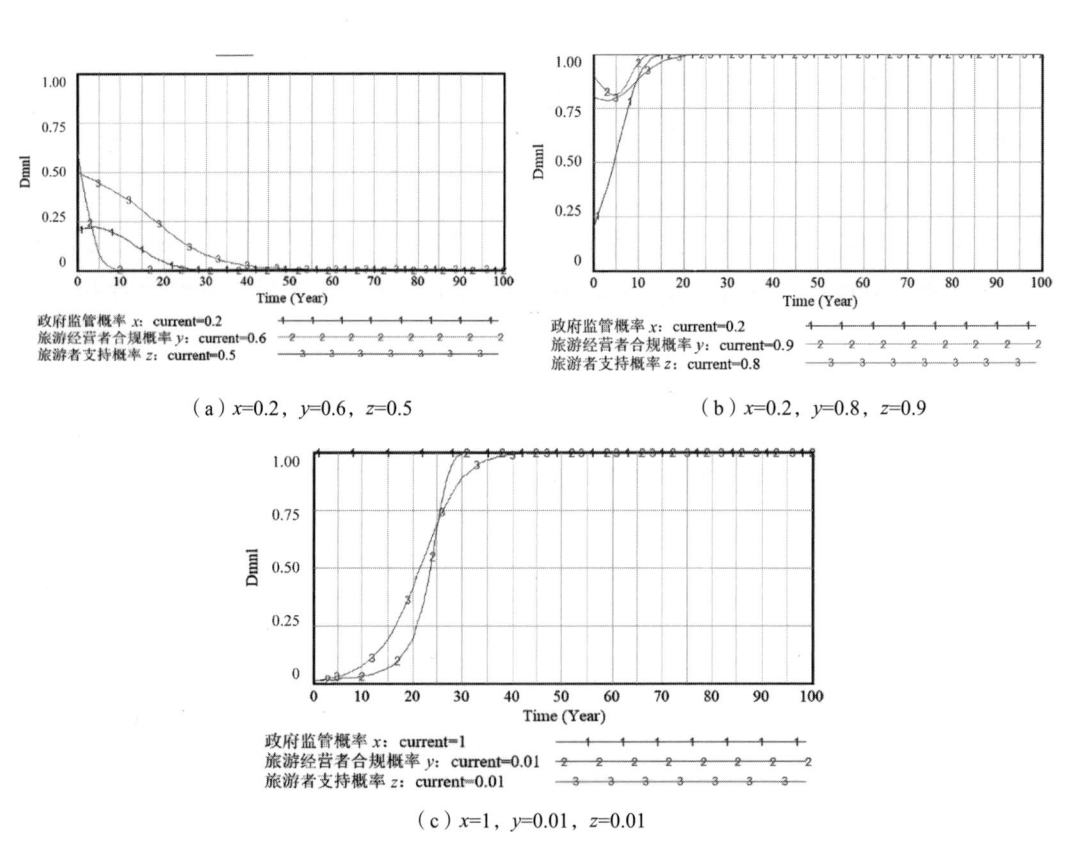

（a）$x=0.2$, $y=0.6$, $z=0.5$

（b）$x=0.2$, $y=0.8$, $z=0.9$

（c）$x=1$, $y=0.01$, $z=0.01$

图4　混合策略下三方博弈主体演化博弈状态

者以及旅游者策略选择的影响，如图5、图6、图7所示。

6. 政府策略选择的影响因素

通过仿真分析，F_1、G_2对政府选择行为策略有着相同的影响。即政府监管获得的中央财政补贴、不监管产生的机会成本越低时，政府越会朝着不监管策略演进。当这两个外部变量增加到一定值时，值越大，政府反应越灵敏，并以更快的速度选择监管策略，其中，F_1对政府的影响较为明显。当F_3的值越小时，政府选择监管策略的意愿越强烈，且以更快的速度达到监管的均衡状态。仿真结果表明，中央财政补贴对政府行为策略的影响最大，这也体现了国家强大的政策调控效应。因此，政府需要不断完善监管机制，进一步提升监管者素质及其监管效率，降低监管所需付出的各种成本，激发政府的监管积极性和有效性。同时中央政府可制定动态的财政补贴机制，适应性调节地方政府的外部成本损失，从而引导其选择监管策略。

7. 旅游经营者策略选择的影响因素

（1）旅游经营者的奖惩影响。一方面，政府对旅游经营者合规经营给予的补贴和政策支持上下波动一定幅度时，如图6（a）所示。对于旅游经营者而言，为

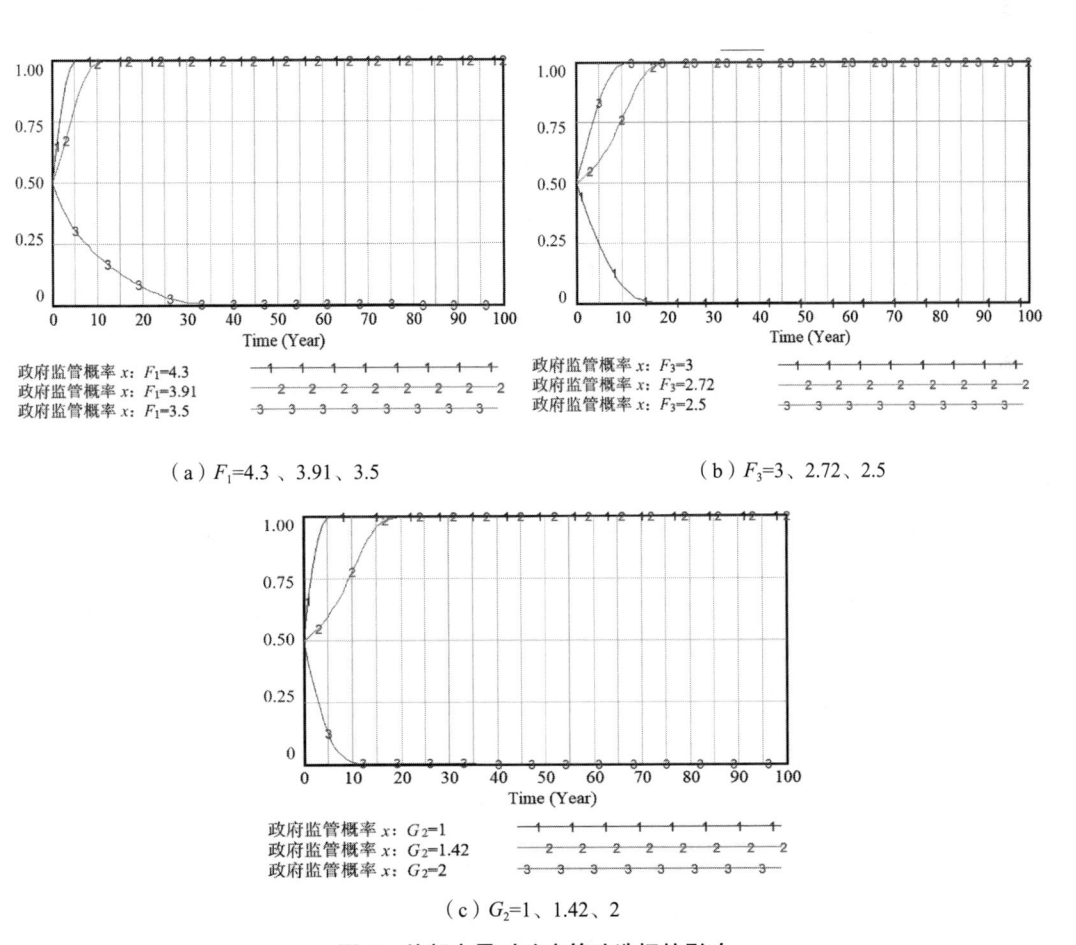

(a) F_1=4.3、3.91、3.5

(b) F_3=3、2.72、2.5

(c) G_2=1、1.42、2

图5 外部变量对政府策略选择的影响

追求经济收益最大化,其获得感和损失感较强。可以发现,起初当政府对旅游经营者的政策支持力度较小时,且短期内政府构建奖惩机制的能力有限,难以激励和约束旅游经营者的行为策略选择。加之生态脆弱区的旅游经营者普遍较为贫困,致使旅游经营者唯利优先来维持自身的生计,选择了不合规策略。当政府的补贴力度较大时,旅游经营者可以利用补贴或奖励,提高自身的旅游服务质量,开发当地特色的旅游产品,提高当地旅游的核心竞争力,促进区域经济稳步增长,从而旅游经营者合规经营概率的曲线显著上升。另一方面,对于旅游经营者而言,惩罚越小,其不合规所获收益越高;当惩罚超过一定程度时,合规经营获得的利益更高,其倾向于选择合规策略,如图6(b)所示。F_2和N_1都是由政府设定的,说明了政府可以通过强化实施生态旅游奖励力度或加大对非生态旅游开发的罚款力度来调整旅游经营者的策略,并引导和监管旅游经营者的策略选择。

(2)旅游经营者的收益影响。当对旅游经营者的附加收益上下调整一定的幅度,系统的演化结果如图6(c)所示。当ΔR越小,旅游经营者感知到选择不合规

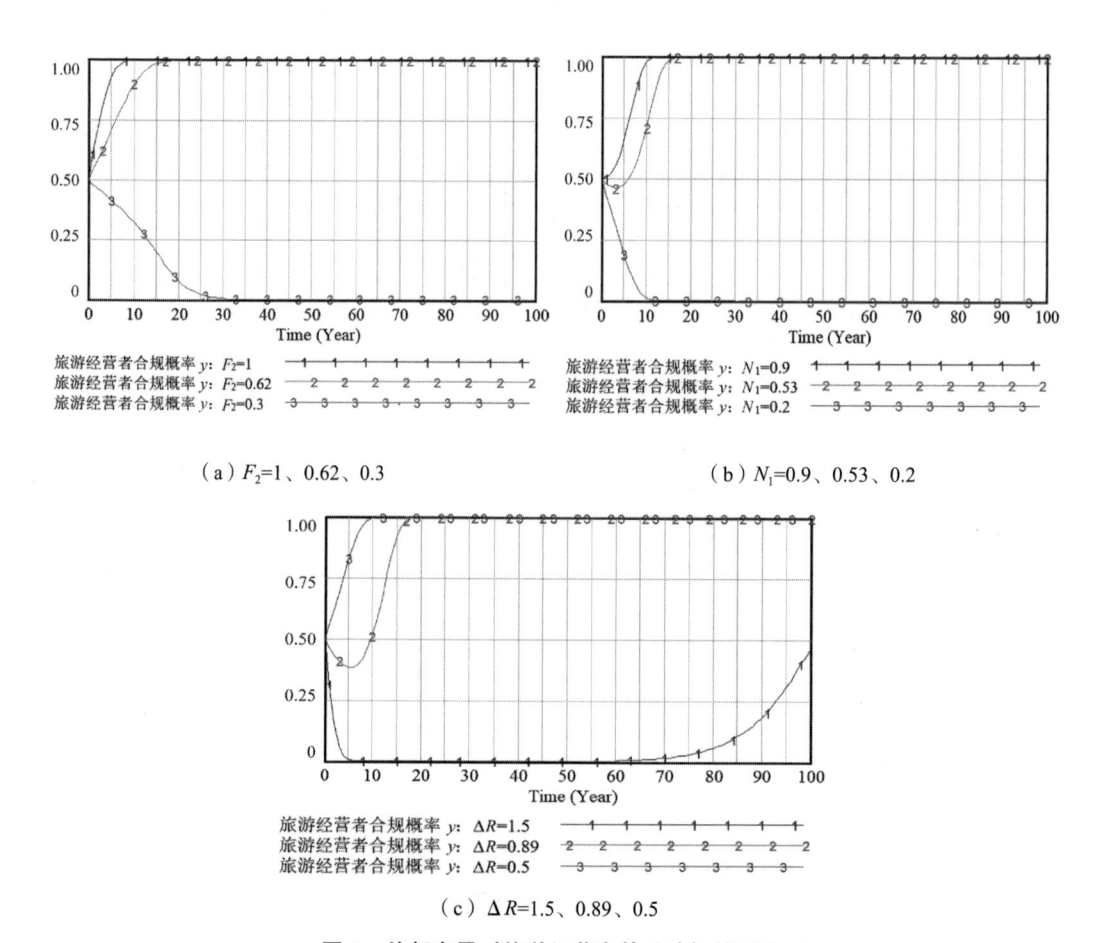

(a)F_2=1、0.62、0.3

(b)N_1=0.9、0.53、0.2

(c)ΔR=1.5、0.89、0.5

图6 外部变量对旅游经营者策略选择的影响

策略的收益越小，更倾向于选择合规策略，且随 ΔR 的减小，其反应越发灵敏。当 ΔR 逐渐增大，旅游经营者发现不合规策略有利可图，便会选择不合规策略，当 ΔR 增加到一定程度时，其趋于不合规策略速度加快，并收敛于旅游经营者合规概率0。这表明长期的正常收益可能对旅游经营者没有吸引力，但其策略选择的演化速率取决于不合规获得的额外收益，ΔR 越大，旅游经营者选择合规的演化速率越迟缓。

仿真模拟发现，基本收益对旅游经营者无影响，其行为决策取决于不合规获得的额外收益影响。补贴和政策支持以及惩罚是由政府设定的，其策略选择受政府引导和监督，但由于补贴和政策支持增加了政府的监管成本，将影响政府监管策略的选择，所以作为管理者的政府，应知晓旅游经营者的利益诉求并对合理诉求给予满足，对其不当行为进行强制监管，加大对旅游经营者的抽查力度，同时在制定奖惩措施时，政府应注重奖惩并重，权衡自身利弊，保障系统的可持续运行。

8. 旅游者策略选择的影响因素

（1）旅游者的奖惩影响。从图7（a）可以看出，J_1 对旅游者起着激励的作用，随着 J_1 的增大，其激励效果更加明显。当 $J_1=0.01$，其趋近于0时，J_1 最终选择了支持策略。说明旅游者即使在没有支持奖励时，因旅游者在生态脆弱区获得了满意的旅游体验，也不会放弃对生态脆弱区的支持，但其满意程度会随着边际收益递减呈现出支持概率逐渐减缓的趋势。如图7（b）所示，当 $G_6=0.5$ 和 0.19 时，旅游者在高强度的惩罚制度下，其倾向于遵守规则，支持当地旅游发展。当 $G_6=0.01$ 时，表明旅游者在生态脆弱区的旅游体验受到不公平对待，对该地旅游产生负面情绪，其不顾违背旅游地的规章制度来实现发泄自己的情绪，选择不支持策略来维护自身的权益。

（2）旅游者不支持旅游发展获取的收益影响。如图7（c）所示，即使向上或向下调整旅游者不支持策略获得的收益，旅游者依然选择支持策略，随着 R_5 的增大，旅游者选择支持策略速率逐渐变缓。究其原因，旅游者主要受生态脆弱区旅游质量的影响，若能满足旅游者的旅游需求，那么，旅游者将一直选择支持策略。

仿真结果表明，旅游者的主要目的是获得高质量的旅游体验，所以在旅游者的旅游期望得以满足之后，无论获取奖励和不支持的收益如何，最后都会选择支持策略，其值大小决定了演化速率。当政府加大对旅游者不当行为的惩罚时，相应加大其激励力度，可以引导其更快地选择支持策略。同时，提高生态脆弱区旅游服务质量，规范景区游客管理制度，增强旅游者的旅游获得感、幸福感，规避游客的不公平待遇，有利于增强旅游者支持当地的旅游发展的意愿。

四、结论及建议

本文运用演化博弈理论对生态脆弱区的政府、旅游经营者和旅游者三方博弈主体的策略演化趋势进行了详细探讨，并运用 Vensim PLE 软件对生态脆弱区旅游核心主体利益演化博弈的 SD 模型进行仿真

（a）J_1=0.5、0.19、0.01

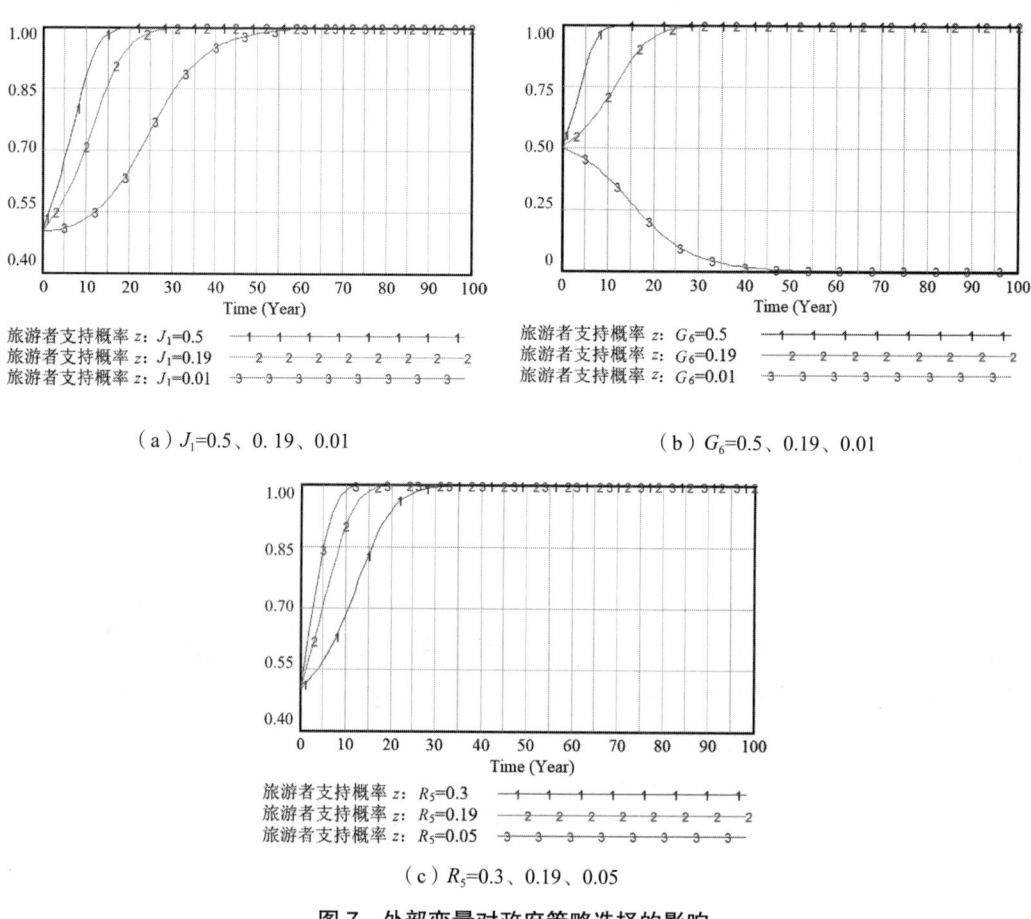

（b）G_6=0.5、0.19、0.01

（c）R_5=0.3、0.19、0.05

图 7　外部变量对政府策略选择的影响

分析，研究发现：在不同的条件限制下，生态脆弱区的核心利益主体策略演化趋势不同。通过对各演化博弈主体的稳定性讨论可知，总共出现了 15 种策略组合（本文对 X_9~X_{15} 不予讨论）。其中，当稳定点为 X_1（0，0，0）时，此阶段为政府所获补贴难以维持运营，采取"不监管"产生了一系列负面影响，多由旅游经营者承担，环境质量的下降使该地的旅游吸引力减弱，从而旅游经营者担心参与发展无法回笼资金，以及旅游者不知晓该区域旅游发展情况，其最初策略选择为"不合规""不支持"，由此构成纳什均衡。此种趋势若不加以改善，该地旅游业将走向衰亡。稳定点 X_2~X_7 都是演化博弈的不稳定路径，各利益主体均受彼此行为策略选择的影响，关注并选择自身利益最大化的策略，产生了一系列生态问题和旅游问题，阻碍生态脆弱区旅游的可持续发展。X_8（1，1，1）这一演化趋势为生态脆弱区旅游发展的最佳状态。这一发展趋势下，各利益主体均能有效地参与到生态脆弱区的旅游发展中，实现该区域经济效益、社会效益和环境效益的共赢。

①三方博弈主体策略选择存在交互影响现象。演化过程中，政府为协调当地旅

游发展和生态保护，进行监管的意愿始终较强，当政府选择监管时，无论旅游经营者和旅游者采取消极行为的意愿程度多低（但不能为0），最终三方都会演化稳定在(1,1,1)。无论政府监管意愿多低（但不能为0），只要旅游经营者、旅游者选择积极行为的意愿达到一定程度时，也会带动系统演化稳定在(1,1,1)。②中央财政补贴对引导政府选择监管策略发挥了关键作用。因生态脆弱区脆弱的生态系统很容易受外界各类因素的影响，若不加强保护，容易导致生态逆向演化。中央政府在利用财政补贴手段时，应确保中央财政补贴充足且合理，其发放标准应明晰且严格，通过观测政府的行为策略选择动态调整补贴力度，进而实现生态脆弱区等保护区的有效管理。③当政府利用奖惩机制规制旅游经营者、旅游者的相关行为策略时，应做到奖罚并重，在加大处罚力度的同时也应强化激励举措。例如，税收减免政策、生态治理费补助等制度的实施。其中，因信息延迟等因素，相对于旅游经营者，旅游者对奖惩力度反应稍显迟缓。④无论旅游者是否获得支持奖励，只要满足旅游者的旅游体验需求，旅游者依然会选择重游、推荐等支持策略。

根据本文研究结果，得到以下政策建议。

（一）完善问题解决及沟通的机制

仿真结果表明，政府始终具有绝对的权威。因此，政府应建立完善的问题解决途径和沟通协调机制，保证其他利益主体的利益诉求获得满足。

（二）据实制定科学的应对机制

研究结果表明，在发展旅游时，政府应快速、准确地判断出其他利益主体的行为策略选择，并及时调整自身策略，对于其他利益主体合理的要求应迅速做出反应，采取"合作"策略，减少监管成本；对于不合理的要求，坚持原有的策略，防止滋生其他问题。

（三）确定动态的奖惩机制

从模型分析可知，中央财政资金的发放力度及其发放标准影响着三方策略选择，中央政府可以通过调整资金发放力度和标准来控制地方政府的外部损失，有效防止其"不监管"或"弱监管"。此外，政府在制定奖惩制度时，要依据旅游经营者、旅游者行为的履行情况及时调整奖惩力度，严惩违法行为，适当激励合规行为。其中，政府在制定奖惩制度时，应首先作用于反应较为灵敏的旅游经营者，通过两方合作影响旅游者策略的选择。

（四）设计合理的成本—收益机制

研究表明，对于单个利益主体而言，力求以最低的成本获得最高的收益，实现自身利益最大化。而对于整个系统，各利益主体的利益相互影响、彼此制约。基于此，政府在设计成本—收益标准时，应全局把握、综合分析各利益主体实施积极行为可接受的成本—收益范围。成本—收益机制的设计既要能激起各利益主体选择积极行为策略的积极性，又要平衡各利益主体的利益诉求，做到科学合理。

参考文献

［1］钟林生，马向远，曾瑜皙.中国生态旅游研究进展与展望［J］.地理科学进展，2016，35（6）：679-690.

［2］李燕琴，汲忠娟.社区生态旅游的中国本土化发展综述［J］.商业经济与管理，2017（6）：78-86.

［3］Yu J T. Multidimensional poverty in China: Findings based on the CHNS［J］. Social Indicators Research, 2013, 112（2）: 315-336.

［4］程励.生态脆弱区利益相关者和谐发展研究［M］.成都：电子科技大学出版社，2005.

［5］Othniel Yila J, Resurreccion B P. Determinants of smallholder farmers' adaptation strategies to climate change in the semi arid Nguru Local Government Area, Northeastern Nigeria［J］. Management of Environmental Quality: An International Journal, 2013, 24（3）: 341-364.

［6］Brett Bryan et al. Distributed process modeling for regional assessment of coastal vulnerability to sea-level rise［J］. Environmental Modeling and Assessment, 2001, 6（1）: 57-65.

［7］Smit Barry. Climate change and agriculture in China［J］. Global Environmental Change, 1996, 6（3）: 205-214.

［8］Camino Liquete et al. Assessment of coastal protection as an ecosystem service in Europe［J］. Ecological Indicators, 2013（30）: 205-217.

［9］Francisco Arreguín-Sánchez, Thelma Mónica Ruiz-Barreiro. Approaching a functional measure of vulnerability in marine ecosystems［J］. Ecological Indicators, 2014（45）: 130-138.

［10］白育英，樊文颖，葛莉莉，等.内蒙古大青山生态脆弱带封山育林效果调查研究［J］.干旱区资源与环境，2008（3）：178-182.

［11］汪朝辉，王克林，李仁东，等.水陆交错生态脆弱带景观格局时空变化分析——以洞庭湖区为例［J］.自然资源学报，2004（2）：240-247.

［12］刘煕，黄明华，雷文韬.陕北黄土高原生态脆弱区土地利用时空演变［J］.中国农业资源与区划，2022（9）：1-15.

［13］叶文丽，王银，闵典，等.生态脆弱区农户生计恢复力与多维贫困脱钩关系时空演变规律——以陕西省佳县为例［J］.干旱区资源与环境，2021，35（10）：7-15.

［14］杨庆媛.西南丘陵山地区土地整理与区域生态安全研究［J］.地理研究，2004，22（6）：698-708.

［15］杨庆媛，毕国华，陈展图，等.喀斯特生态脆弱区休耕地的空间配置研究——以贵州省晴隆县为例［J］.地理学报，2018，73（11）：2250-2266.

［16］刘伟，徐洁，韩秀华，等.生态脆弱区农户收入贫困与多维贫困的关系研究——基于陕南安康市1404份调查问卷的实证分析［J］.干旱区资源与环境，2018，32（9）：19-25.

［17］王亚茹，赵雪雁，张钦，等.高寒生态脆弱区农户的气候变化适应策略——以甘南高原为例［J］.地理研究，2016，35（7）：1273-1287.

[18] 刘晓琼,刘彦随.基于AHP的生态脆弱区可持续发展评价研究——以陕西省榆林市为例[J].干旱区资源与环境,2009,23(5):19-23.

[19] 王文略,朱永甜,黄志刚,等.风险与机会对生态脆弱区农户多维贫困的影响——基于形成型指标的结构方程模型[J].中国农村观察,2019,147(3):64-80.

[20] 杨屹,胡蝶.生态脆弱区榆林三维生态足迹动态变化及其驱动因素[J].自然资源学报,2018,33(7):1204-1217.

[21] Yuan J G, Wang W, Long L M. Land degradation and ecological reconstruction of eco-fragile region in Bashang of Hebei Province [J]. Journal of Arid land Resources and Environment, 2006, 20(2):139-143.

[22] 任宗哲.对西部地区生态重建模式的理论探索[J].西北大学学报(哲学社会科学版),2008,149(3):175.

[23] 李林林,王景新.山区可持续发展的基本理论、欧洲经验及启示[J].西北农林科技大学学报(社会科学版),2018,18(4):34-42.

[24] Barrow C J. Land Degradation [J]. New York: Cambridge University Press, 1991:96-105.

[25] Han X, Wang P, Wang J, et al. Evaluation of human-environment system vulnerability for sustainable development in the Liupan mountainous region of Ningxia, China [J]. Environmental Development, 2020(34):100525.

[26] Liu G B, Wang B, Wei W, et al. Technique and demonstration of water and soil loss comprehensive harness on the Loess Plateau [J]. Acta Ecologica Sinica, 2016, 36(22):7074-7077.

[27] 龙花楼,屠爽爽.土地利用转型与乡村振兴[J].中国土地科学,2018,32(7):1-6.

[28] Kalogirou S. Expert systems and GIS: An application of land suitability evaluation [J]. Computers, Environment and Urban System, 2002(26):89-112.

[29] Verburge P H, De Koning G H J, Kok K. A spatial explicit allocation procedure for modeling the pattern of land use change based upon actual landuse [J]. Ecological Modeling, 1999(116):45-61.

[30] Shi W Y, Chen Y Z, Feng X M. Identifying the terrestrial carbon benefits from ecosystem restoration in ecologically fragile regions [J]. Agriculture, Ecosystems & Environment, 2020(296):106889.

[31] 刘愿理,廖和平,李靖,等.生态脆弱区土地利用多功能空间格局特征及影响因素分析[J].中国土地科学,2020,34(2):75-83.

[32] 康慕谊,江源,石瑞香.NECT样带1984—1996土地利用变化分析[J].地理科学,2000(2):115-120.

[33] 卢远,华璀,王娟.东北农牧交错带典型区土地利用变化及其生态效应[J].中国人口·资源与环境,2006(2):58-62.

[34] Robert Costanza et al. The value of the world's ecosystem services and natural capital[J]. Ecological Economics, 1998, 25(1):3-15.

[35] Below T, Artner A, Siebert R, et al.

Micro-level practices to adapt to climate change for African small-scale farmers［J］. A Review of Selected Literature，2010（953）：1-20.

［36］Cumming G S，Olsson P，Chapin F S，et al. Resilience，experimentation，and scale mismatches in social-ecological landscapes［J］. Landscape Ecology，2013，28（6）：1139-1150.

［37］谢高地，鲁春霞，冷允治，等.青藏高原生态资产的价值评估［J］.自然资源学报，2003（2）：189-196.

［38］邱彭华，徐颂军，谢跟踪，唐本安，毕华，余龙师.基于景观格局和生态敏感性的海南西部地区生态脆弱性分析［J］.生态学报，2007（4）：1257-1264.

［39］贡璐，张海峰，安尼瓦尔·阿木提，韩春鲜.干旱区内陆河流域典型绿洲土地利用格局变化中的人为影响空间分异研究［J］.干旱区地理，2009，32（4）：585-591.

［40］刘七军，李昭楠.生态脆弱区精准脱贫的现实困境与政策选择［J］.北方民族大学学报（哲学社会科学版），2019，149（5）：60-66.

［41］樊辉，赵敏娟，史恒通.西北生态脆弱区居民生态补偿意愿研究［J］.西北农林科技大学学报（社会科学版），2016，16（3）：111-117.

［42］赵全科.鲁中南山地生态脆弱区生态农业建设——以沂蒙山区为例［J］.山地学报，2000（3）：253-257.

［43］赵艳霞，何磊，刘寿东，刘文泉，何勇，张建平.农业生态系统脆弱性评价方法［J］.生态学杂志，2007（5）：754-758.

［44］李艳华，许月卿，郭洪峰.西部生态脆弱区典型县域农用地质量等别对比研究［J］.干旱区资源与环境，2013，27（8）：14-20.

［45］叶文丽，王银，闵典，等.生态脆弱区农户生计恢复力与多维贫困脱钩关系时空演变规律——以陕西省佳县为例［J］.干旱区资源与环境，2021，35（10）：7-15.

［46］段培，刘润，陈绳栋，等.节水灌溉服务支付决策与农户收入——基于新疆生态脆弱区的调查［J］.资源科学，2022，44（4）：833-846.

［47］隋玉柱，袁汉民.生态脆弱区农业可持续发展途径探讨——以宁夏改种冬麦的沙尘暴防治为例［J］.干旱区资源与环境，2004，（4）：46-50.

［48］杨显明，米文宝，齐拓野，程子彪.宁夏生态移民效益评价研究［J］.干旱区资源与环境，2013，27（4）：16-23.

［49］张艳楠，邓海雯，王磊.多元参与主体视角下生态脆弱区旅游开发的利益联结机理与价值共创机制研究［J］.旅游科学，2022，36（4）：56-74.

［50］张洪，孙雨茜，司家慧.基于知识图谱法的国际生态旅游研究分析［J］.自然资源学报，2017，32（2）：342-352.

［51］贾铁飞，冯亚芬.生态脆弱地区旅游资源开发的生态安全评价——以内蒙古鄂尔多斯市为例［J］.干旱区资源与环境，2012，26（5）：187-193.

［52］周丽君，杨丽佳.吉林省西部生态脆弱区旅游发展的社区参与研究［J］.经济纵横，2010，298（9）：75-78.

［53］梁玉华，杨爱军.贵州天龙屯堡文化旅游可持续发展研究——兼论文化生态脆弱区旅游业的可持续发展［J］.生态经济，2006

（7）：119-122.

［54］Choi M A. Multiple environmental subjects：Governmentalities of ecotourism development in Jeungdo, South Korea［J］. Geoforum, 2020（110）：77-86.

［55］孙凤芝, 贾衍菊. 旅游社区居民感知视角下政府信任影响因素——社会交换理论的解释［J］. 北京理工大学学报（社会科学版）, 2020, 22（4）：90-99.

［56］Boley B B, Ayscue E, Maruyama N, et al. Gender and empowerment：Assessing discrepancies using the resident empowerment through tourism scale［J］. Journal of Sustainable Tourism, 2017, 25（1）：113-129.

［57］张玉钧, 徐亚丹, 贾倩. 国家公园生态旅游利益相关者协作关系研究——以仙居国家公园公盂园区为例［J］. 旅游科学, 2017, 31（3）：51-64+74.

［58］Fang H L, Yu B, Zhang D F, et al. Causes and countermeasures of interest contradiction in stakeholders of ecotourism in forestry nature reserves［J］. Journal of Northwest Forestry University, 2012, 27（4）：252-257.

［59］Wang W, Feng L, Zheng T, et al. The sustainability of ecotourism stakeholders in ecologically fragile areas：Implications for cleaner production［J］. Journal of Cleaner Production, 2021（279）：123606.

［60］张昱, 张越杰. 基于演化博弈理论的农业生态旅游发展模型研究［J］. 经济问题, 2022（8）：111-119.

［61］李华强, 邹安琼, 姚沁. 乡村旅游开发中利益相关者行为的演化博弈分析［J］. 农村经济, 2020（2）：83-88.

［62］左冰. 分配正义：旅游发展中的利益博弈与均衡［J］. 旅游学刊, 2016, 31（1）：12-21.

［63］丹巴, 陈楷健, 朱思颖. 乡村旅游社区利益相关者的演化博弈分析［J］. 农村经济, 2019（12）：137-144.

［64］斯特曼. 商务动态分析方法：对复杂世界的系统思考与建模［M］. 朱岩, 钟永光, 译. 北京：清华大学出版社, 2008.

［65］胡雨村, 沈岐平. 香港住宅产业发展的系统动力学研究［J］. 系统工程理论与实践, 2001（7）：32-37+53.

［66］刘亦晴, 陈宬. 演化博弈视角下矿业生态文明建设利益协调研究［J］. 中国矿业, 2020, 29（11）：61-71.

［67］刘颖. 田园综合体监管的演化博弈及仿真研究［D］. 湖南大学, 2020.

［68］申亮, 王玉燕. 公共服务外包中的协作机制研究：一个演化博弈分析［J］. 管理评论, 2017, 29（3）：219-230.

中国旅游经济发展差异化分解与动态演进研究

——来自七大城市群的分析

李 倩

（浙江工业大学，浙江 杭州 310014）

摘 要： 基于中国七大城市群2005—2019年旅游专业化数据，分别采用Dagum基尼系数和Kernel核密度估计对七大城市群旅游业发展水平的地区差异及其时空动态演进过程进行了定量刻画。研究发现，首先，七大城市群旅游业发展水平整体相对差异呈现出"先缩小、后扩大"的演变趋势；地区内相对差异变化基本是以微弱波动上升或下降趋势为主，地区间相对差异是七大城市群旅游业发展水平整体相对差异的主要来源。其次，七大城市群整体旅游业发展水平逐年提升，地区绝对差异呈现扩大态势，并且除中原和哈长城市群之外，其余城市群地区绝对差异以缩小与扩大交替变化为主，同时伴随不同程度的极化现象。最后，根据研究结论，提出了改善七大城市群旅游业发展水平的地区非均衡性和缩小地区差异的政策建议。

关键词： 旅游业发展；地区差异；时空动态演进；七大城市群

一、引言

经济新常态下，城市群作为城市发展到成熟阶段的最高空间组织形式，已成为当前中国经济增长的重要引擎。现阶段，我国主要城市群仅以占全国1/10的国土面积，却创造出超过全国2/3的经济总量。与此同时，根据《2020年中国旅游业统计公报》，2019年实现旅游业总收入约6.63万亿元，而七大城市群旅游业总收入则达4.49万亿元，约占全国旅游业总收入的67.72%。事实上，旅游业作为经济增长的重要动力，其在国民经济体系中的作用与日俱增，反之旅游业对经济增长变化的敏感性也相对较高，由于旅游业与经济增长之间具备较高的趋同性，所以学术界在关注经济增长地区非均衡性的同时，也不能忽视旅游业发展水平的地区差异问题。但从现实来看，尽管诸多研究均从省域单元或者区域板块视角对旅游业发展水平的地区差异进行了系统探讨，遗憾的

作者简介：李倩，博士，主要研究方向为旅游经济学。

是，却鲜有研究对主要城市群旅游业发展水平的地区差异予以相应解读。从宏观全局来看，以城市群为主要平台，积极培育旅游经济增长极，不仅是跨区域统筹协调旅游发展战略的重要抓手，也是实现中国旅游业发展从集聚走向平衡的有效途径。因此，全面深入测度和识别主要城市群旅游业发展水平地区差异及分布动态演进过程，对于缩小旅游业发展水平地区差异，进而实现旅游业发展的地区均等化具有重要理论意义和实践价值。

随着中国旅游业规模迅速扩张，空间非均衡性始终与其相伴而生，所以学术界分别从区域经济学、经济地理学和旅游地理学等学科视角出发，围绕中国旅游经济发展的地区差异先后展开了系统研究。在差异衡量方面，既有文献主要采用绝对差异、相对差异和空间差异的典型指标对旅游经济发展地区差异进行综合测度，如标准差、变异系数、基尼系数、赫芬达尔指数、泰尔指数和空间自相关性分析，并且研究对象主要停留在省域单元、区域板块和全国整体层面。汪德根和陈田利用二阶段嵌套泰尔指数分解方法，揭示了2000—2008年中国旅游经济区域发展的地区差异，指出中国入境旅游和国内旅游的总体差异呈缩小趋势，且国内旅游的地区差异明显小于入境旅游的地区差异。王洪桥等综合利用加权变异系数、基尼系数和泰尔指数等方法，以2002—2012年东北三省的国内旅游收入和旅游外汇收入为分析对象，揭示了东北三省区域旅游经济差异的时空特征，研究发现东北三省旅游经济省间绝对差异不大，相对差异逐渐增大。部分学者利用上述方法也分别对华东区域、西部地区、长江经济带、中原经济区和皖南国际文化旅游示范区等地区旅游经济发展差异进行了量化研究。此外，另有众多学者利用相似方法也分别对江苏、浙江、山东、河北、河南、山西、安徽和吉林等省域单元旅游经济发展差异进行了特定研究。

综上所述，国内关于我国旅游业发展水平地区差异的研究，尽管已经积累了丰硕成果，但仍存在以下不足：第一，在研究对象上，既有文献主要将全国整体或省域单元作为研究旅游业发展水平地区差异的载体对象，而事实上，中国社会正由传统的省域经济向城市群经济转变，城市群作为未来我国经济发展格局中最具潜力的核心地区，忽视城市旅游经济发展差异特征及其演变，将会导致对旅游业发展地区差异的科学认识出现偏颇；第二，在研究方法上，传统研究主要采用以标准差、变异系数、泰尔指数、传统基尼系数和泰尔指数等绝对和相对差异测算方法对旅游业发展水平地区差异进行测度，其中，尽管泰尔指数可以将整体差异分解为地区间和地区内差异，但无法精确分解地区之间差异中每个地区对整体差异的贡献程度，所以由于上述方法无法对旅游业发展水平地区差异进行详尽分解，因而难以准确揭示旅游业发展水平地区差异的构成和来源；第三，在研究内容上，现有研究主要从静态层面聚焦于对中国旅游业发展水平的地区非均衡特征及其影响因素进行分析，但缺乏对旅游业发展水平的内部动态演进过程及长期发展趋势的研究。

为克服以上缺陷，本文相应进行如下拓展：一方面，本文依据《国家新型城镇化规划（2014—2020年）》，同时将七大城市群，即京津冀、长三角、珠三角、长江中游、成渝、中原和哈长城市群作为研究对象；另一方面，本文采用Dagum基尼系数和Kernel密度估计分别探究七大城市群旅游业发展水平空间非均衡态势、地区差异来源及其分布动态演进过程。首先，利用Dagum基尼系数及其按子群分解方法，客观反映出七大城市群旅游业发展水平地区差异的演变趋势，同时对其进行详细分解，从而剖析七大城市群旅游业发展水平地区差异构成及其来源；其次，采用Kernel密度估计，宏观描绘出七大城市群旅游业发展水平地区差异的整体分布特征，并通过不同时期的对比分析，深入考察七大城市群旅游业发展水平地区差异分布的动态演进规律。

二、研究方法与样本数据

（一）研究方法

1.Dagum基尼系数及其按子群分解方法

相较于变异系数、泰尔指数和传统基尼系数，上述方法或是不能进行地区差异的分解，或是未考虑子样本的分布状况，所以均存在一定缺陷。鉴于此，本文采用Dagum所构建的基尼系数分解方法对中国旅游业发展水平地区相对差异及演变趋势进行测度。原因在于，Dagum基尼系数不仅可以识别地区相对差异的来源，同时也能描述子样本的分布状况，进而可以有效解释子群之间交叉项的问题。具言之，本文采用Dagum基尼系数及其按子群分解方法。首先测算旅游业发展水平的地区相对差异程度，接着进行详细分解，最终揭示出旅游业发展地区相对差异的构成及其来源。Dagum基尼系数因其具有优良特性，故被得到广泛应用。

根据Dagum基尼系数及其按子群分解的方法，基尼系数计算公式定义如下：

$$G = \sum_{j=1}^{k}\sum_{h=1}^{k}\sum_{i=1}^{c_j}\sum_{r=1}^{c_h}|y_{ji}-y_{hr}|\Big/2n^2\bar{y} \quad (1)$$

式中，$y_{ji}(y_{hr})$表示$j(h)$地区内任意省级单元旅游业发展水平，n表示省级单元个数，$\bar{y}$表示全国省份旅游业发展水平均值，k表示地区划分个数，$c_j(c_h)$表示$j(h)$地区内省级单元个数。

在进行基尼系数分解时，首先需依据地区内旅游业发展水平均值对地区进行排序，公式如下：

$$\bar{Y}_1 \leqslant \cdots \bar{Y}_h \leqslant \cdots \bar{Y}_j \leqslant \cdots \bar{Y}_k \quad (2)$$

根据Dagum基尼系数的分解策略，可将基尼系数分解为三个部分：地区内差异贡献G_w、地区间差异贡献G_{nb}和超变密度贡献G_t，且满足$G = G_w + G_{nb} + G_t$。

$$G_{jj} = \frac{1}{2\bar{Y}_j}\sum_{i=1}^{n_j}\sum_{r=1}^{n_j}|y_{ji}-y_{jr}|\Big/n_j^2 \quad (3)$$

$$G_w = \sum_{j=1}^{k}G_{jj}p_js_j \quad (4)$$

$$G_{jh} = \sum_{i=1}^{n_j}\sum_{r=1}^{n_h}|y_{ji}-y_{hr}|\Big/n_jn_h(\bar{Y}_j+\bar{Y}_h) \quad (5)$$

$$G_{nb} = \sum_{j=2}^{k}\sum_{h=1}^{j-1}G_{jh}(p_js_h+p_hs_j)D_{jh} \quad (6)$$

$$G_t = \sum_{j=2}^{k}\sum_{h=1}^{j-1} G_{jh}(p_j s_h + p_h s_j)(1 - D_{jh}) \quad (7)$$

$$D_{jh} = (d_{jh} - p_{jh})/(d_{jh} + p_{jh}) \quad (8)$$

$$d_{jh} = \int_0^\infty dF_j(y)\int_0^y (y-x)dF_h(x) \quad (9)$$

$$p_{jh} = \int_0^\infty dF_h(y)\int_0^y (y-x)dF_j(x) \quad (10)$$

其中，式（3）和式（4）分别表示 j 地区内基尼系数 G_{jj} 和地区内差异贡献率 G_w；式（5）和式（6）分别表示 j、h 地区的地区间基尼系数 G_{jh} 和地区间差异贡献率 G_{nb}；式（7）表示超变密度贡献率 G_t，式中，$P_j = n_j/n$，$s_j = n_j \bar{Y}_j / n_j \bar{Y}$，$j=1, 2, \cdots, K$，且 $\sum P_j = \sum s_j = 1$，$\sum_{j=1}^{k}\sum_{h=1}^{k} P_j s_j = 1$，$D_{jh}$ 为 j、h 地区间旅游业发展水平的相对影响，定义如式（8）所示。同时，d_{jh} 和 p_{jh} 计算公式如式（9）和式（10）所列。d_{jh} 表示地区间旅游业发展水平贡献率差值，即 j、h 地区内所有 $y_{ij} - y_{hr} > 0$ 的样本值的加权平均；p_{jh} 表示超变一阶矩，即 j、h 地区内所有 $y_{hr} - y_{ij} > 0$ 的样本值的加权平均。F_j（F_h）分别为 j（h）地区的累积密度分布函数。

2. Kernel 密度估计

Kernel 密度估计是一种重要的非参数估计方法，能够用连续的密度曲线描述随机变量分布形态，从而可以对随机变量的概率密度进行估计，现已成为刻画经济变量非均衡分布的常规方法，由于其一般无须对模型的具体分布进行任何假定，因而对模型的依赖性较弱，相对更具稳健性。

本文选择比较常用的高斯核函数对旅游业发展水平的分布动态演进进行估计，如式（11）所示。由于核密度估计没有确定的表达式，需要通过对核密度估计曲线图进行对比分析，进而得到变量分布的位置、形态和延展性等方面信息。

$$K(x) = \frac{1}{2\pi}\exp(-\frac{x^2}{2}) \quad (11)$$

（二）研究对象

京津冀城市群：北京、天津、保定、唐山、石家庄、廊坊、秦皇岛、张家口、承德、沧州、衡水、邢台和邯郸。长三角城市群：上海、南京、无锡、常州、苏州、南通、盐城、扬州、镇江、泰州、杭州、宁波、嘉兴、湖州、绍兴、金华、舟山、台州、合肥、芜湖、马鞍山、铜陵、安庆、滁州、池州和宣城。珠三角城市群：广州、深圳、珠海、佛山、东莞、中山、江门、肇庆和惠州。长江中游城市群：武汉、黄石、黄冈、鄂州、孝感、咸宁、仙桃、天门、潜江、襄阳、宜昌、荆州、荆门、长沙、岳阳、益阳、常德、株洲、湘潭、娄底、郴州、衡阳、南昌、九江、景德镇、上饶、鹰潭、新余、宜春、萍乡、抚州和吉安。成渝城市群：重庆、成都、绵阳、德阳、眉山、乐山、资阳、内江、自贡、宜宾、泸州、遂宁、南充、广安、达州和雅安。中原城市群：郑州、开封、洛阳、平顶山、鹤壁、新乡、焦作、许昌、漯河、济源、商丘、周口、晋城和亳州。哈长城市群：哈尔滨、大庆、齐齐哈尔、绥化、牡丹江、长春、吉林、四平、辽源、松原和延边。

三、七大城市群旅游业发展水平地区差异及其来源

（一）七大城市群旅游业发展水平典型事实

七大城市群的旅游专业化水平整体呈增长态势，接下来采用其均值变化对旅游业发展水平的基本事实进行刻画。长三角和成渝城市群旅游专业化均值（0.13、0.12）不仅高于七大城市群整体旅游专业化均值（0.095），并且两个城市群旅游专业化的历年均值要高于七大城市群整体旅游专业化的历年均值。其中，长三角城市群旅游专业化均值还始终高于其他城市群旅游专业化的历年均值，而直到2009年之后，成渝城市群旅游专业化均值开始超越长江中游城市群旅游专业化均值位列第二位。从增长幅度来看，中原和成渝城市群旅游专业化均值年均增幅最高（10.98%、10.63%），但京津冀、长三角和珠三角城市群旅游专业化均值的年均增幅（5.61%、5.15%、0.45%）均低于七大城市群整体旅游专业化均值的年均增幅（7.05%）。由此说明，尽管长三角和成渝城市群旅游总收入在国内生产总值中的平均占比相对较高，但前者年均增幅则相对较低，并且后者年均增幅约是前者的2倍。除此之外，中原城市群尽管旅游专业化均值不高（0.084），但具有最高的年均增幅。

（二）七大城市群旅游业发展水平地区差异及其分解

为深入揭示中国七大城市群旅游业发展水平分布的地区相对差异及其来源，本文采用Dagum基尼系数及其分解方法，分别测算出2005—2019年中国旅游业发展水平的整体基尼系数和七大城市群旅游业发展水平的分解基尼系数。

1. 七大城市群旅游业发展水平整体相对差异及其演变趋势

可以看出，七大城市群旅游业发展水平整体基尼系数大致具备"先下降、后上升"的波动特征，说明七大城市群旅游业发展水平整体相对差异呈现出"先缩小、后扩大"的演变趋势。从演变过程来看，以2005年为基期，2005—2016年，旅游业发展水平整体基尼系数在波动中呈下降态势，年均下降速度为2.75%，如果以2006年为基期，旅游业发展水平整体基尼系数年均下降速度仅为1.58%，而2007—2019年，旅游业发展水平整体基尼系数则以3.15%的年均速度线性增长，说明七大城市群旅游业发展水平整体相对差异由"慢缩小"转入"快扩大"的变化态势。从时间节点来看，由表1可知，七大城市群旅游业发展水平整体基尼系数均值为0.162，而2005—2008年七大城市群旅游业发展水平整体相对差异每年均超过样本考察期平均水平，2019年则基本与平均相对差异持平。

2. 七大城市群旅游业发展水平地区内相对差异及其演变趋势

笼统地看，七大城市群旅游业发展水平地区内相对差异并未表现出显著的扩大趋势，基本还是以微弱的波动上升或者下降态势为主。京津冀城市群地区内基尼系数呈现出较为鲜明的下降趋势，年均降幅为4.25%，说明京津冀城市群旅游业发展

表 1 旅游业发展水平地区内基尼系数及贡献率

	年份	2005	2006	2007	2008	2009	2010	2011	2012	2013	2014	2015	2016	2017	2018	2019
地区内差异	整体	0.203	0.174	0.173	0.167	0.159	0.160	0.159	0.155	0.154	0.155	0.153	0.148	0.151	0.156	0.162
	京津冀	0.253	0.264	0.237	0.234	0.220	0.216	0.210	0.206	0.192	0.182	0.169	0.160	0.155	0.136	0.136
	长三角	0.146	0.134	0.146	0.140	0.130	0.144	0.141	0.137	0.146	0.146	0.144	0.144	0.144	0.151	0.152
	珠三角	0.136	0.126	0.120	0.127	0.133	0.116	0.112	0.112	0.122	0.110	0.102	0.093	0.091	0.095	0.098
	长江中游	0.171	0.140	0.144	0.148	0.131	0.120	0.109	0.110	0.107	0.108	0.112	0.112	0.129	0.145	0.160
	成渝	0.169	0.120	0.114	0.104	0.088	0.091	0.098	0.097	0.099	0.102	0.103	0.090	0.094	0.096	0.108
	中原	0.127	0.150	0.155	0.154	0.162	0.167	0.176	0.174	0.167	0.163	0.153	0.158	0.165	0.164	0.177
	哈长	0.224	0.217	0.199	0.213	0.214	0.205	0.198	0.196	0.204	0.206	0.208	0.205	0.211	0.216	0.206
贡献率	地区内	14.467	14.774	15.057	15.412	14.842	14.920	14.838	14.874	15.147	15.197	15.319	15.484	15.784	16.108	16.383
	地区间	29.537	14.787	17.858	13.975	15.063	19.719	18.611	18.305	19.095	23.355	24.856	22.638	17.772	16.588	16.234
	超变密度	55.997	70.439	67.086	70.612	70.095	65.361	66.551	66.821	65.758	61.449	59.825	61.879	66.444	67.304	67.382

水平地区内相对差异在持续缩小。中原城市群地区内基尼系数则呈现出相对显著的上升趋势，年均增幅为2.52%，说明中原城市群旅游业发展水平地区内相对差异扩大的增长态势相对显著。成渝、珠三角、哈长、长江中游和长三角城市群地区内基尼系数整体上以"下降—上升—下降"或反向交替波动变化为主，年均变化幅度分别为-2.58%、-2.09%、-0.53%、-0.07%和0.05%。结合表1和表2可知，哈长、京津冀和中原城市群地区内基尼系数均值较高（0.208、0.198、0.161），因而也说明上述三大城市群旅游业发展水平地区内平均相对差异程度要高于其他城市群。其中，成渝城市群旅游业发展水平地区内平均相对差异程度最小。另外，京津冀、长江中游和成渝城市群地区内基尼系数标准差相对较大（0.041、0.021、0.020），从而说明上述三大城市群旅游业发展水平地区内相对差异离散波动程度更高。

3. 七大城市群旅游业发展水平地区间相对差异及其演变趋势

表2详尽地列出了七大城市群旅游业发展水平地区间基尼系数。经测算，七大城市群地区间整体基尼系数均值为0.175，而京津冀与长三角、长江中游、中原、哈

长,长三角与中原、哈长,珠三角与哈长,长江中游与哈长,成渝与哈长以及中原与哈长城市群地区间基尼系数均值大于旅游业发展水平地区间整体基尼系数均值,表明上述城市群旅游业发展水平地区间平均相对差异高于整体地区间平均相对差异。同时,京津冀、长三角、中原与哈长城市群地区间基尼系数均值分别大于其他城市群,说明以上三个城市群与哈长城市群旅游业发展水平地区间平均相对差异程度要高于其他城市群,而珠三角与长江中游城市群地区间基尼系数均值较小,也说明两个城市群旅游业发展水平地区间平均相对差异程度较低。从时间历程来看,2005—2010年,京津冀与哈长城市群地区间相对差异最大(0.240~0.313),而在2011—2019年,长三角则与哈长城市群地区间相对差异最大(0.205~0.242)。另外,2005—2007年,长江中游和成渝城市群地区间相对差异最小(0.136~0.174),2010—2017年,珠三角和长江中游城市群地区间相对差异最小(0.109~0.124),其余年份长三角和成渝城市群地区间相对差异较小。另外,从演变趋势来看,京津冀与其他城市群旅游业发展水平地区间相对差异呈现出较为一致的减弱趋势,中原和哈长城市群地区间相对差异则呈现出显著的"先缩小、后扩大"趋势,其余城市群地区间相对差异均伴随着不同程度的升降交替波动。在差异变化速度方面,京津冀与中原城市群地区间相对差异年均降幅最大为3.92%,而仅有长三角与珠三角、中原与哈长城市群地区间相对差异呈现微弱扩大趋势,年均增幅分别为0.79%和0.15%,其余城市群旅游业发展水平地区间相对差异均存在不同程度的年均缩减态势。

表2 旅游业发展水平地区间基尼系数

	年份	2005	2006	2007	2008	2009	2010	2011	2012	2013	2014	2015	2016	2017	2018	2019
地区间差异	1与2	0.218	0.230	0.209	0.201	0.189	0.196	0.207	0.197	0.192	0.191	0.183	0.168	0.161	0.152	0.148
	1与3	0.212	0.226	0.203	0.195	0.187	0.180	0.177	0.172	0.166	0.154	0.144	0.138	0.138	0.141	0.148
	1与4	0.239	0.222	0.208	0.205	0.189	0.182	0.174	0.171	0.160	0.154	0.148	0.143	0.147	0.147	0.153
	1与5	0.249	0.218	0.200	0.190	0.178	0.177	0.181	0.176	0.169	0.162	0.154	0.142	0.142	0.135	0.141
	1与6	0.298	0.230	0.216	0.216	0.203	0.201	0.198	0.193	0.183	0.175	0.164	0.162	0.164	0.156	0.165
	1与7	0.313	0.264	0.260	0.260	0.249	0.240	0.223	0.220	0.214	0.212	0.207	0.201	0.198	0.194	0.189

续表

	年份	2005	2006	2007	2008	2009	2010	2011	2012	2013	2014	2015	2016	2017	2018	2019
地区间差异	2与3	0.148	0.133	0.138	0.142	0.142	0.148	0.150	0.149	0.157	0.157	0.159	0.157	0.154	0.161	0.164
	2与4	0.173	0.160	0.172	0.158	0.151	0.160	0.158	0.152	0.150	0.157	0.160	0.149	0.150	0.153	0.158
	2与5	0.187	0.152	0.149	0.135	0.115	0.124	0.131	0.123	0.127	0.129	0.128	0.120	0.125	0.134	0.141
	2与6	0.254	0.192	0.188	0.174	0.167	0.176	0.178	0.171	0.172	0.175	0.168	0.168	0.171	0.171	0.177
	2与7	0.266	0.239	0.245	0.235	0.230	0.240	0.235	0.228	0.233	0.242	0.241	0.227	0.216	0.216	0.205
	3与4	0.178	0.151	0.154	0.145	0.137	0.123	0.117	0.115	0.119	0.110	0.109	0.110	0.124	0.144	0.165
	3与5	0.194	0.142	0.127	0.118	0.122	0.117	0.112	0.121	0.130	0.126	0.127	0.130	0.147	0.171	0.186
	3与6	0.268	0.189	0.176	0.160	0.158	0.154	0.159	0.156	0.154	0.143	0.136	0.141	0.145	0.146	0.156
	3与7	0.276	0.230	0.222	0.210	0.207	0.192	0.182	0.178	0.187	0.184	0.180	0.169	0.170	0.176	0.169
	4与5	0.174	0.132	0.136	0.136	0.132	0.131	0.119	0.123	0.121	0.126	0.129	0.124	0.133	0.140	0.148
	4与6	0.209	0.161	0.156	0.157	0.153	0.155	0.157	0.155	0.146	0.143	0.139	0.141	0.151	0.160	0.178
	4与7	0.234	0.203	0.198	0.209	0.200	0.188	0.178	0.177	0.181	0.183	0.186	0.185	0.194	0.205	0.206
	5与6	0.187	0.156	0.155	0.150	0.152	0.155	0.156	0.152	0.150	0.148	0.141	0.144	0.154	0.160	0.177
	5与7	0.221	0.195	0.191	0.196	0.206	0.209	0.190	0.197	0.203	0.209	0.210	0.203	0.205	0.213	0.212
	6与7	0.194	0.203	0.204	0.206	0.214	0.219	0.219	0.217	0.213	0.211	0.208	0.206	0.203	0.201	0.197

注：数字顺序依次代表京津冀城市群、长三角城市群、珠三角城市群、长江中游城市群、成渝城市群、中原城市群和哈长城市群。

4. 七大城市群旅游业发展水平地区相对差异来源及贡献率

中国旅游业发展水平地区内相对差异贡献率大致上呈现出微弱的上升趋势，而地区间相对差异贡献率与超变密度贡献率变动趋势则基本相反，具备此消彼长关系，地区间相对差异贡献率主要以"下降—上升—下降"变动为主，而超变密度贡献率主要以"上升—下降—上升"变动为主。结合表1，除2008年和2019年地区内相对差异贡献率略高于地区间相对差异贡献率，其余年份地区内相对差异贡献率均低于地区间相对差异贡献率，与此同时，超变密度贡献率则要远大于地区内和地区间相对差异贡献率，进一步说明地区间相对差异是导致中国旅游业发展水平地区相对差异的主要来源。从相对差异来源大小看，地区内差异来源最小，介于0.29~0.039；地区间差异来源居中，介于0.030~0.080；超变密度差异来源最大，介于0.113~0.152。

超变密度贡献率揭示了七大城市群子群间因交叉项的统计对旅游业发展水平地区相对差异产生的影响，反映出地区内差异与地区间差异的交互作用对旅游业发展水平地区相对差异的贡献率。若以2005为基准，地区内差异、地区间差异和超变密度贡献率年均变化幅度分别为0.09%、-1.83%和1.61%；若以2005为基准，地区内差异、地区间差异和超变密度的贡献率年均变化幅度分别为0.08%、1.87%和-0.03%，说明分别以2004年和2005年为基准，地区间差异和其与地区内差异的交互作用对旅游业发展水平地区相对差异

的年均影响的强度变化相反。

四、七大城市群旅游业发展水平 Kernel 密度估计

使用Kernel密度估计分析样本考察期内七大城市群旅游业发展水平的分布动态演进，不仅可以直观刻画旅游业发展水平分布的整体形态，而且还可以通过典型时期比较，相应揭示出各城市群旅游业发展水平分布的演进特征。

第一，在样本考察期内，七大城市群旅游业发展水平整体分布及其动态演进呈现如下特征：首先，整体来看，七大城市群旅游业发展水平核密度曲线逐渐向右移动，并且波峰高度和宽度依次降低和增大。以2005年为基准，尤其是2013年前，核密度曲线波峰高度略微下降，波峰宽度变化不明显，而2013年后，波峰高度大幅下降，波峰宽度显著增大，说明七大城市群旅游业发展水平不断提升，而在2013年前后，七大城市群旅游业发展水平地区绝对差异呈现由微弱转向较大幅度的扩大态势。其次，核密度曲线存在显著的向右拖尾现象，且分布延展性大致呈拓宽趋势，右侧尾部逐渐变厚，同时左侧尾部变薄，说明具备较高旅游专业化样本的比重越来越大，而具备较低旅游专业化样本的比重逐年减少。

第二，与2005年相比，2009年京津冀城市群旅游业发展水平地区绝对差异具备缩小趋势，而且两个时期均伴随两极分化现象。与2009年相比，2013年核密度曲线波峰高度小幅上升，波峰宽度也未显著变化，但双峰形态已经不明显，说

明 2013 年京津冀城市群旅游业发展水平地区绝对差异继续微弱缩小，但极化现象已基本消失。相比 2013 年，2016 年核密度曲线变得扁平，波峰高度上升大幅下降，波峰宽度增大，说明 2016 年地区绝对差异开始呈现大幅扩大态势。与 2016 年相比，2019 年密度曲线显著右移，而波峰高度和宽度未发生显著变化，说明 2019 年京津冀城市群旅游业发展水平地区绝对差异基本保持不变，但旅游业发展水平明显提升。

第三，与 2005 年相比，2009 年长三角城市群旅游业发展水平核密度曲线波峰高度下降，波峰宽度增大，尤其是多峰形态不再显著，说明 2009 年长三角城市群旅游业发展水平地区绝对差异呈扩大之势，但多极分化现象消失。相比 2009 年，2013 年核密度曲线峰值不断降低，函数区间逐渐变大，说明 2013 年长三角城市群旅游业发展水平地区绝对差异进一步加剧。与 2013 年相比，2016 年核密度曲线波峰高度明显上升，波峰宽度收窄，并且具有不太明显的双峰形态，说明 2016 年地区绝对差异出现缩小趋势，并且伴有微弱的两极分化现象。相比 2016 年，2019 年核密度曲线越发扁平，波峰大幅下降，双峰形态极为微弱，说明 2019 年地区绝对差异变化出现回弹，地区绝对差异加剧增大，极化现象已可几近忽略。

第四，与 2005 年相比，2009 年珠三角城市群旅游业发展水平核密度曲线波峰高度小幅下降，波峰宽度增大，并且由多峰形态转化为双峰形态，说明 2009 年珠三角城市群旅游业发展水平地区绝对差异略有扩大，同时多极分化弱化为两极分化。相比 2009 年，2013 年核密度曲线波峰高度小幅上升，波峰宽度基本未变，并且双峰形态基本仍吻合，说明 2013 年地区绝对差异又出现小幅缩小，但两极分化现象并未改善。与 2013 年相比，2016 年核密度曲线波峰高度和宽度基本保持一致，但双峰形态更加凸显，尤其是侧峰峰值相对上升，说明 2016 年地区绝对差异的两极分化现象强烈。相比 2016 年，2019 年核密度曲线波峰高度和宽度大幅下降和增大，多峰形态不再明显，说明 2019 年地区绝对差异呈现大幅度增大态势，同时多极分化现象消失。

第五，与 2005 年相比，2009 年长江中游城市群旅游业发展水平核密度曲线波峰高度上升，波峰宽度减小，侧峰峰值提高，说明 2009 年长江中游城市群旅游业发展水平地区绝对差异呈缩小态势，并且两极分化程度加剧。相比 2009 年，2013 年核密度曲线波峰高度和宽度继续上升和收窄，多峰形态显现，说明 2013 年地区绝对差异进一步缩小，但多极分化现象并存。与 2013 年相比，2016 年核密度曲线向右移动，波峰高度下降，波峰宽度增大，侧峰峰值降低，但多峰形态依然存在，说明 2016 年旅游业发展水平有所提高，地区绝对差异呈增大态势，但多极分化程度相应减弱。相比 2016 年，2019 年核密度曲线越发扁平化，波峰高度大幅下降，波峰宽度明显增大，具备明显的双峰形态，说明 2019 年长江中游城市群旅游业发展水平地区绝对差异呈现大幅增大态势，并且伴随两极分化现象。

第六，整体来看，成渝城市群旅游业发展水平核密度曲线整体逐渐右移，说明在样本考察期，成渝城市群旅游业发展水平逐年提高。与 2005 年比，2009 年成渝城市群旅游业发展水平核密度曲线波峰高度略有上升，波峰宽度基本未变，双峰形态依然存在，说明 2009 年成渝城市群旅游业发展水平地区绝对差异小幅缩小，并呈现两极分化态势。相比 2009 年，2013 年核密度曲线波峰高度略有下降，波峰宽度微弱增大，多峰形态显现，说明 2013 年地区绝对差异略微扩大，开始出现多极分化现象。与 2013 年相比，2016 年核密度曲线波峰高度稍加上升，波峰宽度变化不大，尽管侧峰峰值下降，但多峰形态更加明显，说明 2016 年地区绝对差异微弱缩小，尽管极化强度有所降低，但多极分化程度加剧。相比 2016 年，2019 年核密度曲线变得扁平平滑，波峰高度和宽度出现大幅下降和增大，多峰形态不再存在，说明 2019 年地区绝对差异呈现加剧扩大态势，但多极分化现象消失。

第七，2005 年、2009 年和 2013 年中原城市群旅游业发展水平核密度曲线波峰高度逐渐下降，波峰宽度略微增大，两极分化形态依然存在，但侧峰峰值渐次降低，说明上述时期中原城市群旅游业发展水平地区绝对差异呈现逐渐增大态势，尽管始终伴随两极分化现象，但极化程度有所缓解。2016 年、2019 年核密度曲线波峰高度继续下降，波峰宽度显著增大，两极分化形态不存，说明此时期内中原城市群旅游业发展水平地区绝对差异继续增大，两极分化现象消失。另外，核密度曲线两侧尾部逐渐变厚，说明具备较高旅游专业化样本的比重越来越大，具备较低旅游专业化样本的比重也越来越大。

第八，整体来看，哈长城市群旅游业发展水平核密度曲线波峰峰值逐年下降，函数区间随之变大，说明哈长城市群旅游业发展水平地区绝对差异始终具备持续扩大态势。同时，核密度曲线中心仅发生缓慢右移，说明在样本考察期内，哈长城市群整体旅游业发展水平仅有微弱的提升。另外，核密度曲线始终存在逐年向右拖尾，并且逐渐变厚，且其分布延展性渐次拓宽，同时左侧尾部也稍加变厚，由此说明具备较高旅游专业化样本的比重越来越大，而具备较低旅游专业化样本的比重也越来越大，进而共同导致哈长城市群旅游业发展水平地区绝对差异逐渐扩大。

五、结论与政策建议

本文基于京津冀、长三角、珠三角、长江中游、成渝、中原以及哈长城市群旅游专业化视角，对七大城市群旅游业发展水平的地区差异及其分布动态演进过程进行实证研究，主要研究结论如下。① Dagum 基尼系数及其分解结果表明，在样本考察期内，七大城市群旅游业发展水平相对差异演变趋势呈现出"先缩小、后扩大"特征；地区内相对差异方面，七大城市群基本是以微小幅度的波动上升或者下降态势为主。其中，除京津冀城市群地区内相对差异持续缩小之外，其余城市群地区内相对差异变化趋势大致以"下降—上升—下降"或者"上升—下降—上升"交替波动变化为主；地区间相对差异方面，除京津冀城市群与其他城市群地区间相对差异呈现一致减弱趋势，以及中原和哈长城市群地区间相对差异呈现"先缩小、后扩大"趋势之外，其余城市群地区间相对差异均呈现不同程度的升降交替变化。在差异贡献率方面，地区间相对差异是导致七大城市群旅游业发展水平整体相对差异的主要来源。②Kernel密度估计结果表明，一方面，由于七大城市群的核密度曲线中心逐渐右移，并且主峰峰值依次下降，峰值区间不断增大，说明七大城市群整体旅游业发展水平逐年提升，但也呈现地区绝对差异逐渐扩大态势；另一方面，除中原和哈长城市群旅游业发展水平地区绝对差异呈现持续扩大态势，其余城市群地区绝对差异均呈现缩小与扩大交替变化趋势，并且同时伴随不同程度的极化现象。

基于上述结论，本文认为改善七大城市群旅游业发展水平的地区非均衡性，缩小地区差异并缓解极化现象，不仅有利于提高七大城市群旅游业发展效率，尤其是通过兼顾公平和效率，还可以更加有效地促进跨区域旅游业的协同发展。据此，提出如下政策建议。

首先，在推动经济进入新常态的战略背景下，重塑旅游业发展的区域经济理念成为当务之急，必须转变一味基于省域单元或者区域板块视角聚焦旅游业发展的认知路径，而是应当打破已有传统行政区域边界，树立跨区域城市群旅游业集中协同发展的新型思维，积极培育以城市群为空间单位的旅游业发展增长极，通过要素共享、功能互补和业态互联等方式有效实现跨区域旅游资源优化配置。不仅能够增强对邻接城市旅游业发展的辐射带动作用，还可以建立城市群内部的城市旅游业分工发展的"生态位"优势。在城市群层面，既要提质优化旅游专业化高但年均增幅较低的城市群，如京津冀、长三角和珠三角城市群；也要重点培育旅游专业化低但年均增幅较高的城市群，如中原、哈长和长江中游城市群，从而确保在整体上缩小七大城市群旅游业发展水平差异。

其次，一方面，鉴于各城市群内城市在资源属性、地域文化和发展模式等方面的趋同性，应当继续深入强化各城市群内城市间旅游业发展的网络效应，尤其是京津冀、哈长和中原城市群，进而需在实质上缩小各城市群地区内差异，并且消除城市群旅游业发展水平地区差异的极化现象；另一方面，建立七大城市群旅游业发展的战略协同机制，探索从人才培养、资金投入、技术共享、交通互联和服务配置等多个方面促进跨城市群旅游业发展一体化建设，通过充分发挥市场配置和政策引导的双重作用，尽可能实现旅游生产要素的跨城市群自由流动与优化配置，进而推动七大城市群旅游业发展在不断集聚中逐渐转向平衡。尤其是在东北振兴战略契机下，哈长城市群旅游业发展需要进一步增强与其他城市群之间的空间关联，以避免成为"孤岛"，要充分认识到削弱哈长城市群与其他城市群旅游业发展水平的地区间差异是缩小七大城市群旅游业发展水平地区间差异的重要内容。

最后，高度重视七大城市群旅游业发展的空间依赖性，切实引导旅游业发展处于高水平状态与处于低水平状态的城市之间交流合作，提高处于低水平状态的城市旅游业发展向上转移概率，同时释放邻接城市旅游业发展的扩散溢出效应，尤其是积极创造旅游业发展处于中高水平状态和处于高水平状态的城市趋同发展的融合环境，还要防止处于低水平状态的城市旅游业发展向下转移风险。

参考文献

［1］汪德根，陈田.中国旅游经济区域差异的空间分析［J］.地理科学，2011，31（5）：528-536.

［2］王洪桥，袁家冬，孟祥君.东北三省旅游经济差异的时空特征分析［J］.地理科学，2014，34（2）：163-169.

［3］吕君丽，陈恩虎.华东地区区域旅游经济差异时空特征研究［J］.华东经济管理，2016，30（7）：81-85.

［4］方梦园.西部地区旅游经济差异及影响因素分析［J］.重庆交通大学学报（社会科学版），2013，13（5）：43-47.

［5］方法林.长江经济带旅游经济差异时空格局演化及其成因分析［J］.南京师大学报（自然科学版），2016，39（1）：124-131.

［6］李波，李勇.中原经济区旅游经济差异时空演化研究［J］.安阳师范学院学报，2013（2）：73-77.

［7］胡文海，孙建平，余菲菲.安徽省区域旅游经济发展的时空格局演变［J］.地理研究，2015，34（9）：1795-1806.

［8］姜海宁，陆玉麒，吕国庆.江苏省入境旅游经济的区域差异研究［J］.旅游学刊，2009，24（1）：23-28.

［9］张莉娟.浙江省入境旅游经济区域差异测度与优化研究［J］.南京师大学报（自然科学版），2012，35（4）：129-133.

［10］齐邦锋，江冲，刘兆德.山东省旅游经济差异及旅游空间结构构建［J］.地理与地理信息科学，2010，26（5）：98-102.

［11］唐承财，宋昌耀，厉新建.河北省入境旅游规模差异及影响因素分析［J］.人文地理，2014（5）：155-160.

［12］史本林，张宏娜，孟德友.河南入境旅游经济区域差异及极化格局研究［J］.地域研究与开发，2011，30（2）：128-132.

［13］姚宏，郭雪梅.山西省国内旅游市场空间结构与差异分析［J］.地域研究与开发，2014，33（5）：94-98.

［14］柳百萍.安徽省城市旅游规模差异及其规模分布［J］.地理研究，2011，30（8）：1520-1527.

［15］甘静，郭付友，陈才.吉林省旅游经济差异性及其空间格局研究［J］.地域研究与开发，2016，35（6）：121-127.

［16］刘华军，刘传明.中国能源强度的地区差异及分布动态演进——基于DAGUM基尼系数分解和非参数估计的实证研究［J］.山东财政学院学报，2016，28（5）：54-62.

［17］Dagum C. A new approach to the decomposition of the Gini income inequality ratio［J］. Empirical Economics，1997，22（4）：515-531.

［18］李强谊，钟水映.我国体育资源配置水平的空间非均衡及其分布动态演进［J］.体育科学，2016，36（3）：33-43.

［19］杨明海，张红霞，孙亚男.七大城市群创新能力的区域差距及其分布动态演进［J］.

数量经济技术经济研究，2017（3）：21-39.

［20］Lee C C，Chang C P. Tourism development and economic growth：A closer look at panels［J］. Tourism Management，2008，29（1）：180-192.

［21］Adamou A，Clerides S. Prospects and limits of tourism-led growth：The international evidence［J］. Review of Economic Analysis，2010，2（3）：287-303.

［22］Quah D T. Aggregate and regional disaggregate fluctuations［J］. Empirical Economics，1996，21（1）：137-159.

［23］李强谊，钟水映. 中国旅游产业专业化发展水平的空间非均衡及其演变——基于Dagum基尼系数与Markov链估计方法的实证研究［J］. 经济地理，2016，36（12）：197-203.

［24］Arellano M，Bond S. Some tests of specification for panel data：Monte Carlo evidence and an application to employment equation［J］. Review of Economic Studies，1991（58）：277-297.

［25］Blundell R，Bond S. Initial conditional and moment restrictions in dynamic panel data models［J］. Journal of Econometrics，1998，87（2）：115-143.

［26］Arellano M，Bover O. Another look at the instrumental variable estimation of error-components［J］. Journal of Econometrics，1995，34（7）：877-884.

基于岭回归的国内旅游收入影响因素分析

王 艳

（中南民族大学，湖北 武汉 430074）

摘 要：本文运用岭回归分析了居民年人均可支配收入、国家5A级旅游景区数量、铁路通车里程、公路通车里程、民航航线长度对国内旅游收入的影响。结果显示：对国内旅游收入影响程度由大到小的因素分别为：民航航线长度、居民年人均可支配收入、国家5A级旅游景区数量、公路通车里程、铁路通车里程。通过分析，与我国目前国内旅游市场发展实际情况基本吻合。

关键词：国内旅游收入；影响因素；最小二乘法；共线性；岭回归

一、引言

旅游是人们在物质生活获得满足后，萌发的一种天性的精神文化追求。当今社会，旅游已经成为人们一种时尚的休闲活动。诚然，旅游是妙趣横生、乐趣无穷、积极健康的娱乐方式，它能够让我们领略祖国的大好河山、自然风光、名胜古迹，感受各地的风土人情，品尝天南地北的特色美食，亲近和拥抱大自然，开阔眼界、增长知识。除此之外，旅游还能够让我们放松身心、舒缓压力、锻炼身体、锤炼意志，让我们的生活品质得到进一步提高。同时，旅游业也是国民经济中的支柱产业。旅游业关联度高、产业链长，为游客提供"食、住、行、游、购、娱"综合性消费服务，可以带动上下游许多相关产业的发展，特别是在保增长、促消费、稳就业方面具有不可替代的作用。我国疆域地域辽阔，自然环境绚丽多姿，具有悠久灿烂的历史文化，旅游资源极其丰富，每年吸引着众多海内外旅游者前往游览参观，是世界上最大、最重要的旅游目的地之一。其中，国内旅游市场持续火热，游客络绎不绝，游客接待量和旅游收入屡创新高，不仅满足了人们对美好生活的追求，而且带动消费潜能释放，为经济的发展注入了持久的动力。研究和分析影响国内旅游收入的因素，对旅游部门和相关领域总结经验教训，查找不足和差距，制定相应的政策和整改措施，推动旅游业高质量发展，更好满足人民群众对美好生活的需要，助推

作者简介：王艳，博士，教授，主要研究方向为计量经济学。

经济社会高质量发展等具有重要的现实意义。

分析若干因素对某一因素的影响，通常可以采用多元线性回归模型实现，具体是将影响因素设为自变量，被影响因素设为因变量，通过模型得到回归方程，然后分析回归方程中自变量的系数判断影响关系。但是，在多元线性回归中，回归系数通常采用最小二乘法（OLS）求取，这样就容易出现一些问题，比如如果当自变量数据之间存在一定的相关性时，采用 OLS 回归的参数往往只有统计学上的意义，一定程度上失去了经济学解释意义。因此，OLS 回归就不太适合对这类问题的研究。由于影响国内旅游收入的有些因素的数据之间存在共线性（同向变化），如果运用 OLS 回归来分析，可能导致系数不稳定、不准确、显著性减退等问题。岭回归是一种对 OLS 回归的改进算法，专用于解决因变量与自变量数据之间存在共线性问题，求解的参数稳定可靠，具有经济学上的解释意义，能够比较真实地反映客观实际，成功地解决了许多共线性实际问题。本研究运用岭回归方法分析影响我国国内旅游的有关因素。

二、国内旅游收入影响因素分析

影响国内旅游收入的因素比较多，如旅游者人数、旅游者消费水平、旅游者停留时间、旅游目的地的旅游价格、旅游出行条件等。但有些因素与其关系太紧密，无须费劲分析就可知其一二。例如，旅游者数量、停留时间、消费水平等，如果将这些因素纳入分析，没有研究的价值。从引导性、参考性、针对性、现实性意义出发，本研究选取以下 5 个指标作为影响国内旅游收入的因素，依次为居民年人均可支配收入（x_1）、国家 5A 级旅游景区数量（x_2）、铁路通车里程（x_3）、公路通车里程（x_4）、民航航线长度（x_5）。图 1 为 2008—2019 年我国国内旅游收入统计数据（数据来源于文化和旅游部），2020—2023 年由

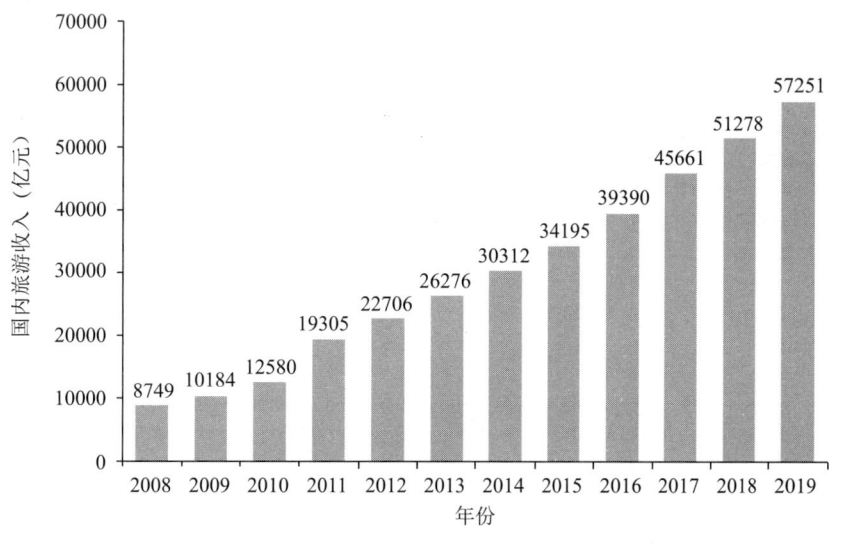

图 1 国内旅游收入统计数据

于受疫情影响，包括国内旅游在内的旅游活动受到巨大的影响，数据不能反映正常情况下的客观实际，因此未予采用。表1所示为2012—2019年上述5个因素的统计数据（数据来源于文化和旅游部）。

分析某几个变量对某一变量的影响，普遍运用多元线性回归，其中，一个变量设为因变量，其他变量设为自变量。通过分析回归方程中的回归系数，可以判断自变量对因变量的影响关系。回归系数通常分为两类：非标准化系数和标准化系数，正常情况下，非标准化系数是自变量与因变量之间的普通比值，表示自变量每变化一个单位，因变量平均变化多少个单位；标准化系数是自变量与因变量之间的标准差比值，表示自变量每变化一个标准差，因变量平均变化多少个标准差。当考察多个自变量对因变量的影响时，采用标准化回归系数分析比较准确。如果标准化回归系数为正，则表明自变量与因变量为正相关；如果系数为负，则表明自变量与因变量为负相关。系数的绝对值越大，说明自变量对因变量的影响越大。

设我国国内旅游收入为因变量 Y，居民年人均可支配收入、国家5A级旅游景区数量、铁路通车里程、公路通车里程、民航航线长度分别设为自变量 x_1、x_2、x_3、x_4、x_5。

令 $X = [x_1, x_2, x_3, x_4, x_5]$，建立 Y、X 线性回归模型，即

$$Y = \beta X + \varepsilon \tag{1}$$

式中，β 为回归系数矩阵，$\beta = [\beta_1, \beta_2, \beta_3, \beta_4, \beta_5]^T$，$\varepsilon$ 为回归误差。

（一）最小二乘法回归

最小二乘法的估计回归系数 β 的数学模型为：

$$\begin{cases} \beta = (X^T X)^{-1} X^T Y \\ \min_{\beta} \sum_{i=1}^{n} (y_i - \beta^T x_i)^2 \end{cases} \tag{2}$$

表1　国内旅游收入及相关影响因素统计数据

年份	国内旅游收入（元）	居民可支配收入（元）	国家5A级旅游景区数量（家）	铁路通车里程（万公里）	公路通车里程（万公里）	民航航线长度（万公里）
2012	22706	9957	66	7.97	373.02	134.17
2013	26276	10978	67	8.55	386.08	142.52
2014	30312	12520	76	9.12	400.82	169.50
2015	34195	14551	119	9.32	410.64	199.61
2016	39390	16510	145	9.76	423.75	199.54
2017	45661	18311	169	10.31	435.62	260.29
2018	51278	20167	184	11.18	446.39	287.00
2019	57251	21966	213	12.10	457.73	298.28

根据式（2）求解得方程的回归系数如表2所示。

由此得到回归方程（非标准化系数和常数项表示）：

$$y = 23173.546+2.775x_1+15.294x_2-1135.148x_3-96.298x_4+15.784x_5 \quad (3)$$

从表2知，OLS回归的5个自变量的标准化回归系数分别为：β_1=1.177，β_2=0.073，β_3=-0.139，β_4=-0.244，β_5=0.132。第一，5个自变量的标准化系数相差较大，尤其是β_1和β_2相差近16倍，即居民可支配收入与国家5A级旅游景区数量对国内旅游收入的影响相差16倍，景区是旅游供给的物质载体，尤其是优秀景区，尽管居民可支配收入是产生旅游需求的基础，但影响的差距不可能这么大。第二，铁路通车里程和公路通车里程的标准化系数为负，照此推断，铁路通车里程和公路通车里程与国内旅游收入负相关，就是铁路通车里程和公路通车里程越长，居民出门旅游的人次越少，国内旅游收入越少，这显然不符合逻辑。因为铁路通车里程和公路通车里程越长，通行越方便，人们出游的积极性越高，国内旅游收入越多，它们应该与国内旅游收入成正相关。第三，除了居民可支配收入外，其他4个自变量都不显著，这也意味着解释变量的解释性弱，模型不能准确解释数据之间的关系。之所以出现这样的情况，主要是因为自变量数据之间存在共线性，导致矩阵X^TX近乎奇异矩阵，不可逆，按照OLS求得的系数解释性只有统计学上数据意义，失去了经济学上的解释意义。

判断自变量是否存在共线性，主要考查自变量膨胀系数（VIF）或者容忍度（二者呈倒数关系），如果VIF大于10或者容许度小于0.1，则表明自变量之间存在共线性。从表2的共线性统计数据得知，5个自变量的VIF都大于10，容许度均小于0.1，反映自变量数据之间确实存在多重共线性，而且十分严重。导致OLS回归的标准化参数解释意义失真、失灵、失效，以及影响解释变量的显著性。

（二）岭回归

岭回归是专门用于解决多元线性回归

表2 最小二乘法回归系数

模型	非标准化系数		标准化系数	T	显著性	共线性统计	
	B	标准误差	Beta			容许度	VIF
常数	23173.546	19414.890	—	1.194	0.278	—	—
x_1	2.775	0.916	1.177	3.303	0.023	0.001	1276.280
x_2	15.294	28.373	0.073	0.539	0.609	0.006	154.738
x_3	−1135.148	861.419	−0.139	−1.318	0.236	0.011	94.200
x_4	−96.298	65.908	−0.244	−1.461	0.194	0.004	235.703
x_5	15.784	17.128	0.132	0.922	0.392	0.006	173.487

中自变量与因变量数据之间存在共线性问题的改良回归方法。回归的参数避免了OLS回归解释意义失灵问题，也具有一定的统计学意义。

运用岭回归求解回归系数可表示为：

$$\begin{cases} \beta = (X^TX+kI)^{-1}X^TY \\ \min_{\beta} \sum_{i=1}^{n}(y_i-\beta^Tx_i)^2+k\|\beta\|^2 \end{cases} \quad (4)$$

式中，k 为岭回归参数，$0<k<1$。

从式（4）不难看出，岭回归求回归系数，只是在矩阵 X^TX 加一个很小的对角矩阵 kI，使矩阵 X^TX+kI 可逆，变为非奇异矩阵，这样求得的系数兼具解释意义和统计学意义。

在岭回归中，最关键的问题是 k 值的选择，k 不能太大也不能太小，k 越大，虽然对消除共线性影响效果越好，但过大的 k 值会导致回归方程的拟合精度下降过多。利用SPSS27软件工具编程，对原样本数据进行岭回归，得到如图2所示的相关系数 R^2 随岭回归参数 k 变换的关系图（R^2-k 图）。从图3可知，R^2 随 k 的增大而逐步减小，意味着回归方程的拟合精度随着岭回归系数 k 的增大而逐步下降。因此，必须选择一个比较合适的 k 值，使其既可以足够消除共线性的影响，又要保证回归方程的拟合精度不至于下降太多。通常，最佳 k 值通过岭脊图（k-β 图）来选择，即 k 取各回归系数基本稳定时的最小值。

从图3可知，当 k 增大时，各自变量的回归线系数迅速减小，当 k 继续增大时，各自变量的回归线系数缓慢减小，当 k 增大到一定程度时，再继续增加，自变量的回归线系基本不变。从图2、图3可以发现，当 $k=0.3$ 左右时，各自变量回归系数基本稳定下来，如果再继续增加，自变量的回归系数变化不大，而 R^2 却随 k 的增大迅速减小，预示回归精度快速下降。因此，$k=0.3$ 基本消除了共线性影响，再继续增大对消除共线性影响作用不大，反而会降低回归方程的拟合精度，故最佳岭回归参数 $k=0.3$。将 k 代入式（4）运算，得到自变量的回归系数如表3所示，以及岭回归方程（5）。

$$y=-38221.23491+0.45317x_1+37.62352x_2+ \\ 1411.36615x_3+68.47329x_4+25.30384x_5 \quad (5)$$

从表3可知，岭回归模型的5个自变量的标准化回归系数分别为 $\beta_1=0.1922$，$\beta_2=0.1793$，$\beta_3=0.1729$，$\beta_4=0.1734$，$\beta_5=0.2115$，5个自变量的系数值不仅都为正数，也不存在数量级的差异，而且解释性都非常显著。因此，它们可以用于解释对因变量的影响。根据5个自变量回归系数的大小，可以判断它们对国内旅游收入的影响程度大小。

由于 $\beta_5>\beta_1>\beta_2>\beta_4>\beta_3$，因而，对国内旅游收入影响由大到小的因素分别为：民航航线长度、居民年人均可支配收入、国家5A级旅游景区数量、公路通车里程、铁路通车里程。这与我国国内旅游市场发展实际情况基本吻合。目前，我国居民休假时间增多，收入稳步提高，国内旅游倾向长距离旅行，首选交通工具是乘坐民航飞机，且飞机票价折扣活动多，优惠力度大。因此，民航航线长度对国内旅游收入影响排在首位。居民收

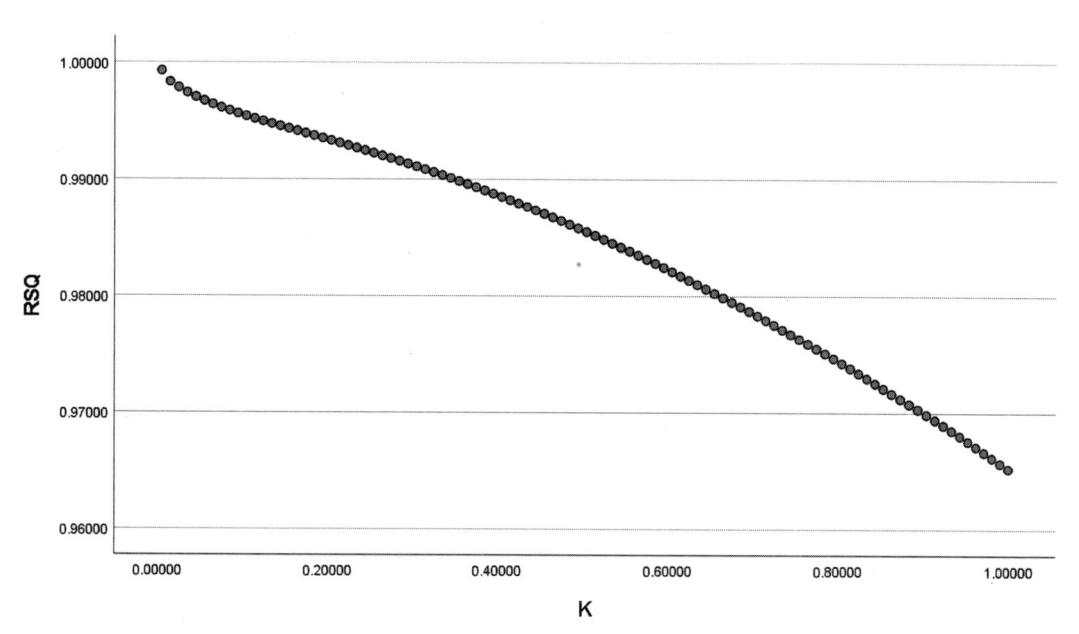

图 2 相关系数随岭参数变化图

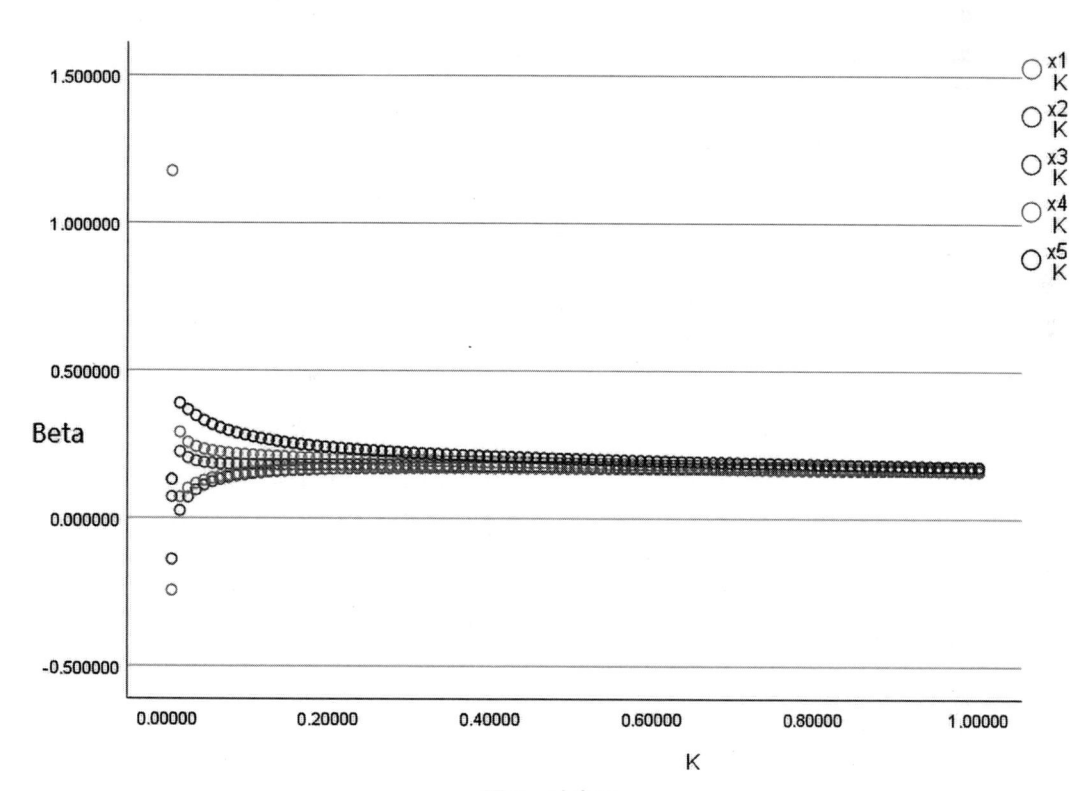

图 3 岭脊图

表 3 岭回归系数

模型	非标准化系数		标准化系数	T	显著性
	B	标准误差	Beta		
常数	−38221.24	3521.570	—	10.8535	0.0000
x_1	0.4532	0.2089	0.1922	21.6942	0.0000
x_2	37.6235	3.2102	0.1793	11.7199	0.0000
x_3	1441.366	108.6511	0.1729	12.9899	0.0000
x_4	68.4733	4.9904	0.1734	13.7209	0.0000
x_5	25.3038	2.4732	0.2115	10.2311	0.0000

入直接决定着消费水平和需求的满足程度，居民收入的稳定增长，为国内旅游活动提供物质基础，使人们旅游消费能力增强，带动国内旅游的火热。因此，居民年人均可支配收入对国内旅游收入影响排在第二位。旅游景区是旅游业发展的前提和基础，更是旅游消费活动的最终载体。随着旅游活动的普及，人们对旅游产品的需求的要求越来越高，5A 级旅游景区代表旅游景区的品质，越来越受广大游客的青睐，每到旅游旺季，往往人流如织、人头攒动。5A 级旅游景区越多，对游客的吸引力越大，自然会带动国内旅游收入快速增长。因此，5A 级旅游景区数量对国内旅游收入的影响排在第三位。公路交通是居民旅游出行的主要方式之一，特别是在周末城市周边游，尤其是在乡村游过程中，公路交通灵活性强、方便快捷、经济实惠，也有许多直达城市周边景区的巴士、公交等。因此，公路通车里程对国内旅游收入的影响排在第四位。之所以铁路通车里程对国内旅游收入的影响排在最后，主要是现在大中城市之间铁路客运都是高铁为主，高铁票价偏高，且几乎没有优惠活动，甚至远一点的地方，坐高铁比坐飞机还贵，且用时比飞机长，坐飞机还可有更舒适的体验。故而大多数人远距离旅游出行会优先选择乘坐飞机。后三个因素的影响差距并不大，但都是对国内旅游影响不容小觑的方面。

三、结语

旅游是大多数人很喜欢的一件事情，是一项老少皆宜的休闲活动。旅游不仅可以让我们领略到国内外的自然风光、名胜古迹、风土人情，品尝美食美味，而且让我们开阔胸襟、娱悦身心、陶冶情操、享受生命，是现代生活方式的重要体现。中国具有悠久的历史遗迹、美丽的自然风光、独特的民族文化，以及丰富的特色小吃美食等。自然风光与人文景观众多，是世界自然遗产、世界文化遗产最多的国家之一，旅游资源丰富，是世界最重要的旅游目的地之一。近些年，随着我国经济持续高速发展，人民群众的生活水平不断提高，对旅游的需求不断上升，推动了我国旅游事业的持续蓬勃发展，尤其是国内旅游热火朝天、如火如荼。各地要抓住国内旅游热情高涨这一契机，进一步推进大众旅游的繁荣和发展，充分发挥旅游为民、富民、利民、乐民的积极作用，为国内旅游创造更加普及、更加普惠、更加便利的旅游环境，不断增强人民群众的获得感、幸福感。要加强文化和旅游深度融合，打造人们喜闻乐见的旅游新场景、新业态、新模式，努力提供高品质的旅游供给和服务，推动旅游业的发展迈上新台阶，充分满足人民对美好生活的追求。要积极发挥旅游在助力经济社会发展、构建新发展格局、提高人民生活品质、增强人民精神力量等方面的重要作用。深挖旅游的文化内涵、人文精神，用中华优秀传统文化、革命文化、社会主义先进文化培根铸魂，让人们在旅游的过程中感悟中华文化、增强文化自信。本文运用岭回归分析了居民年人均可支配收入、国家5A级旅游景区数量、铁路通车里程、公路通车里程、民航航线长度对我国国内旅游收入的影响，结果显示：对国内旅游收入影响程度由大到小的因素分别为：民航航线长度、居民年人均可支配收入、国家5A级旅游景区数量、公路通车里程、铁路通车里程。通过分析，这与我国目前国内旅游市场发展实际情况基本吻合。

参考文献

[1]刘红勇，胡健，王鹏，等.基于岭回归法的四川省房地产价格影响因素研究[J].数学的实践与认识，2014，44（12）：72-78.

[2]董力，刘艳玲.岭回归在我国工程保险需求影响因素分析中的应用[J].西安电子科技大学学报（社会科学版），2013，23（3）：34-41.

[3]舒服华.基于岭回归的我国石材消费影响因素分析[J].石材，2022（5）：1-5+51.

[4]舒服华.基于岭回归的我国生活用纸消费量影响因素分析[J].中华纸业，2022（14）：48-51.

[5]王洪平.基于岭回归浅析黑龙江省粮食产量影响因素[J].粮食问题研究，2022（3）：16-20.

[6]杨秀丽，权晓超.基于岭回归的黑龙江省农村居民收入影响因素分析[J].统计与咨询，2015（4）：24-26.

[7]井然.需求侧变革促节能增效[J].中国电力企业管理，2022（12）：18-22.

[8]熊华文.节能和提升综合能效，推动能源高质量发展[J].电力需求侧管理，2020（6）：2-5.

中国入境旅游市场回暖的策略研究

赵　欣

（北京青年政治学院，中国　北京　100102）

摘　要："中国游"（China Travel）的持续升温，向世界展示了中国开放包容的姿态和中华文化强大的国际吸引力，这是中国政府实施的一系列便利外国人来华在华政策合力的直接结果。通过扩大免签国家范围、简化入境流程、加大旅游领域对外开放力度、优化服务体验等举措，鼓励外国游客亲身体验一个真实、立体、全面的中国，既能够促进国内入境旅游市场的强劲复苏，又有助于提升中国的国际形象和全球影响力。这些政策的实施对促进经济增长、推动旅游产业繁荣、深化文化交流、拓展国际合作具有重大现实意义。

关键词：入境游；签证；对外开放

2024年5月17日，习近平总书记对旅游工作作出的重要指示中提出"改革开放特别是党的十八大以来，我国旅游发展步入快车道，形成全球最大国内旅游市场，成为国际旅游最大客源国和主要目的地"。2024年，"中国游"（China Travel）成为全球社交媒体平台的新流量密码，相关浏览量持续攀升。"中国游"爆火，不但彰显了中国旅游市场的强大吸引力和日益增强的国际影响力，而且体现了中国在推动旅游业高质量发展、提升国际竞争力方面取得的显著成就。入境旅游是中国旅游业的重要组成部分。大力发展入境旅游，既能够全力拓展国际客源，有效激发国内市场的消费活力，为中国旅游业全面复苏创造新机遇，又有助于外国游客更直观、更全面地了解和认识中国，深化文明交流互鉴、增进相互理解，对推动构建人类命运共同体具有重要意义。

据国家移民管理局统计，2024年1—6月全国各口岸入境外国人1463.5万人次，同比增长152.7%。其中通过免签入境854.2万人次，占比58%，同比增长190.1%。2024年以来，我国在提升自身吸引力和竞争力的同时，出台一系列促进政策和务实举措，持续加大旅游领域对外开放力度，提升出入境便利度，为更好地服务高水平开放和高质量发展发挥了积

作者简介：赵欣，副教授，主要研究方向为旅游管理。

极的促进作用。中国正以前所未有的开放姿态迎接八方来客。"中国游"成为国际旅游市场"新热潮",究其原因,主要包括以下几个方面。

一、持续优化的各类免签政策是促进入境游升温的直接动力

(一)扩容中国"免签朋友圈"

互免签证是指两个或多个国家或地区之间签署协议,允许他国公民进入本国境内且在一定时间内不需要签证。1956年5月19日,中国与捷克斯洛伐克就互免持外交、公务和特别护照人员签证达成协议,成为新中国与外国达成的第一份互免签证协议。截至2024年1月,中国已与157个国家缔结了涵盖不同护照的互免签证协定,与44个国家达成简化签证手续协定或安排。2024年,中国陆续与新加坡、泰国、格鲁吉亚互免签证。截至10月,已同包括马尔代夫、阿联酋、白俄罗斯等在内的24个国家实现普通护照全面互免签证。根据我国与有关国家签订的互免签证协定规定,在缔约另一方入境、出境或者过境,单次停留不超过30日,每180日累计停留不超过90日,免办签证。逐渐完善的签证便利化政策和外籍人员来华流程的不断简化,有效提升了海外游客赴华意愿。

(二)试行扩大单方面免签国家范围

单方面免签是指一国单方同意他国公民免签进入,但相对国却并未给出同等互惠待遇的签证政策。2023年7月26日,中国政府恢复对持普通护照赴华经商、旅游观光、探亲访友和过境的文莱公民15天免签入境政策。2024年5月,中国宣布延长对法国、德国、意大利、荷兰、西班牙、马来西亚、瑞士、爱尔兰、匈牙利、奥地利、比利时、卢森堡12个国家免签政策至2025年12月31日。2024年7月,对新西兰、澳大利亚、波兰3个国家持普通护照人员试行免签政策。2024年10月,对葡萄牙、希腊、塞浦路斯、斯洛文尼亚持普通护照人员试行免签政策,2024年10月15日至2025年12月31日,上述国家持普通护照人员来华经商、旅游观光、探亲访友和过境不超过15天,可免签入境。免签政策的调整极大地增强了国际游客出行的便利性,点燃了打卡"中国行"的热情。

(三)增加过境免签口岸数量

过境免签是指外籍人士依据过境国的法律或有关规定,从一国经转该过境国前往第三国时,不必申请过境国签证即可过境,并可在过境国进行短暂停留的政策。2019年12月,全国共有20个城市27个口岸对53个国家人员实施过境144小时免办签证政策。2023年1月,我国恢复24小时、72小时、144小时过境免签政策,为外国人短期来华旅游、商贸提供政策保障。2023年11月17日,中国对挪威公民实施144小时过境免签政策后,该政策适用国家范围增至54国。2024年7月15日,我国继续扩大实施144小时过境免签的范围,适用口岸增加至37个。"144小时过境免签"为过境旅客提供了较为充足的时间保证,使来华外籍旅客数量不断攀升。

（四）推行区域性入境免签

区域性入境免签政策是指针对特定地区或国家，对外国游客或特定人群实施的一种免签入境政策。我国对外国人区域性入境免签政策主要包括：一是实施港澳地区外国旅游团入境广东 144 小时免签；二是东盟国家旅游团入境广西桂林 144 小时免签；三是外国旅游团乘坐邮轮入境免签政策；四是 59 国人员入境海南 30 天免签政策。五是港澳地区外国旅游团入境海南 144 小时免签政策。区域性免签政策简化了签证流程，部分抵消了制约入境游的因素，降低了外国游客，尤其是邻国入境游客的旅游门槛成本，同时也为外国游客提供了多样化的入境选择，满足了不同游客的出行需求。

（五）放宽口岸签证申办条件

对亟须来华从事商贸合作、访问交流、投资创业、探望亲属及处理私人事务等非外交、公务活动的外籍人员，来不及在境外办妥签证的，可凭邀请函件等相关证明材料向口岸签证机关申办口岸签证入境。目前，全国 73 个城市的 100 个口岸均可开展口岸签证业务。据国家移民管理局统计，2024 年 1—6 月，全国签发口岸签证 68.6 万证次，同比上升 267.9%。为进一步吸引更多的外国游客和投资者，相关部门还推出了为来华外籍人员放宽口岸签证条件，简化在华外籍人员申办材料、提供再入境签证等多项便利服务措施，旨在为外籍商贸投资人士提供更便捷的出入境体验，加快推进制度型开放，促进高质量发展。

二、高质量的国际化服务是提升在华旅游体验的重要保障

（一）不断拓展服务渠道和功能，提供更加优质高效的服务

为增进国家互信、经贸交流、人员往来，全面推进国际交流与合作，国家相关政策部门相继出台了 110 余项便利外籍人员来华政策措施。国家移民管理局推出的政府热线 12367，以及多语种（六种官方语言）版本的政府网站、"移民局 12367"App 客户端和"12367 在线服务"小程序等数字化服务平台，为中外出入境人员提供了全方位的咨询与帮助，有效帮助解决中外出入境人员急难愁盼问题。随着过境免签区域的不断扩大，各大口岸也积极应对、持续优化出入境查验流程，引导旅客有序分流候检，缩短过境人员查验时间，全力保障口岸通关顺畅。2024 年 6 月 29 日，上海在浦东机场 T2 航站楼设立"外籍人员一站式综合服务中心"，按照支付、文旅、通信、交通四大功能场景，为入境国际旅客提供服务手册、交通卡销售、外币兑换等便利服务。2024 年 8 月 30 日，北京正式发布《境外初次来京人员城市服务指南》，系统提供各类必要生活服务信息，提升外籍人士访京体验感、便利度。

（二）提升境外旅客离境退税服务便利度

离境退税，即境外旅客在离境退税商店内购买退税商品并按规定开具发票和退税申请单后，在离境口岸离境时退还相应税款。为进一步方便境外旅客消

费，2011 年 1 月 1 日，海南省正式实施境外旅客购物离境退税政策试点。为充分满足境外旅客的实际需求增强入境旅游吸引力，2019 年 1 月，上海在全国率先推行离境退税"即买即退"便利服务试点。离境退税"即买即退"政策，是将离境退税窗口"前移"到试点退税商店，不仅给境外游客提供便捷、实惠的购物体验，还可激发二次消费热情。2024 年第一季度，上海离境退税销售额超过 4 亿元，办理退税近 4500 万元，同比增长超 1 倍。目前，北京离境退税商店数量已达 1070 家，包括 14 家"即买即退"试点商店，境外旅客可现场办理离境退税，有效助力北京国际消费中心城市建设。

（三）提高旅游住宿业服务质量

2024 年 3 月，中国饭店协会发布《关于便利外籍人员来华住宿服务的倡议书》，建议我国住宿企业加强与国际标准接轨、优化境外预订渠道管理，便捷国际卡支付等。2024 年 7 月，商务部、中央网信办、公安部、文化和旅游部等 7 部门联合印发了《关于服务高水平对外开放便利境外人员住宿若干措施的通知》，围绕依法合规经营、提升接待能力、优化登记管理等 8 个方面，为境外人员提供更加便利友好的住宿环境。同时，数智赋能的酒店设施、细致贴心的服务及绿色节能解决方案，极大地提升了住宿体验的舒适度和便捷性。"China Hotel"的华丽转身成为科技创新与产业创新融合的生动典范，收获各界频频点赞，"圈粉"无数，"刷新"了国际社会对中国"智造"领域的认知，成为讲好中国故事的亮丽名片。

（四）增强入境支付的便利性

2024 年 3 月 7 日，国务院办公厅发布了《关于进一步优化支付服务提升支付便利性的意见》，在改善银行卡受理环境、持续优化现金使用环境、提升移动支付便利性等方面提出一系列要求，更好满足包括外籍来华人员在内群体多样化的支付服务需求。3 月 14 日，中国人民银行发布中英双语《外籍来华人员支付指南》，对移动支付、银行卡、现金等支付工具的获取方式进行提示，解决外籍来华人员遇到的支付难题。10 月，国家市场监督管理总局、国家数据局联合印发《关于开展向平台企业开放信用监管数据试点 推动平台经济规范健康发展的通知》，选取苏州、杭州、济南、武汉等 8 座试点城市开放信用监管数据，提高习惯信用卡支付的境外来华人员移动支付的便利性。目前，外籍来华人员可在全国 6.7 万个银行网点、4200 多个外币兑换设施、32 万台 ATM 机兑换人民币。支付宝、微信 App 在支持多种语言版本和翻译服务的基础上，不断升级国际数字化支付服务，助力境外来华人员畅游中国，加深中外经贸往来。

三、多元的中国魅力是吸引全球游客纷至沓来的不竭动力

在当前世界经济复苏乏力，地缘政治冲突、自然灾害等突发事件频发的背景下，中国以经济总量逾 126 万亿元稳居世界第二，始终主张构建开放型世界经济，为全球经济问题提供解决思路。作为全球最大发展中国家，中国坚定不移在和平共处五项原则基础上积极拓展平等、开放、

合作的全球伙伴关系。2024年1月24日，中国建交国总数达到183个。今日之中国以开放之姿、奋进之态，提出一系列加强国际交往合作的务实举措，进一步扩大对外开放，促进文明交流互鉴，为构建人类命运共同体提供了价值引领。从经济腾飞到科技进步，综合国力不断增强，与世界的联系也日益紧密，国际话语权和国际影响力显著提升。中国积极推动多边合作，展现出一个负责任大国的担当。国际社会见证了中国的变化与发展，对中国未来的发展充满期待。

旅游不只是一次对自然美景的探索之旅，更是一个深入体验和感悟不同文化的宝贵机会。中国，这个拥有五千年悠久历史的国度，以其瑰丽多姿的自然景观、深邃博大的中华文化、飘香四溢的地方美食、丰富多彩的传统民俗活动，以及引人入胜的"沉浸式"体验，激发了全球旅行者探索的渴望。中华优秀传统文化是中华民族的宝贵财富，具有深厚的文化底蕴，绵延数千年，硕果累累。通过展示中国的历史遗迹、传统艺术、民俗风情等，可以让外国游客感受中华文明的独特韵味，加深不同文化之间的相互理解和尊重，增进对中华文化的认同感，有助于提高国家文化软实力和中华文化影响力。此外，通过持续推出多层次、高品质的入境旅游产品，创新迭代入境旅游精品线路，来满足全球旅行者日益增长的个性化需求，为中国入境游市场注入源源不断的生机和活力。

四、海外媒体的宣传推广提升了中国游的吸引力

随着人工智能、区块链、5G等新兴科技的蓬勃发展，新媒体与新技术的融合打破了传统媒体对信息传播方式的限制，加速了信息传播的速度和范围，深刻影响了人们的社交、娱乐和生活方式。一群热情的海外博主将他们在中国各大标志性景点拍摄的照片和制作的"China Travel"视频上传至社交媒体，迅速火遍全网，引发了网友的广泛关注和讨论。越来越多的外国游客以前所未有的松弛感，纷纷在各大社交平台上分享在中国旅行的所见所闻。这些鲜活、真实、充满生活气息的图片、视频和人物故事，生动地展示了中国的自然美景、文化底蕴和人文景观，激发了全球旅行者对中国的浓厚兴趣和探索欲望。"China Travel"亲历者们通过呈现平凡、朴素的生活样貌，无意中让中国故事有了更多被理解的可能。这种真实的分享和体验增进了与海外网友的互动沟通，更容易引发情感共鸣，提高了入境旅游推广的精准度，让"China Travel"更具有吸引力和传播力。

五、国际航班的恢复加快了入境旅游市场回暖

2023年民航行业发展统计公报的数据显示，2023年，全行业港澳台航线完成668.45万人次，比上年增长1324.7%；国际航线完成旅客运输量2905.95万人次，比上年增长1461.7%。根据民航局月度生产统计数据，2024年上半年我国民航国

际旅客运输量达 0.3 亿人次（不含外航），同比 2023 年增长 254.6%、同比 2019 年下降 18.3%（旅客恢复 81.7%）。尽管数据仍未完全恢复到疫情前的水平，但整体的发展趋势依旧乐观，2024 年上半年延续回升向好迹象表明，航空市场复苏迎来曙光。随着商务出行和休闲旅游需求的激增，各大航空公司运用大数据和人工智能技术优化航班安排、调整航线布局，提升航班运营效率和乘客满意度。2023 年 1 月，民航局取消国际客运航班"五个一""一国一策"调控措施。2024 年，民航局继续把国际客运增班作为重点工作，不断完善国际航线网络，提升国际航空运输的通达性和便利性，更好地为中外人员安全出行保驾护航。

六、发达的交通网络丰富了入境游客的旅行体验

2024 年 9 月 14 日，随着龙龙高铁梅州西至龙川西段开通运营，中国铁路营业里程突破 16 万公里，其中高铁超 4.6 万公里，稳居世界第一。铁路覆盖了全国 99% 的 20 万人口以上城市，高铁覆盖了全国 96% 的 50 万人口以上城市。中国铁路持续提升客货运输能力和服务品质，让"诗和远方"触手可及。省内跨城、邻省跨城的高铁游推进了区域旅游经济的联动发展，也给探索周边城市提供了更多可能。发达的基础设施、纵横交错的地铁线路、频繁密集的公交网络、随叫随到的网约车、便捷的旅游观光巴士、遍布街头的共享单车、贴心的景区免费接驳车，不仅为外籍游客提供了丰富多样的出行选择，还为他们带来了安全、便捷、舒适的旅行体验。

七、结语

"中国游"热度持续上升，既受益于免签政策的持续优化和全球航班运力的复苏双重利好因素，又是全球旅行者对中国开放包容的社会氛围和独特文化魅力做出的积极回应。2024 年以来，各级政府陆续出台多项配套政策扶持，省、市及行业相关部门主动应变、精准疏通入境游发展中的堵点和难点，依托央地合作、政企协同、部门联动，共同构建中国入境旅游高质量发展的基石，不仅为世界打开了一扇深入了解中国的窗口，更为全球旅游业的复苏与发展注入强劲动能。

越来越多的外国人来华旅游、访问、从事商务活动，对涉外服务品质也有了更高的期待和要求。因此，应充分把握入境游发展的复苏期，巩固入境游良好态势，以提升入境旅游服务质量为抓手，以持续提升中外人员往来和外籍人员在华生活便利度，进一步完善《中华人民共和国出境入境管理法》各项管理制度，有效维护国家利益和出入境秩序。通过政策引导，开展更加科学的精细化管理，促进区域间合作与协调发展，形成特色鲜明、优势互补的入境旅游产品供给。拓展外语专业服务领域，增强对外服务意识，提升国际化综合服务水平，使中国旅游品牌更具国际影响力。

参考文献

［1］中国政府网.习近平对旅游工作作出

重要指示：着力完善现代旅游业体系加快建设旅游强国，推动旅游业高质量发展行稳致远［EB/OL］.（2024-05-17）［2024-06-20］.https://www.gov.cn/yaowen/liebiao/202405/content_6951885.htm?menuid=197.

［2］国家移民管理局.1—6月份入境外国人同比增长152.7%［EB/OL］.（2024-07-05）［2024-05-15］.https://www.nia.gov.cn/n741440/n741567/c1660229/content.html.

［3］中国政府网.外交部：中国与越来越多国家迈入"免签时代"［EB/OL］.（2024-01-31）［2024-04-10］.https://www.gov.cn/lianbo/bumen/202401/content_6929355.htm.

［4］中国政府网.外交部：中方决定对葡萄牙等4国试行免签政策［EB/OL］.（2024-09-30）［2024-10-10］.https://www.gov.cn/lianbo/bumen/202409/content_6977807.htm.

［5］中国政府网.最新！72/144小时过境免签名单［EB/OL］.（2024-09-30）［2024-10-11］.https://www.gov.cn/zhengce/jiedu/tujie/202407/content_6963327.htm.

［6］国家移民管理局.外国人区域性入境免签政策［EB/OL］.（2024-08-01）［2024-10-11］.https://www.nia.gov.cn/n741440/n741577/c1659056/content.html.

［7］国家移民管理局.国家移民管理局推出新政进一步便利外籍人员来华［EB/OL］.（2024-01-11）［2024-09-11］.https://www.nia.gov.cn/n897453/c1624329/content.html.

文旅融合研究

智慧文旅公共服务融合：中外比较与分析框架

巫程成

（浙江旅游职业学院，浙江　杭州　311231）

摘　要：智慧文旅公共服务融合是文旅深度融合发展的短板，也是数字中国和智慧城市建设的重要组成部分，更是旅游公共服务与公共文化服务融合点、均等化和可及性的技术路径，可以提升基本公共服务效能。目前，国内学者对于智慧文旅公共服务融合研究的全面性和系统性梳理依然不足，文章按照"概念界定—比较分析—框架构建"的逻辑思路，通过知识图谱可视化比较分析国内外智慧文旅公共服务融合研究文献，发现国内外智慧文旅公共服务融合有明显的研究热点、前沿和转折点，并构建出未来我国智慧文旅公共服务融合分析框架，为我国智慧文旅公共服务融合高质量发展提供实践路径与政策参考。

关键词：公共文化服务；旅游公共服务；知识图谱；智慧文旅公共服务融合；比较研究

一、引言

"十四五"规划明确强调，要提升公共文化服务水平，发展智慧广电和智慧文旅，推动文化和旅游融合发展。根据《"十四五"公共文化服务体系建设规划》《国家基本公共服务标准（2021年版）》的主要范围，智慧公共文化服务包括公共文化设施免费开放、送戏曲下乡、收听广播、观看电视、观赏电影、读书看报、少数民族文化服务7个方面。根据原国家旅游局《关于进一步做好旅游公共服务工作的意见》和《"十三五"旅游业发展规划》，智慧旅游公共服务分为信息服务类、安全保障类、交通便捷服务类、便民惠民服务类和行政服务类5个方面。智慧文化和旅游公共服务融合（简称智慧文旅公共服务融合）是国家文旅深度融合与数字中国战略的重要组成部分。概念主要来自智慧旅游延伸出的智慧旅游公共服务，以及公共文化云延伸出的智慧公共文化服务，主要指的是通过应用人工智能、大数据、区块链、虚拟现实（VR）和增强现实（AR）等现代信息技术，融合公共文化服务和旅游公共服务，对海量文旅数据

作者简介：巫程成，副研究员、博士，主要研究方向为文旅融合、职业教育数字化。
本研究受浙江省高职教育"十四五"第二批教学改革项目（项目编号：JG20240093）、浙江省社会科学界联合会研究课题（项目编号：2025N168）资助。

资源整合加工，提供个性化、精准化、多样化数字文旅服务。主要包括线上云平台和线下文旅基础设施，如文化云、旅游集散地智慧导览、旅游交通设施、图书馆、博物馆，以及各类文旅监管保障平台设施等。文博场馆具有的公共属性使其天然地具有旅游吸引力，而智慧旅游的产业属性本质上可以推动优秀传统文化和非物质文化传承，在技术的加持下，二者的产业融合、服务融合、平台融合、体制机制融合是其主要发展路径，都具有满足人民幸福旅游生活和促进中华优秀文化传承的核心功能。但也出现了优秀传统文化如何进景区，公共文化场馆如何打造为大众旅游新的打卡点，旅游公共服务注重旅游产业带来的经济功能却忽视优秀文化创造性传承，文化公共服务注重文化事业带来的公共标准及功能，忽视社会主体参与积极性，以及文化公共服务设施浪费、旅游公共服务融合发展不够等问题。如何科学解决这些问题，亟须厘清目前国内外研究态势和未来发展路径。

目前，对智慧文旅公共服务融合的研究，我国主要集中在智慧旅游公共服务和智慧公共文化服务等领域。旅游领域包括基于旅游大数据的智慧旅游公共服务体系建构，基于物联网的智慧旅游公共服务平台等；文化领域包括农村公共文化服务、图书馆等公共文化场馆空间发展、基本公共文化服务标准化、公共文化服务供给侧结构性改革等；文旅融合领域包括公共图书馆与旅游融合、标准化推进文旅公共服务融合、乡村数字化文旅服务、文旅公共服务融合政策等。国外相关研究主要集中在旅游公共交通系统与社区文化融合、智能交通管理系统创造绿色休闲旅游环境、酒店领域客户体验管理、虚拟现实与旅游公共服务融合、AR促进游客对博物馆体验的评估及购买意向、多理论视角下AR在文化遗产旅游目的地的多重效应、体验经济视角下技术对博物馆藏品沉浸式体验的影响等。

综上所述，智慧文旅公共服务融合的研究主题多聚焦在文化场景、旅游基础设施等方面，研究方法多为质性分析，研究区域多为城市空间，理论概念和政策路径也尚未达成共识。尤其是随着新兴技术的发展与融合，文旅公共服务也在迭代升级，出现了一批观察新现象的理论文章，但近5年系统全面展现该领域国内外研究趋势的文章呈现空白。系统回顾智慧文旅公共服务融合研究，将有助于为我国文旅公共服务发展提供新思考，构建基础理论框架，提供实践路径。基于此，本文聚焦"智慧文旅公共服务融合"主题，按照"概念界定—比较分析—框架构建"的逻辑思路，一方面，整合国内中国知网数据库和国外WOS数据库中全部相关主题文献，通过知识图谱的可视化研究，对比分析智慧文旅公共服务融合研究的热点、前沿和转折点等；另一方面，由于国内文旅公共服务水平不够高、与新技术的融合发展不深，以及技术日新月异带来的研究交叉性等新变化，需要构建智慧文旅公共服务融合分析框架，以此为实现文旅深度融合高质量发展提供参考。

二、研究方法与数据来源

（一）研究方法

本文运用 CiteSpace6.2.R4 软件，时间切片参数选取为每一年，时间跨度为 1996—2023 年，1996 年之前国内外研究文献为 0，国外开始研究时间早于国内。一是比较研究方面，通过关键词共现图谱研究主题热点，通过关键词突现研究前沿趋势，通过被引研究转折点；二是通过特征分析和理论推演，构建智慧文旅公共服务融合的分析框架。

（二）数据来源

国外数据库选取 WOS 数据库，根据上述智慧文旅公共服务融合概念界定的内涵和外延，检索公式为 "Topic"=（smart or technology or digital or artificial intelligence or big data or platform or cloud computing）and（library or museum or art or public culture service or cultural heritage）and tourism（transportation or information or safety or convenience or administration or public service）or（smart public cultural service）or（smart tourism public service）。国内数据库选取中国知网数据库，采用专业检索公式 "SU%=（'智慧'+'科技'+'数字'+'人工智能'+'大数据'+'平台'+'云计算'）*（'图书馆'+'博物馆'+'美术馆'+'文化遗产'+'公共文化服务'）*'旅游'*（'交通'+'信息'+'安全'+'便利'+'管理'+'公共服务'）OR SU%=（'智慧公共文化服务'）OR SU%=（'智慧旅游公共服务'）"。检索时间段为 1996 年至 2023 年，检索时间为 2023 年 8 月 30 日，检索到国内文献 3142 篇，国外文献 790 篇，手动剔除规划、会议摘要、新闻、成果介绍及其他无效数据，再通过 NoteExpress 软件将同类文献合并去重，共得到国内有效文献 2908 篇，国外有效文献 780 篇。

三、国内外研究的比较分析

（一）研究热点的比较分析

关键词是反映研究内容的学术性主题词，能够代表智慧文旅公共服务融合研究主题热点的发展态势，在中英文文献中具有同样的概念，具有横向分析意义。通过整理得到词频排名前 20 的国内外智慧文旅公共服务融合研究热点关键词词频及中心度（见表1）。除主题词外，国内"智慧旅游"关键词频次最高，其次是"文旅融合"关键词；"保护"关键词中心度最高，中介作用最为明显，其次是"智慧旅游"。国外"cultural heritage"（文化遗产）关键词频次最高，其次是"technology"（技术）；同时"文化遗产"也是中心度最高的关键词，中介作用最为明显，其次是"信息技术"。因此，国内外智慧文旅公共服务融合研究的热点关键词有显著差异。

为进一步研究智慧文旅公共服务融合的研究热点，将代表研究热点的关键词进一步聚类，每一个聚类内部联系紧密又与其他聚类相对独立，可以形象说明某个智慧文旅公共服务融合研究的相互关系，尤其是协同性较强的研究热点。结合研究热点关键词的频次和中介中心性，对国内外关键词采用 LLR 共现聚类，探测到国内研究共词图谱中有 9 个较为明显的聚类，国

表 1　国内外智慧文旅公共服务融合研究热点关键词词频及中心度

国内			国外		
关键词	词频	中心度	关键词	词频	中心度
智慧旅游	149	0.19	cultural heritage	99	0.17
文旅融合	106	0.17	tourism	72	0.07
公共文化	73	0.11	technology	52	0.06
保护	71	0.21	augmented reality	49	0.07
传统村落	67	0.05	management	43	0.04
博物馆	65	0.08	smart tourism	37	0.03
图书馆	60	0.06	social media	35	0.03
文化产业	54	0.13	information	33	0.05
文化遗产	49	0.12	model	31	0
公共服务	47	0.05	cultural tourism	30	0.02
乡村振兴	47	0.05	city	30	0.08
数字化	45	0.15	information technology	29	0.09
大数据	37	0.07	big data	25	0.02
文化旅游	35	0.07	virtual reality	23	0.01
旅游	27	0.05	impact	23	0.02
智慧服务	21	0	travel	22	0.04
全域旅游	20	0.01	smart city	21	0
策略	18	0.03	internet	21	0.02
工业遗产	18	0.02	destination	21	0.04
文化馆	18	0.01	framework	16	0.04

外研究共词图谱中有 8 个较为明显的聚类。根据知识图谱关键词共现研究的分析主题聚焦性和国内外的比较性，提取具有代表性的聚类进行命名，国内外智慧文旅公共服务融合研究关键词聚类图谱揭示的研究热点主题如图 1 所示。通过分析可以得到反映聚类图谱质量的 Q 值和 S 值，左图的 S 值 =0.8410，Q 值 =0.5416，右图的 S 值 =0.8379，Q 值 =0.565，图中代表聚类模块值的 Q 值都大于 0.3，意味着聚类结构显著，代表聚类平均轮廓值的 S 值都大于 0.5，意味着聚类科学有效。为便于分析，对聚类关键词进行进一步主观建构和同义合并各形成 5 个热点主题。国内研究中 5 个热点聚类主题为：智慧文旅公共服务融合实现资源开发保护（#0）、智慧文

旅公共服务融合乡村区域实践（#1、#5）、智慧公共文化服务的数字化建设（#2、#6、#8）、智慧文旅公共服务产业依托多维技术（#3、#7）、旅游公共服务推动智慧城市发展（#4）；结合聚类概要内部关键词，国外的5个热点主题为：智慧文旅公共服务产业依托多维技术（#0）、智慧文旅公共服务融合实现文化遗产开发保护（#1）、旅游公共服务推动智慧城市发展（#2）、智慧文旅公共服务体验依托增强现实（#3）、智慧文旅公共服务融合推动文化学习传承（#4）。将两张图谱进行对比，有3对热点主题相似，分别是旅游公共服务推动智慧城市发展、智慧文旅公共服务产业依托多维技术和智慧文旅公共服务融合实现文化遗产开发保护。

（1）相似的研究热点主题分析。通过对研究热点聚类图谱、词频和中介中心性比较分析发现，虽然国内外智慧文旅公共服务融合研究主题相似，但其视角和侧重点又存在差异。①旅游公共服务推动智慧城市发展：国内研究中关键词词频和中心度都比较高的主题领域，国内研究中与其相联系的共现主题词有智慧旅游、旅游公共服务、旅游业、智慧景区、旅游公共信息服务等，侧重智慧城市中的智慧旅游场景领域；相比之下，国外研究中该主题更加多元丰富，与其连线的共现主题词有学习经验、植物园、疫情大流行、非遗产文化、汉语等，偏重智慧城市中旅游的影响因素。②智慧文旅公共服务产业依托多维技术：国内主要为对策研究和案例分析、图谱显示，比较热衷于文化产业、发展战略、文化资源、文化事业、文化旅游、遗产保护、个性化和信息服务等技术赋能文旅发展战略研究；而国外研究更为分散，表现为智能技术、移动技术、AR、文化旅游景点等，更侧重于各种技术在旅游公共服务中的智慧化应用。③智慧文旅公共服务融合实现文化遗产开发保护：国内研究中关联的研究主题词主要有保护、文化遗产、更新、保护规划，历史街区是最新研究热点，其意义整体倾向于政府主导的文化遗产传承性保护；该主题在国外研究中属于长期研究热点，共现的主题词有虚拟地球仪、城市旅游目的地、文化遗产保

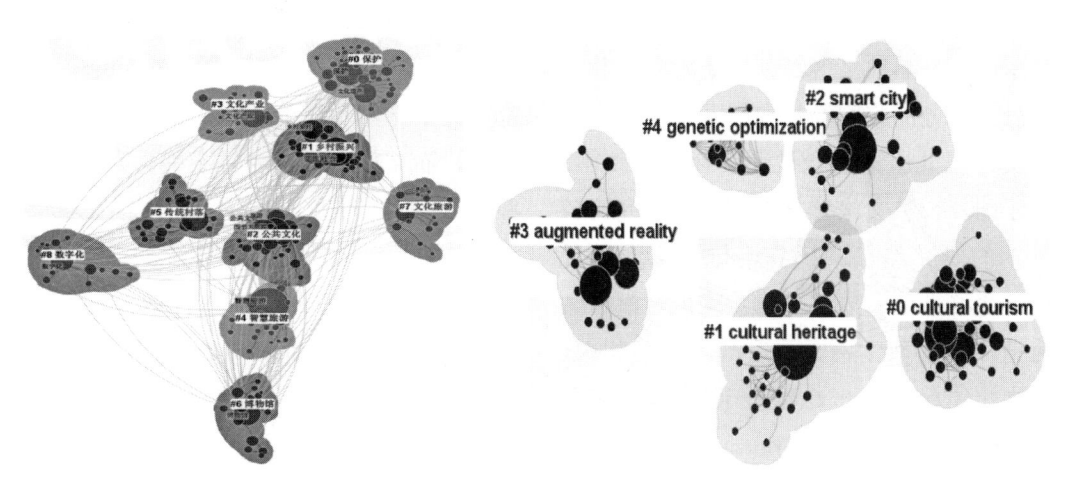

图 1 国内外智慧文旅公共服务融合研究热点图谱

护、增强现实，偏重文化遗产的开发性保护。这一主题在规模和中心性上都较高，可见国内外研究领域都比较关注。

（2）不同的研究热点主题分析。国内侧重的研究热点有2个：①智慧文旅公共服务融合乡村区域实践。该热点的持续时间年份平均值最新，为2019年，是近几年我国比较关注的研究主题。包括乡村振兴、人工智能、服务设计、用户体验、传统村落、工业遗产、特色小镇，是城市文旅公共服务发展的"最后一公里"，也是智慧文旅公共服务融合发展的重点区域。②智慧公共文化服务的数字化建设。包括的研究范围比较广，主要涉及数字化、均等化、博物馆、全民阅读、技术路径、开发等，这些是智慧文旅公共服务融合发展的主要目标，也是数字中国建设推进公共服务的重要内容，将通过技术优化公共服务的公平与效能问题。国外侧重的研究热点也有2个：①智慧文旅公共服务体验依托增强现实。持续时间年份平均值最新，为2018年，相关联的主题词主要有增强现实、基于AR的应用程序、再利用意向、质量维度、虚拟现实、不同的VR系统、技术能力、品种繁多等，是新阶段智慧文旅公共服务的应用场景和技术维度。②智慧文旅公共服务融合推动文化学习传承。属于国外智慧文旅公共服务融合研究比较早期的研究热点，其节点与文化传承优化、线路推荐、数字重建、三维建模、文化遗产电子教学、虚拟遗产等主题相关，为文化传承保护、文化遗产管理和文旅数字服务探索了智慧化路径。

（二）研究前沿的比较分析

在研究主题共现的基础上，通过探测智慧文旅公共服务融合研究的前沿主题，可以了解该领域最新进展和未来发展方向，以期为智慧文旅公共服务融合发展资政和研究提供依据。通过知识图谱面板中的突现（burstness）功能，可以探测研究前沿。结合之前的研究，选择1996—2023年作为前沿探测时间段，国内研究产生19个突现关键词，国外研究产生5个突现关键词，为便于分析，国内选取前10个突现关键词，国外选择5个突现关键词，如图2所示。

通过上图对比分析研究前沿，国内外智慧文旅公共服务融合研究前沿相同点主要表现在：①对文化遗产保护研究关注都比较早，基本是从2008年左右开始的，而智慧化服务只是公共文化服务研究中的一个方面。②关注智慧城市和规划设计，技术影响因素比较广，都涉及政策研究和技术赋能。同时，国内外研究前沿差异更大，表现在：①国内研究中，智慧旅游关键词突现强度最高，为23.27，突现时间从2013年开始持续到2017年，保护、旅游业的研究前沿主题突现时间持续较长，都持续了7年及以上。保护是早期的研究前沿，而文旅融合、乡村振兴、人工智能和新媒体主题属于最新研究前沿，都开始于2020年以后，影响持续到2023年。②国外研究中，除旅游和智慧城市核心主题词以外，"cultural heritage"属于突现强度（7.71）最高的研究前沿关键词，也是最早的研究前沿，"smart cities"和"internet of thing"都是2016年开始的研

Keywords	Year	Strength	Begin	End	1999—2023
保护	2004	13.58	2004	2012	
旅游业	2009	4.36	2009	2016	
文化产业	2010	12.36	2010	2016	
智慧旅游	2012	23.27	2013	2017	
规划设计	2013	5.41	2013	2017	
智慧城市	2013	4.62	2013	2015	
文旅融合	2019	20.51	2020	2023	
乡村振兴	2018	6.09	2020	2023	
人工智能	2020	5.82	2020	2021	
新媒体	2016	4.5	2020	2021	

Keywords	Year	Strength	Begin	End	1996—2023
cultural heritage	2008	7.71		2017	
smart cities	2016	4.81		2018	
internet of things	2016	3.72		2017	
travel	2019	4.5	2019	2020	
design	2009	3.4	2020	2023	

图 2 国内外智慧文旅公共服务融合研究前沿图谱

究前沿，"design"属于最新研究前沿，产生于 2020 年，一直持续到 2023 年。

（三）重要转折点的比较分析

1. 国内智慧文旅公共服务融合研究的转折点

因为国内中国知网文献数据无法进行 CiteSpace 的共被引文献分析，所以通过网络数据"被引"数量参数指标进行智慧文旅公共服务融合研究文献统计分析，通过整理，被引 60 次以上的文献情况如表 2 所示，总被引数 2586 次，总下载数 135380 次，平均每篇参考文献数为 8.1 篇，平均每篇被引数为 117.5 次，平均每篇下载数为 6153.6 次。综合分析这些文献具有以下特点：①时间维度方面，高被引文献发表时间集中在 2012—2021 年，特别是 2012 年和 2017 年；②研究类型方面，22 篇文献中，实证研究为 3 篇，其余都为综述类政策研究或者综合类理论研究；③研究内容方面，其中涉及公共文化服务研究 16 篇，智慧旅游研究 6 篇。进一步结合文献总体分析，国内智慧文旅公共服务融合研究全貌为：①引入国外理论研究阶段已经基本完成，尤其是国外案例和技术层面学习借鉴较多；②国内本土化理论研究待建立，研究视角待丰富；③政策研究相对丰富，研究载体集中在旅游类期刊、博士学位论文、图书情报期刊、综合社会科学期刊等，研究作者集中在云南大学等高等院校，研究内容集中在公共文化服务政策以及文旅公共服务融合研究领域等，被引次数最多的为金卫东对智慧旅游与旅游公共服务体系建设的研究，达到 351 次。

随着国内公共文化服务、旅游公共服务和智慧化研究的兴起，关注者从多种角度和不同方法开始对智慧文旅公共服

表2　国内智慧文旅公共服务融合研究高被引文献分布

作者	刊名	被引（次）	作者	刊名	被引（次）
金卫东	旅游学刊	351	姜雯昱；曹俊文	求实	92
张凌云	旅游学刊	304	傅才武；许启彤	山东大学学报（哲学社会科学版）	83
赵霞	河北师范大学学位论文	204	王世伟	图书馆杂志	81
郜清攀	东北师范大学学位论文	148	王谦	西南民族大学学报（人文社会科学版）	78
乔海燕	中南林业科技大学学报（社会科学版）	131	徐波林；李东和等	资源开发与市场	74
王旭东	云南大学学位论文	124	陈露	南京大学学位论文	70
谢新松	云南大学学位论文	123	刘炜；张奇；张喆昱	图书馆建设	66
张世定	兰州大学学位论文	118	韩永进	中国艺术研究院	65
巫志南	图书与情报	99	王云庆	山东大学学位论文	64
李萌	中国行政管理	95	刘加凤	中南林业科技大学学报（社会科学版）	63
方堃	华中师范大学学位论文	93	朱鸿亮	西安理工大学学位论文	60

务融合的理论概念、实践路径和政策体系进行深入研究。结合国内旅游治理研究的总体发文数量趋势和高被引文献分布情况，2012年和2017年是两个重要转折期。

自2011年，国家旅游局首次发布了《中国旅游公共服务"十二五"专项规划》《关于进一步做好旅游公共服务工作的意见》等政策文件，指导和推进全国旅游公共服务体系建设，其中明确提出建设智慧旅游城市、智慧旅游景区及饭店等，把旅游公共信息服务作为提升旅游公共服务的切入点，提出要重点发展旅游公共服务，完善旅游信息咨询服务体系等5大体系。2012年，国务院印发《国家基本公共服务体系"十二五"规划》，提出公共文化服务体系建设工程，继续推进广播电视村村通、文化信息资源共享、国家数字图书馆推广工程等。

2017年，国家旅游局发布《"十三五"全国旅游公共服务规划》，明确提出建成"12301"国家智慧旅游公共服务平台，推进旅游公共信息服务智慧化，建设一批国家智慧旅游城市、智慧旅游景区、智慧旅游企业、智慧旅游乡村等。2017年，文化类核心期刊《艺术百家》和《图书馆》专题讨论了公共数字文化和公共文化服务的技术保障的问题。如傅才武和许启彤经过对国家公共文化政策实验基地文化站的持续观察发现，我国基层文化机构出现了投入增加而绩效却持续下滑现象，实质上是基层文化机构的传统工作方式与高速城市化进程带来的数字信息技术文化环境之间的结构性失衡。

2. 国外智慧文旅公共服务融合研究的转折期

文献共被引指的是被同一篇文献引用的参考文献形成的共现分析。通过"Reference"节点类型，将国外数据导入，经过聚类和易识别调整，得到共被引文献知识图谱，如图3所示，从而可以识别并分析研究领域的重要转折点。图3可以看出，综合引用频次和中心度较高的节点为Qiu RTR（2020）、Mehraliyev F（2020）、Buhalis D（2020）、Bekele MK（2018）、Tussyadiah IP（2018）、Dieck MCT（2018）、Richards G（2018）、Agapiou A（2017）、Liang S（2017）等。其中，引用频次最高的节点为Dieck MCT（2018），中心性最高的节点为Buhalis D（2020）。结合图谱，从研究演化和研究内容来分析，聚类中存在3个明显的时间转折点，即2017年、2018年、2020年，9个节点的频次和中心性相对其他节点较高，且都有明显的中介性，相互联系又保持独立，形成了智慧文旅公共服务融合研究的主要发展路线。

2017年是国外智慧文旅公共服务融合研究的第一个转折期，该年的2个节点主要探讨了"文化遗产智慧化管理"。2018年是国外智慧文旅公共服务融合研究的第二个转折期，该年的4个节点主要探讨了"智慧化技术赋能文旅公共服务"。2020年是国外智慧文旅公共服务融合研究的第三个转折期，该年的3个节点主要探讨了"智慧文旅公共服务融合的影响机制"。

基于上述分析，可以得到以下结论。①研究阶段和转折点。从研究内容来看，概念的外延都比较宽，内涵都比较丰富，国外更注重文化遗产智慧化管理、智慧化技术赋能文旅公共服务、智慧文旅公共服务融合的影响机制，国内研究多是智慧文旅公共服务融合研究的概念阐述、文旅

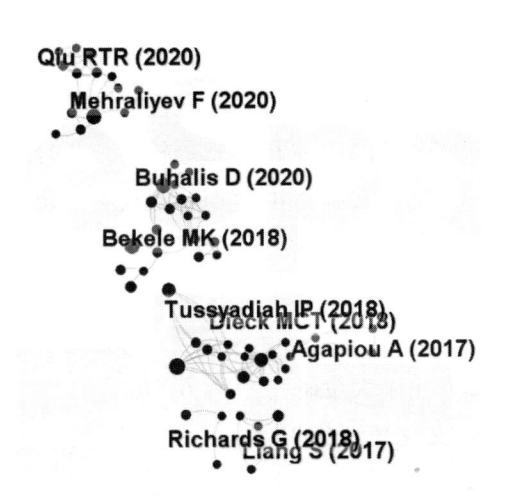

图3　国外智慧文旅公共服务融合研究共被引文献知识图谱

产业融合中的技术路径及文旅公共服务科技创新规划的政策体系落实。国外研究将继续深化前沿技术赋能文旅公共服务，尤其是公共文化服务，国内研究将侧重中国文化背景和旅游场景的基础理论研究和实证探究。②研究热点比较。资源开发保护是国内智慧文旅公共服务融合早期研究热点，究其原因，一方面受文化遗产保护和旅游资源开发实践的影响；另一方面旅游资源开发在发展早期作为文旅公共服务的融合点，发挥了带动和助推作用，结合发展中期另一个研究热点——智慧公共文化服务的数字化建设，可以发现文化遗产旅游目的地、优秀历史文化的创造性转化和创新性发展在公共文化服务中一直是大众希望看到的在旅游中"讲好中国故事"的重要途径。国外则在早期研究中更为重视文化遗产的保护，以及运用技术推动文化遗产的学习，体现了国外对文化遗产的智慧化呈现及对文化遗产虚拟展示系统和解说系统植入国民教育的新路径。近年来，增强现实和智慧旅游在国外智慧文旅公共服务融合中的比重一直在攀升。一方面，不断迭代的新兴技术在服务业深度应用，用户的需求不断刺激放大，催生了沉浸式智慧旅游空间、旅游演艺和3D历史文化遗产展览馆等。另一方面，文旅公共服务与智慧城市的深度协同，使该领域从单一的旅游管理和公共管理学科视角逐渐向信息技术、图书情报和计算机等多学科实证研究探索转变，从而产出了大量研究探索。③研究前沿比较。文化遗产保护、智慧城市和规划设计都属于国内外智慧文旅公共服务融合研究前沿，但是其突现强度和持续突现时间存在差异，国内智慧旅游研究前沿和国外文化遗产研究前沿强度较大，而持续时间最长的都是文化遗产保护研究前沿，说明无论国内还是国内，文化遗产保护一直是智慧文旅公共服务融合领域比较关注且持续探索的主题。国内外都对智慧城市中智慧文旅公共服务融合的前沿比较关注，但国内早于国外，持续时间也长于国外，说明我国在城市基本公共服务方面处于更前沿的地位。最近的研究前沿表明，我国智慧文旅公共服务融合更关注文旅融合和乡村振兴层面，而国外更关注规划设计层面（包括服务美学、人性管理、数据融通和隐私权限等），本质上都属于文旅公共服务的宏观审慎，也说明我国智慧文旅公共服务融合到了更复杂、更需要高水平统筹发展的阶段，但都具有发展阶段的特色。尤其是我国的文旅融合研究前沿，不仅突现强度大而且正在发挥持续引领作用，值得学者在智慧文旅公共服务融合研究中进一步思考服务融合三问：如何融、融什么、融得怎么样。④未来研究展望。当前国内外研究内容均呈现多案例局部分析、逐步的理论概念化和阶段性的计量分析，以及多技术应用的逻辑分析等，此阶段属于研究前沿热点深化期，逐渐会出现一个研究高潮。下一步需要结合国内外研究前沿和不同发展节点情境特征，构建智慧文旅公共服务融合分析框架，为更高质量的文旅融合发展提供探索方向。

四、分析框架

本文在前述文献知识图谱分析基础

上，对重要网络节点、高被引文献、热点主题和前沿领域等进行深入分析，系统性梳理智慧文旅公共服务融合发展的研究脉络，厘清研究思路，凝练主要观点，可以看出，该领域研究随持续时间不断增长，但研究成果分散，主题差异并存，领域交叉复杂。但聚焦高质量发展和强应用性技术的认知依然不足，需要一个整体性分析框架，从而构建系统性全链条大生态研究视角。为此，基于文献已有研究知识基础和研究结构，参考分析框架与研究范式，本文从驱动因素（成因问题）、融合体系（情境）、理论视角（解释依据）、作用机制（技术效应）、效能评价（绩效产出）、治理体系（政策工具）6个方面构建一个整体分析框架，如图4所示，层层推进，对重点内容进一步归纳凝练，明确方向。希冀通过这种主客观结合和主观思辨方式，丰富智慧文旅公共服务融合研究维度，为未来研究提供有价值的思考。

（一）驱动因素

与其他公共服务比较而言，智慧文旅公共服务融合也受到许多前置因素影响，主要可以从产品层面、市场层面和体制层面进行深入分析。从驱动服务产生的需求侧来看，智慧文旅公共服务融合基于一定旅游产品需求或者精神文化需求而产生，具体驱动因素源于满足大众个性化、多样性需求的产品，源于时代和技术不断更迭催生的市场，源于中央和地方体制下的文旅融合政策体系。产品是驱动的供给物，市场是驱动的牵引力，机制是驱动的保障和落实体系。从产品层面来看，差异化、审美性和丰富性的产品本身就是文旅公共服务产生、深化和发展的驱动因素（成因问题），也是服务的组成部分。《公共文化服务保障法》强调，公共文化服务就是指由政府主导、社会力量参与，以满足公民基本文化需求为主要目的而提供的公共文化设施、文化产品、文化活动以及其他相

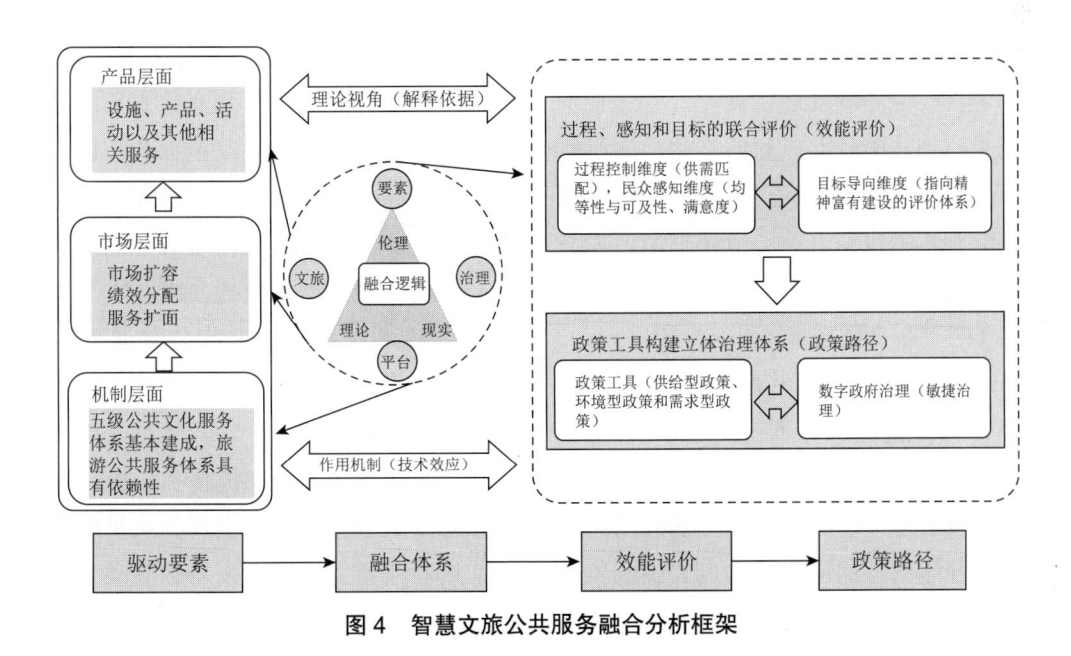

图4 智慧文旅公共服务融合分析框架

关服务，关键内容之一就是产品。从市场层面来看，文旅消费品市场是打造智慧文旅公共服务融合的主要动力方向，市场的即时变化性和智慧文旅公共服务融合的智慧敏捷性具有内生的信息同步逻辑，市场是天然自动变化的一方，服务是跟随市场变化的因素。目前公共文化服务与旅游服务智慧化，一是把握好行政服务与市场服务的区别，结合点具体表现在公共文化场所成为旅游目的地后的市场扩容问题；二是公共文化服务向旅游服务领域延伸导致行政服务与市场服务的绩效分配问题；三是旅游服务进入公共文化场馆的市场服务扩面问题。从体制层面来看，产品更新和市场扩面扩容虽然在推动服务升级，但依然还需要顶层设计保障，因此我国的智慧文旅公共服务融合还是要依赖于基本公共服务政策体系。文旅融合背景下，智慧文旅公共服务发展也应该遵循文旅融合"宜融则融，能融尽融"的基本原则，目前已建成省、市、县、乡、村五级公共文化服务体系，但是旅游公共服务体系还在依赖基本公共服务体制的逐步深化。智慧技术赋能文旅公共服务形成新的文化和旅游资源，打造成新产品，进一步推动产品升级，倒逼体制机制改革，最终打造成为一个动态驱动闭环。

（二）融合体系

因为智慧文旅公共服务融合存在两个部分，即旅游公共服务和公共文化服务，因此它是一个由"文旅融合—平台融合—融合治理"组成的持续更新的创新发展的融合体系。这与研究热点"旅游公共服务推动智慧城市发展"和研究前沿"文旅融合"相互印证，包括要素融合、平台融合和治理融合。要素融合主要说明的是在公共服务建设中，文化要素和旅游要素在宜融则融的原则下，相互植入和赋能提质。一是旅游六要素融入智慧公共文化服务，将食、住、行、游、购、娱植入智慧公共文化服务设施空间，将其打造为智慧旅游信息空间和旅游目的地，也可研发适合游客需求的智慧体验产品，利用新媒体技术策划适合不同居民和游客特点的文化活动。二是文化要素赋能智慧旅游公共服务，加强叙事性和审美性，包括城乡旅游集散中心，航空、公路、水运、地铁等交通枢纽服务中心，公共停车场，旅游标识系统，旅游驿站，旅游厕所等方面，也可以将基层综合性文化服务中心与乡村旅游服务中心空间融合，博物馆、科技馆、非遗传承基地活动与研学旅行相融合，串联标志性文化设施，打造历史文化旅游线路。这些丰富的文化活动营造了旅游目的地的文化氛围，提升了城市和乡村文化品位。智慧化既是技术理念也是平台思维，智慧平台融合是实现公共文化服务和旅游公共服务供给侧结构性改革以及敏捷触及用户需求的重要实现方式，也是推动文旅融合的重要路径。反观前述研究热点"智慧文旅公共服务产业依托多维技术"和研究前沿技术发现，以文旅公共服务大数据为基础，提供个性化的文旅公共服务为目标，整合资源建设一站式智慧文旅服务云平台，通过构建新媒体传播矩阵，推动文旅公共服务智慧平台实现高质量融合发展，从而赋予文旅融合发展的新动力。保障全体社会成员均等共享文旅公共服务是政府的重要职责,"公共服务均等化"与"政府治理"存在三重逻辑:公平正义的伦理逻辑、实现委托代理的理论逻辑和亟须打破不均衡不充分的现实逻辑,可以尝试从价值定位、资源整合、制度供给、智慧反馈、财政保障和动态监管等方面构建智慧文旅公共服务融合主要供给主体(政府)履责落实机制的融合治理框架,明确要素间的逻辑链条和发展特征,从根本上推进文旅公共服务均等化可及性,促进城乡居民和游客共享文旅服务的公平正义。

(三)理论视角

结合上述国内外研究转折点中的重要内容,如国内外都重视技术赋能文化遗产管理,国外更注重智慧文旅公共服务融合的影响机制,这是智慧文旅公共服务融合内在机制的重要解释路径。对存在现状和发展问题的解释,对其中融合过程中各因素相互作用的阐明,能为下一步高质量发展提供实践指引。技术接受与使用模型说明智慧旅游服务平台用户的绩效期望、社会影响和信任程度对使用意愿有积极影响,使用智慧旅游服务平台意愿对实际的使用行为有积极作用,用户对智慧旅游服务平台的信任程度在感知风险与使用意愿中具有中介作用。通过知识图谱分析发现,国内研究侧重于中国文化场景下的公共服务。芝加哥大学特里·克拉克(Terry Clark)教授研究团队提出文化场景理论是研究空间文化发展动力的新范式,为智慧文旅公共服务融合提供技术赋能的空间文化消费场景。城乡各种文旅公共设施和不同用户的组合,形成了具有特定文化消费潜力的文旅场景,吸引不同的居民和游客前来,从而推动智慧旅游场景升级和文化生产。另外一个重要研究内容则是国内对文旅公共服务科技创新规划政策的关注,这可以从流动空间理论找到答案。在数字化社会与文化经济互动背景下,智慧文旅服务被置于实时互通、共建共享的流动空间中,形成流动性的文旅服务。流动空间中的智慧文旅公共服务需求表现出更加个性化的特征,对智慧型均等性公共服务发展提出了新的挑战。从流动空间视角推动智慧文旅公共服务的发展,可以在物理空间服务上打造弹性的组合空间,在业态上培育差异化特色服务,在功能上凸显组合型美学价值,在实施主体上促进相关利益方共同创新创造。进一步,流动空间理论启示,文旅公共服务提供方可以建设智慧文旅公共服务设施,打造场景化的消费空间,兼顾基层文旅公共服务建设标准和特色,积极拓展外部公共服务资源,构建政府主导的多元主体参与的社会化运营机制(包括激励机制和保障机制),推进智慧文旅公共服务融合的资源整合、设施共享、功能再造和效能精准。

(四)作用机制

智慧文旅公共服务作为一种新型的公共服务,涉及多元供给主体和多样需求客体,其中的智慧技术、文化元素和文旅数据相互交叉、相互作用,构成了丰富的作用机制(技术效应)。智慧文旅公共服务融合既应该拥有技术的赋能,又应该拥有人文智慧的内核,更应该拥有标准化的关联,这也从侧面印证了国外研究热点中运用技术推动文化遗产人文智慧的传承和文化遗产的标准化呈现,国内研究内容中智慧文旅公共服务融合的影响机制等。主要包括技术信息化效应、人文智慧化效应和数据关联标准化效应。技术信息化效应说明技术应用不仅深刻改变了文旅公共服务供给模式，而且极大地影响了用户体验。如《公共图书馆法》明确鼓励和支持公共图书馆建设与技术相融合，以提升服务效能。人工智能等智慧技术应用于公共服务，不仅拓宽了数字文旅服务场景，还显著提升了文旅公共服务设施的信息化建设水平，用户对服务设施的认知也产生了变化。应加大技术投入，打破文旅公共服务设施间的壁垒，促进外部互融互通和内部协作共进，实现服务信息化转变，包括智能建筑、智慧管理和智慧服务人员的转变。文旅公共服务设施所拥有的数据资源是数字人文领域的无价之宝，蕴藏着美学、逻辑学和传统文化的智慧。这也呼应了国外研究前沿中特别关注规划设计层面的服务美学、人性管理和数据融通等。通过整合非结构化数据与结构化数据，生成智能设备可解析、具备一源多用特性且支持高效运作的数据资源，进而推动旅游服务中心及图书馆、博物馆等相关行业依托此类资源融入数字语义网应用场景，实现数据价值的深度挖掘与共享。数据融通不仅能有效地促进人文智慧化效应，也可以进一步构建数字人文记忆空间、多维人文价值共享机制和数智赋能集体记忆印象，这也是文旅公共服务机构重要的新兴工作。梳理当前现代智慧公共文化服务标准可以发现，主要是以国家标准为主、地方标准为要、行业标准为辅、团体标准为补充的标准层级体系，以及以展陈空间标准为基、资源普及标准为翼、客户服务标准为锚、操作运维标准为先、数智技术标准为器、整体评估标准为环构成的内容体系。在城乡智慧文旅公共服务融合一体化战略的驱动下，标准层级体系与内容体系一体共进，自我适应又互为经纬，共同构成我国新时代智慧文旅公共服务融合标准体系的二维框架，打通智慧服务数据关联标准化，推进政府协会等责任主体加强标准要素集成，实现标准生态的自我治理和增强全域标准网络的精准供给。

（五）效能评价

公共文化服务的绩效产出一直是研究的重点和热点，而旅游公共服务因为边界的多元交叉，其服务效能评价一直是研究的难点。从智慧文旅公共服务融合的问题驱动到内部相互作用，其服务有效性也是分析框架的核心环节。借鉴文化遗产保护和智慧城市建设评价标准，智慧文旅公共服务效能评价主要包括过程控制维度（供需匹配）、民众感知维度（均等性与可及性、满意度）及目标导向维度（指向精神富有建设的评价体系）。通过研究文旅公共服务供需结构性失衡问题发现，这种供需不匹配来自供给侧经费投入、基础设施、文化活动、人才配备和组织建设等不足，也源于需求侧领导注意力偏差、治理体系不完善、管理融合不深等问题。那么，应打破传统"供需二元"思维模式，强化需求侧科学化管理，延展供需柔性空间，兼具保障供给与协同供给，形成多元联动供给格局。根据公共服务均等实现程度评价指标研究结果，一级指标包括政策环境公平、供给水平发展与人民群众满意，体现了公共服务均等化的完整政策过程；二级指标进一步细分阐释，政策环境公平包括健全性和响应性，供给水平发展选取基本教育服务、基本劳动就业创业、基本社会服务、基本医疗卫生和基本公共文化体育等与群众基本生活密切相关的五大领域，人民群众满意维度包括获得感、满意度与安全感等指标。另外，通过对智慧化公共服务质量相关的满意度研究发现，电子公共服务满意度可以通过系统品质、安全性、服务能力、信息质量、回应性、可靠性、可得性与互动性8个维度来实现量化测度。完善文旅公共服务网络可实现人民群众精神生活富裕，这也是目前共同富裕建设的重要过程。精神富裕指向的智慧文旅公共服务效能评价可以分为文旅获得、文旅参与、文旅享受与文旅发展机会4项一级指标，进一步设置二级指标，文旅获得从公共文体旅游设施、经费、公共活动、特殊群体公共设施智慧性4个二级指标进行评价，文旅参与可以从文化综合参与率、旅游综合参与率和体育健身参与率3个二级指标进行评价，文旅享受通过民众对智慧公共文化服务满意度、智慧旅游公共服务满意度、体育健身满意度、文旅市场满意度4个二级指标进行评价，文化发展机会从人均受教育年数、人均获得艺术审美培训时间、人均知识产权数、文化行业捐助占投入比重、文旅行业数字技术应用比重、人均GDP、恩格尔系数7项二级指标进行测度。最终形成"找准短板—掌握需求—精准供给—考核评价"工作闭环链条，推动智慧服务一键触达，如浙江省的"浙里文化圈"应用。当然，也可以从物质文明、政治文明、精神文明、社会文明、生态文明"五个文明"发展总体框架来构建效能评价指标。

（六）治理体系

2012年7月发布的《国家基本公共服务体系"十二五"规划》，主要阐明国家基本公共服务的制度安排。2021年12月发布的《"十四五"公共服务规划》，提出推进重点行业创新融合发展，鼓励支持数字创意、智慧旅游、智慧文化、智慧广电、智能体育、智慧养老等新业态、新模式发展。政策的有效落地需要理论研究积极呼应，这也与依据前述重要研究节点中国外更注重文化遗产智慧化管理，以及国内研究多关注文旅公共服务科技创新规划政策落实相照应，主要包括政策工具（供给型政策、需求型政策和环境型政策）及数字政府治理（敏捷治理）。结合智慧文旅公共服务融合特点，以Rothwell和Zegveld对政策工具类型的阐释为理论基础，将供给型政策工具分为人才培养、保障资金、智慧技术支持、基础设施、配套服务等；需求型工具分为政府购买服务、国际交流、需求拉动等；环境型工具包括整体规划、税收减免、融资鼓励、柔性政策、法规管制等。从价值共创角度出发，强化这些政策工具才能更好地构建旅游目的地和城乡公共服务政策实施路径。首先，通过制度保障、增权激励、信息透明、技术摄入、文化契合等方式驱动不同的社会主体参与供给型政策落地。其次，针对游客进行文化化人，注重情感联系。再次，充分利用智慧化科技、互联网手段，为社会力量参与文旅公共服务价值共创提供技术支持。最后，旅游目的地政府需要意识到参与各方关系强度的形成、维系和提升是一个动态循环的过程，需要久久为功。与以往以政府为中心的科层管理和以社会为中心的协商治理不同，敏捷治理反映着智能化时代政府服务的时间效率导向，可以从四个方面着手：以公众需求为中心的公共服务逻辑，以知识积累为过程的学习型政府建构，以精准回应性为结构的回应型政府建构，以多元适应性治理能力培育为主的适应性机制。以新公共服务理论和新公共管理理论为导向，不断加强政策工具的技术与人性统一，构建立体化政策支撑体系，先行先试，不断呈现可视化国际前沿研究，扎根探索国内先进案例，比如浙江推行的《关于高质量建设公共文化服务现代化先行省的实施意见》，最终实现智慧文旅公共服务融合发展的人民性价值依归与效率目标共赢。

参考文献

[1] 李萌.基于智慧旅游的旅游公共服务机制创新[J].中国行政管理,2014(6):64-68.

[2] 韦景竹,王政.智慧公共文化服务的概念表达与特征分析[J].情报资料工作,2020,41(4):12-21.

[3] 于佳会,刘佳静,郑建明.数据与需求双重驱动下的智慧文旅公共服务平台构建[J].情报科学,2023,41(9):115-121.

[4] 黄娟,黄英,张敏.基于网络关注度构建智慧旅游公共服务体系的实证建议——以武汉为例[J].现代城市研究,2016(2):126-131.

[5] 王谦.智慧旅游公共服务平台搭建与管理研究——基于物联网模式下的分析[J].西南民族大学学报(人文社会科学版),2015,36(1):145-149.

[6] 陈燕.茶文化背景下智慧旅游公共服务体系建设研究[J].福建茶叶,2017,39(12):103-104.

[7] 贾鸿雁.智慧旅游背景下的公共信息服务战略研究[J].情报科学,2015,33(7):145-149.

[8] 刘名涛.乡村文化广场的三维空间及其治理[J].文化艺术研究,2016,9(4):40-49.

[9] 蔡思明,孙绍伟."十四五"规划背景下公共图书馆阅读空间发展策略研究[J].图书馆建设,2021(3):101-112.

[10] 张仁汉.以标准化手段推进浙江基本公共文化服务建设[J].浙江社会科学,2015(5):140-144+160.

[11] 纪东东,文立杰.公共文化服务供给侧结构性改革研究[J].江汉论坛,2017(11):24-29.

[12] 刘炜,张奇,张喆昱.大数据创新公共文化服务研究[J].图书馆建设,2016(3):4-8+12.

[13] 李一浏,唐子乔.文旅融合背景下公共图书馆智慧服务研究[J].图书馆学刊,2023,45(7):71-74.

[14] 张琰,王玥涵.标准化促进公共文化服务和旅游公共服务高质量融合的路径研究——以上海市嘉定区图书馆为例[J].质量与标准化,2021(9):45-48.

[15] 勾锐,张帅柯.乡村数字文旅服务效能提升路径研究——以山东省青岛市文旅实践

为例[J].大众文艺,2022(20):201-203.

[16] 杨晓泉."十四五"时期公共文化服务高质量发展思考:破解老问题,应对新挑战[J].图书馆论坛,2021,41(2):10-18.

[17] Goetz Phillips C, Ruth Edwards H. Socioeconomic, community-based approach for developing integrated mass transit systems: Application to city of baltimore, maryland[J]. Journal of the Transportation Research Board, 2002(1793):71-79.

[18] Lin H-H, Hsu I-C, Lin T-Y, Tung L-M, Ling Y. After the epidemic, is the smart traffic management system a key factor in creating a green leisure and tourism environment in the move towards sustainable urban development? [J]. Sustainability, 2022, 14(7):3762.

[19] Lee J H, Hancock M G, Hu M C. Towards an effective framework for building smart cities: Lessons from Seoul and San Francisco[J]. Technological Forecasting and Social Change, 2014(89):80-99.

[20] Kandampully J, Zhang T C, Jaakkola E. Customer experience management in hospitality: A literature synthesis, new understanding and research agenda[J]. International Journal of Contemporary Hospitality Management, 2018, 30(1):21-56.

[21] Beck J, Rainoldi M, Egger R. Virtual reality in tourism: A state-of-the-art review[J]. Tourism Review, 2019, 74(3):586-612.

[22] Dieck M C, Jung T H. Value of augmented reality at cultural heritage sites: A stakeholder approach[J]. Journal of Destination Marketing & Management, 2017, 6(2):110-117.

[23] Chung N, Lee H, Kim J Y, Koo C. The role of augmented reality for experience-influenced environments: The case of cultural heritage tourism in Korea[J]. Journal of Travel Research, 2018, 57(5):627-643.

[24] Lee H, Jung T H, Dieck M C T, et al. Experiencing immersive virtual reality in museums[J]. Information and Management, 2020, 57(5):103229.

[25] 巫程成,周国忠,王玉宝,等.国内外旅游治理的比较分析及启示[J].党政干部学刊,2022(7):71-80.

[26] 傅才武,许启彤.基层文化单位的效率困境:供给侧结构问题还是管理技术问题——以5省10个文化站为中心的观察[J].山东大学学报(哲学社会科学版),2017(1):50-59.

[27] 黄福,侯海燕,任佩丽,等.基于共被引与文献耦合的研究前沿探测方法遴选[J].情报杂志,2018,37(12):13-19.

[28] 李国新.文化和旅游公共服务融合发展的现状与前瞻[J].图书馆建设,2023(2):13-17.

[29] 申晓娟.文旅融合视域下的公共文化服务标准化[J].图书馆建设,2023(2):18-29.

[30] 王君,侯晓斌.旅游经济学视阈下对公共文化服务的思考——基于供需矛盾与实现路径[J].经济问题,2022(11):90-95.

[31] 金武刚,赵娜,张雨晴,等.促进文旅融合发展的公共服务建设途径[J].图书与情报,2019(4):53-58.

[32] 李国新,李阳.文化和旅游公共服务

融合发展的思考[J].图书馆杂志,2019,38(10):29-33.

[33]李阳.公共文化服务和旅游公共服务智慧平台融合发展路径研究[J].图书馆学研究,2022(5):26-34.

[34]陈潇源.公共图书馆"基本公共服务均等化"的政府履责逻辑与实现机制[J].图书馆,2023(8):10-16+63.

[35]徐若然.UGC类智慧旅游服务平台用户使用行为探究——基于UTAUT模型[J].经济与管理研究,2021,42(6):93-105.

[36]陈冀宏.文化场景理论视域下社区图书馆场景化建构研究[J].图书馆,2022(3):90-97.

[37]刘传喜,刘红霞.流动空间视角下乡村公共文化服务融合创新研究[J].长白学刊,2023(4):149-156.

[38]王星星,侯建胜.智慧图书馆建设:基本原理、实践模式与机制构建[J].图书馆工作与研究,2023(9):12-18.

[39]曾蕾,王晓光,范炜.图档博领域的智慧数据及其在数字人文研究中的角色[J].中国图书馆学报,2018,44(1):17-34.

[40]洪芳林,龚蛟腾.多层·多维·融合:现代乡村公共文化服务标准体系[J].图书与情报,2023(4):104-116.

[41]陈慰,巫志南.文化和旅游公共服务深度融合问题、战略及机制研究[J].文化艺术研究,2020,13(2):1-12.

[42]何晓龙,韩美群.高质量发展背景下县域公共文化服务供需矛盾与优化策略——基于西部N市G区的实证研究[J].国家图书馆学刊,2023,32(3):76-89.

[43]姜晓萍,康健.实现程度:基本公共服务均等化评价的新视角与指标构建[J].中国行政管理,2020(10):73-79.

[44]李燕,朱春奎.电子化公共服务质量与公众持续使用意愿:满意度的中介作用分析[J].甘肃行政学院学报,2018(6):18-28+80+126.

[45]傅才武,高为.精神生活共同富裕的基本内涵与指标体系[J].山东大学学报(哲学社会科学版),2022(3):11-24.

[46]范丽莉,单瑞芳,张丽.基于政策工具视角的公共文化服务社会化研究[J].图书馆,2022(8):34-43.

[47]韦鸣秋,白长虹,华成钢.旅游公共服务价值共创:概念模型、驱动因素与行为过程——以杭州市社会资源国际访问点为例[J].旅游学刊,2020,35(3):72-85.

[48]李汉卿,孟子龙.数字政府建设何以实现敏捷治理:多维度展开及其不确定性克服[J].求实,2022(5):26-37+110.

[49]崔凤军,陈旭峰.机构改革背景下的文旅融合何以可能——基于五个维度的理论与现实分析[J].浙江学刊,2020(1):48-5.

[50]陈姗姗.新疆X州文化和旅游公共服务融合发展研究[D].新疆大学,2022.

[51]孙邓傲.洛阳市智慧旅游公共服务信息化提升研究[D].河南大学,2018.

文旅融合背景下复合型导游人才培养路径的研究

——基于名导工作室的视角

吴娜佳　秦晓林

（浙江旅游职业学院，浙江　杭州　311231）

摘　要：文旅深度融合推动文旅多个层面的融合创新。创新驱动实质上是人才驱动，旅游市场的新需求及旅游新业态对复合型导游人才的需求日渐凸显。本文以文旅融合为背景，以开化"百万年薪聘导游"为例，基于名导工作室的研究视角，结合需求侧与供给侧两方面，从开展核心技术攻关、教学教研、"双师型"教师培养、技术技能培训、文旅资源销售推广五个方面来探讨复合型导游人才培养的路径，这对文旅行业和学校教育都具有重要的示范引领和启示作用。

关键词：文旅融合；复合型导游人才；名导工作室

文旅深度融合推动文旅资源、产品、市场、服务、业态等多个层面的融合创新。"互联网+旅游"又进一步助推旅游产业转型升级，催动旅游新旧业态的更迭。创新驱动实质上是人才驱动，旅游市场的新需求及旅游新业态使得新型人才的培养更加紧迫与重要。开化县是浙江省首批25个全域旅游示范县（市、区）之一。文旅复苏后，开化于2022年12月创新启动"百万年薪聘导游"活动，以"真金白银"吸引优秀旅游人才，为文旅产业发展积蓄人才力量，助力开化县构建文旅深度融合发展新格局，建设共同富裕示范区。"百万年薪聘导游"活动的赛制反映了社会和产业对旅游人才的需求已经不仅仅停留在导游这一层面，而是对复合型人才的需求日渐凸显。本研究以文旅融合为背景，以开化"百万年薪聘导游"为例，基于名导工作室的研究视角，结合需求侧与供给侧两方面来探讨复合型导游人才的培养，这对文旅行业和学校教育具有重要的示范引领和启示作用。

作者简介：吴娜佳，高级导游，主要研究方向为旅游管理、导游词创作与讲解；秦晓林，博士，主要研究方向为比较教育、研学旅行。

一、问题提出

（一）关于导游人才的需求变化研究

关于导游人才的需求变化研究主要从以下五个方面展开。一是从市场和行业需求来看，"一专多能"综合型人才是发展趋势。前程无忧网等五大招聘网站招聘信息，指出在旅游行业各大岗位中，最大的需求是一专多能的旅游综合型专业人才。二是从培养目标来看，复合型、应用型高级人才是导向。曹流提出，导游专业方向定位于培养适应我国新世纪旅游业发展，需要德、智、体、美、劳等全面发展，具有合理的知识结构、良好的整体素质，既富于创新精神、又能脚踏实地，胜任导游服务和管理工作的复合型应用型高级人才。三是从旅游业创新发展特点与趋势来看，呈现出导游人才发展多样化。操阳指出，"旅游+"融合发展需培养复合型旅游人才；打造国际著名旅游目的地需培养国际化旅游人才；提高旅游品质需培养创新创意型旅游人才。四是从不同类型岗位来看，需要内涵型导游专业人才。程兆宇提出，根据岗位可分出景区讲解员、地陪导游、全陪导游、领队等方向进行培养；根据旅游线路性质和特色可分出红色导游、乡村导游、工业导游、政务导游等。根据新兴业态有自驾游向导、户外运动向导等；根据语种又可分为中文导游、英文导游、各类小语种导游等。五是"宽基础、重技能、会外语、有才艺"型导游人才培养是国家职业技能赛事评价标准。从2013年版、2016年版、2019年版全国技能大赛高职组导游服务赛事评价来看，"宽基础、重技能、会外语、有才艺"是职业院校培养导游的人才导向。

（二）关于导游人才胜任力研究

关于导游人才胜任力研究主要从以下三个方面展开。一是基于"一带一路"的视角，鲍艳利提出，我国导游人才的胜任力模型包括职业形象、文化知识、职业技能（"英语+小语种"跨文化交流能力、现代信息技术、旅游活动组织管理技能）、个人特质（旅游市场国际化视野、反思学习和开拓创新意识）四个维度的12个特征。二是基于国际化旅游的视角，邬锦雯提出，国际化旅游人才的胜任力由"外部可见的表面能力和内部核心的潜在能力"两大部分构成。三是基于全国职业院校技能大赛高职组导游服务赛项评价标准的内容演变、新时代全域旅游、智慧旅游背景下的行业特点以及岗位需求的视角，程兆宇等将高职院校导游专业技能型人才胜任力特征要素及具体描述为职业素养、知识储备、职业技能、外语水平4个维度19个胜任力特征。其中，知识储备和外语水平是基本胜任力指标；职业素养和职业技能为差别胜任力指标，体现了一名新时代旅游从业者的岗位能力和优秀品质。

（三）关于导游人才培养趋势研究

关于导游人才培养趋势研究主要从以下四方面进行。一是突出德育统领作用。祝晔等提出，通过深化德育学分制改革、构建学生全面发展评价体系，突出以德育为统领，不断提高学生的思想政治素质、科学文化素质、专业素质、身心素质及职业素质等要求。二是人才培养模式加深改革。在分析导游工作环境和职业内涵变迁的基础上，徐辉等提出了重点培养研学型、管家型和智慧型的人才培养目标；构建现代导游专业群；构建细分化的递增式课程体系和构建"1+3+X"复合型现代导游人才培养模式的创新举措。张培茵等提出建立主辅修及双学位制、构建"产、学、研"一体化的教学模式、"一专"与"多能"相结合的多证制实践教学。三是构建实践教学体系成为重点。崔志英从课程设置、教学方法、导游实习及师资队伍等方面探讨高校导游人才培养中建立实践教学体系的重要性，提出加强导游实践教学环节、情境教学、案例教学，加强导游实践环节、"双师型"师资队伍建设。魏凯提出了模拟操作与实地训练相结合的"四阶段"实践型教学模式，包括室内模拟、校园模拟、跟团见习，以及线路、景区实践。曹银玲提出产教研结合。四是校企深度融合是实现路径。在分析影响校企深度合作的因素基础上，高丽敏提出了国家出台宏观政策鼓励校企深度融合机制和实施细则、企业承担社会责任，加深校企合作深度；学校创新思维办教育、建立校企深度融合沟通机制等校企深度合作的举措。

（四）研究问题

关于旅游行业对导游人才的需求研究方法集中于导游市场需求分析、导游培养的案例研究；导游人才的培养目标从多角度展开，并指向复合型导游人才。通过梳理文献可知，已有研究缺乏解决行业对复合型导游人才需求的实现路径研究。在文旅深度融合背景下，导游职业面临着新的机遇与挑战，在人才培养模式上存在许多亟待解决的问题。因此，复合型导游人才培养的实现路径是什么成为导游人才培养模式的重要问题。

二、复合型导游人才培养路径的实践研究

在文旅融合背景下，培养复合型导游人才已成为推动地方旅游高质量发展的关键，名导工作室是培养复合型导游人才的重要平台。本研究扎根于开化县域，基于"开化金牌导游工作室"，开展技术攻关、教学教研、"双师型"教师培养、技能培训推广、文旅资源销售推广以及数字化导游培养模式探索等实践。

（一）开展核心技术攻关，有力服务地方旅游发展

工作室把工作室建设成为技术攻关的前沿阵地，为社会提供服务平台、助力县域共同富裕。

1. 深度挖掘地方文化资源，提升导游讲解质量

名导工作室通过组织导游深入挖掘地方历史、文化、民俗等资源，走访开化15个乡镇、3A级景区村、主题场馆、A级景区、省市非遗项目、重要节庆活动、钱江源等，开发具有地方特色的导游讲解内容，提升了当地导游讲解的业务能力和综合素质。

2. 参与地方旅游研发创新项目，助力旅游产业升级

名导工作室组建产教融合服务团队、技术服务团队，参与行业相关领域的创新项目，积极承担政府部门、学校、行业的技术攻关、技术协作、技能研修，编撰开

化全域旅游导游词和政务讲解词，形成系统完整的导游词汇编，成为技术攻关的前沿阵地。工作室协助配合开化县旅游主管部门组织开展全民考导游工作，制订全民考导游的优化方案，并积极配合方案推进工作。此外，名导工作室还带领导游参与地方特色旅游产品的研发与设计，结合市场需求，开发特色旅游线路和产品，推动了地方旅游产业升级。

（二）开展教学教研，着力培养一流导游人才

名导工作室立足于浙江旅游职业学院"双高"导游专业群，通过开展实践性教学教研活动来培养高素质复合型导游人才。

1. 产教融合，强化实践性教学

一是构建"四维融通"的课程体系。探索与实践"通识课程＋平台课程＋模块课程＋拓展课程"课程体系，将教学内容与岗位标准相对接，课程评价与考证结果相对接，赛事与核心课程教学相对接，实现专业融通、岗课融通、书证融通、赛教融通，促进学生职业技能发展。

二是开展"多岗递进"的实践教学模式。依照导游专业群岗位能力迭代对学生提出多岗递进、循环训练的要求，加强产教融合的导游人才培养。

三是探索"产教赛创"的融合育人机制。以工作室为依托，整合校企行多元协同的优势资源，深度融合产业、教学、竞赛和创业，通过创业教育、实践、服务来培养复合型导游人才。

2. 建立"产学研"共同体，实现研究的应用性转化

一是构建"产学研"共同体。充分利用校企行多种教学环境、教学资源以及人才培养方面的各自优势，把教研与学校教育实践、社会实践、行业实践有机结合，促进科研成果的应用转化，实现教研来源于实践、应用于实践的良性发展。

二是实现科研成果的应用转化。聚焦教育教学、旅游行业存在的难题和热点问题，以此作为科研的出发点，挖掘教育问题和社会问题的科研价值。同时聚焦政府部门关心、社会行业关注、技术技能攻关的问题，推动科研成果转化为有针对性、具有实操性的政策建议，从而实现实践应用助推科研不断创新，进而提升工作室成员的教研能力。

（三）开展"双师型"教师培养，助力打造高水平"双师"队伍

利用工作室引入企业技术大师及能人，在行业和学校领域实现工学结合教学模式，促进"双师型"教师发展。

1. 立足县域学校领域，助力县域"双师型"教师发展

工作室通过帮扶衢州旅游职业学校，建立现代"师徒制"教学模式，通过师徒制开展个性化的"双师型"教师培养，培养"能教课、有技能、能带徒、有成果"的新一代技能大师。探索团队协作的实践教学链，构建模块化课程，推进行动导向教学、项目式教学、模块化教学、案例教学等新教法，进而推动衢州旅游职业学校高水平"双师"队伍建设，服务县域文旅发展。

2. 立足于本校领域，探索"双师型"教师发展

工作室将企业真实任务作为教学的生产性实训内容，以职业岗位为需求进行专业课程改革。组建课程组，围绕人才需求调研、人才培养方案制订等共建模块化课程；实施行动导向式教学，实现岗课、赛教、书证的对接；通过与行业联合共建实习、实训基地，举办各类技能比赛、教学竞赛、岗位练兵等活动，形成"识岗—试岗—实岗"的能力递进职业实践；形成"教、学、训、考、评"一体化的实践教学评价，促进其将职业技能、专业知识和职业素养融入岗位锻炼中，实现专业知识教学与职业岗位无缝对接，提高"双师型"教师的职业实践能力。

（四）开展技术技能培训，大力推进技能传承创新

工作室依托当地技能培训基地，开展现代学徒制的"传帮带"工作，为学校学生、旅游行业从业人员、社会人士提供技能培训，规范导游词的讲解，创新导游词的创作形式，提升导游的职业素养，从而实现文化技能、劳模精神、工匠精神的传承。

1. 提升导游讲解的规范性，推动讲解升级

针对目前旅游行业存在导游员执业能力较低、职业认可性不足、网络资源良莠不齐等问题，对开化县导游讲解的文化内涵、范式、语言等方面进行规范，确保导游讲解内容全面、真实、准确、健康，同时，注重知识性、生动性和趣味性，避免低俗、媚俗的内容，推动导游讲解专业化和规范化。

2. 创新游词创作形式，引领导游词创作的新发展

一是教学与培训方式的创新：翻转课堂。依托信息技术平台，开展在线学习与现场学习的混合式教学模式，通过微课、慕课、直播式教学、短视频教学和资源开发，将文本化教学变得有声、有色、有景、有味和有趣，打造"互联网+"课堂，实现导游教学与培训的翻转课堂。

二是内容上的创新："反客为主"的内容创作。以当地景区的需要、游客关注的热点为切入点，进行"反客为主"的导游词创作和讲解创新，突破传统导游词单一输出的形式。

三是凸显文化价值。在国际化交流、入境旅游和本土化旅游中，要"讲好中国故事，传播好中国声音"，弘扬中华优秀传统文化，融入国家认同、文化自信、人类命运共同体的价值观。

四是成果呈现的创新。除了传统出版物，使互联网和短视频成为导游词创作和解说成果展示的新平台。

（五）承担技能推广活动，创新文旅资源销售推广

在数字经济的推动下，文旅产业逐渐走向数字化，导游人才培养也应融入数字化元素。名导工作室积极探索数字化导游培养模式，创新文旅资源的销售与推广方式。

1. 引入数字技术，提升导游数字素养

一是在教学中融入数字化教学内容。名导工作室在导游培训中融入数字技术内容，教授导游使用新媒体工具、短视频制

作、直播技巧等，提升其数字化素养。

二是在培训中融入数字化培训项目。工作室立足于当地文旅行业，面向文化和旅游行业讲解员、导游等，组织实施智慧旅游营销培养项目。例如，导游可以利用虚拟现实（VR）、增强现实（AR）等技术为游客提供沉浸式体验；创新智慧服务模式，如智能导览、虚拟现实（VR）体验等。

2. 培养导游新媒体营销能力，拓展推广渠道

名导工作室鼓励导游利用社交媒体平台进行旅游产品推广，以此培养导游的新媒体营销能力。通过直播、短视频等形式，导游可以更生动地展示旅游资源，吸引更多游客。例如，工作室带领导游团队在开化策划多场大型文旅活动并顺利落地，取得了较好的宣传效果，有效带动了客源输入；在自媒体平台开设开化旅游宣传专栏，借助新媒体平台进行开化相关景区推广、直播推介等方式实现旅游资源的销售和传播，有效提升了导游新媒体宣传和营销能力。

三、结论

在文旅融合背景下，游客的需求不断变化，更加注重深度体验、多样化和个性化服务，这就对导游人才提出了具备复合型的能力与素质的要求。市场和行业对导游的多样化需求，进一步推动了复合型导游人才培养模式的变革和创新。

名导工作室作为旅游行业内的精英团队，聚集了优秀的导游人才，积累了丰富的实践经验和成功案例，连接了企业与学校，承担着培养高素质复合型导游的责任。因此，基于名导工作室的视角来探索复合型导游人才的培养路径，具有重要的现实意义和实践价值。本研究充分发挥了名导工作室的示范引领作用，从核心技术攻关、教学教研研究、"双师型"教师培养、技术技能培训、创新文旅资源销售推广等方面探索复合型导游人才的培养路径，有效提升了导游从业者的专业素养和服务水平，有力推动了区域旅游行业的持续发展和创新。

参考文献

[1]徐建国，李梓."互联网＋旅游"背景下旅游人才需求变化及职业教育应对策略研究[J].天津经济，2022（9）：32-38.

[2]曹流.新世纪导游人才的需求与培养[J].旅游科学，2001（4）：44-46.

[3]操阳.契合旅游创新发展的江苏高职旅游人才培养探析[J].教育与职业，2017（20）：96-100.

[4]程兆宇，段颖.高职院校导游专业技能型人才胜任力模型构建与应用研究[J].黑龙江高教研究，2022（12）：144-148.

[5]王振林.旅游高职院校内涵型导游专业人才培养探析[J].教育与职业，2014（24）：106-107.

[6]鲍艳利.导游人才胜任力模型构建实证研究——基于"一带一路"视角[J].技术经济与管理研究，2018（2）：10-14.

[7]邹锦雯，马绍奇，张敏强，等.图书编辑人员胜任力素质测评的初步构建[J].心理学探新，2011（6）：544-548.

[8]叶剑强，米帅帅，毕华林.新时代理

科教师胜任力模型构建与内涵解析[J].教师教育研究,2022(1):71-77.

[9]祝晔,殷红卫.供给侧改革驱动下高职导游人才培养机制的探索[J].中国职业技术教育,2017(35):111-114+120.

[10]徐辉,朱倩倩.新版专业目录指导下导游专业内涵变迁与人才培养创新研究[J].教育与职业,2022(2):97-102.

[11]张培茵,渠向国.复合型旅游人才培养体系的构建与实践探索[J].教育探索,2008(7):48-49.

[12]崔志英.高校导游人才培养中实践教学体系的建立[J].中国成人教育,2012(19):157-158.

[13]魏凯.高等职业教育导游人才培养模式研究[J].中国成人教育,2007(4):94-95.

[14]曹银玲.以市场为导向进行导游人才培养的探索——以山东旅游职业学院导游教学改革为例[J].中国成人教育,2012(11):133-134.

[15]高丽敏.校企深度融合培养高职导游人才的路径研究[J].职教论坛,2016(6):30-33.

文化生态视域下京杭大运河杭州景区非遗文化传播策略研究

魏 璐

(浙江旅游职业学院,浙江 杭州 311231)

摘 要:传统文化的存在和发展需要依赖一定的文化生态环境,在高速发展的现代社会,谋求非物质文化遗产的创新传承和传播是备受社会关注的问题。京杭大运河杭州景区,在非遗活态应用和传播方面做了多重探索,提升了大众对非遗文化的关注度。通过分析京杭大运河杭州景区网络记录、点评文本,总结出24个非遗旅游体验要素,并运用SNA和IPA等社会网络分析方法研究非遗旅游体验要素的结构和质量。根据分析结果,对京杭大运河杭州景区非遗文化传播提出相关对策建议。

关键词:文化生态;京杭大运河杭州景区;非物质文化遗产;文化传播

一、引言

京杭大运河贯通了我国东西南北,沿岸的非物质文化遗产代代相传,承载着人们丰富的历史记忆和文化基因,是中国传统文化的重要组成部分,是以人为本的文化遗产。习近平总书记曾对大运河的保护、传承和利用做出了重要的指示和批示,指出"大运河是祖先留给我们的宝贵遗产,是流动的文化,要统筹保护好、传承好、利用好"。2020年7月,国家文物局、文化和旅游部、国家发展改革委联合印发的《大运河文化遗产保护传承规划》提出要创新文化遗产传承利用机制,推进中华优秀传统文化创造性转化和创新性发展。大运河文化带的建设,需要更好地挖掘、保护、传承大运河沿线的非物质文化遗产,开展与当下文化生态环境相适应的高质量活态应用和保护研究,方能赋予古运河持续发展的生命力。

国外对于运河的研究早于国内,集中在运河旅游规划研究(Bruin J 等,2013)、旅游产品开发(Brooke Thurau 等,2015)、运河遗产的保护研究(Bedi C,2011)等方面;国内对运河的研究主要集中于运

作者简介:魏璐,主要研究方向为文旅融合、高职教育。
本研究受浙江旅游职业学院院级课题(项目编号:2023CGZD02)资助。

河旅游资源开发（陈春等，2019）、运河文化的保护与传播（杨红，2019）、运河非遗资源的活态传承利用（徐志奇，王艳，2018）等方面，但从旅游体验视角研究非遗文化传播的文献还比较少。随着"互联网+旅游"的日益普及，网络上每天产生大量的旅游点评、游记等文本，成为旅游研究的重要数据来源。谢彦君系统地研究了旅游体验的概念、特征、形成机制等（谢彦君，2019），李永乐等通过分析网络游记研究清名桥历史文化街区旅游体验情况（李永乐等，2021），但采用定量研究方法研究运河遗产旅游体验的成果还很少。

大运河沿线2市4省共计1156个国家级非物质文化遗产代表性项目子项，其中杭州非遗项目数有238项，位列浙江第一。京杭大运河杭州景区，拥有杭绣、半山泥猫、张小泉剪刀、王星记扇等大运河非遗代表性项目131个，特色鲜明，在非遗活态传承利用方面做了多重探索。本研究以文化生态学视域下非遗的活态传承为切入点，以京杭大运河杭州景区为研究地，以马蜂窝、大众点评网、携程网、美团网的网络点评文本、游记为资料来源，运用社会网络分析法和IPA分析法研究京杭大运河杭州景区非遗旅游体验要素的结构特征，探索运河非遗活态应用的现状和可持续发展机制。通过研究系统把握运河沿线城乡居民和到访游客对大运河文化的时代诉求，从而有序地推进大运河非物质文化遗产与旅游的有机结合。

二、数据来源与研究方法

（一）研究区概况

京杭大运河杭州景区位于浙江省杭州市拱墅区，南起武林门码头，北至石祥路，范围为4100公顷。京杭大运河杭州景区以运河自然景观为主线，两岸建设了众多的历史文化街区、博物馆、遗产遗迹等，其中的桥西历史文化街区2015年以非遗活态展示特色成功入选浙江省第三批非物质文化遗产旅游景点。京杭大运河杭州景区是大运河文化的核心和精华所在地，是研究运河文化遗产旅游的典型案例地。

（二）数据获取

首先在马蜂窝、大众点评网、携程网、美团网4个知名旅游网站，运用八爪鱼采集器软件抓取京杭大运河杭州景区相关评论文本。其次对收集到的内容进行筛选处理。考虑到不同时间阶段存在的旅游体验差异，文本选取时间为2022年7月至2023年8月，剔除掉纯景点介绍，不相关文本及重复文本。最后得到552条游记及评论作为研究样本。

（三）研究方法

1. 内容分析法

内容分析法是网络文本研究中常用的方法之一（敬峰瑞，2017），具体操作步骤如下。（1）研究运河非遗及旅游体验的相关文献，初步整理出京杭大运河杭州景区非遗旅游体验要素，要素可归为非遗展示静态要素、非遗展示活态要素、景区服务配套要素及其他要素四类（见表1）。（2）逐篇阅读游记及评论文本，提取新的

表 1　京杭大运河杭州景区非遗旅游体验要素

编号	要素		对应点评文本示例
1	非遗展示静态要素	运河自然风光	风景优美；波光粼粼；美极了……
2		建筑景观	苏杭特色民居；古色古香的建筑群；江南水乡；白墙黛瓦式商铺……
3		文化展示场所	手工艺活态馆；中国刀剪剑博物馆；中国伞博物馆；中国扇博物馆……
4		历史文化氛围	体验传统文化的精髓；老底子的味道；见证了昔日运河沿岸的繁华风光……
5	非遗展示活态要素	运河生活风貌	原住居民回迁，充满生活气息；码头没有往日的繁忙……
6		当地民风民俗	市井百态；还有船在河中穿行……
7		讲解表演	木偶戏、布袋戏、皮影戏；手工艺人表演……
8		展陈体验	装扮精致；场地利用率很高；舞台式展示；展位空间很大……
9		数字化体验	动画辅助解读；体验了一下 VR……
10		手工制作体验	手工爱好者的天堂；画油纸伞、黏土小灯、竹编小船、定胜糕制作
11		运河游船体验	既便宜又方便；有些视觉疲劳；夜晚灯光很美……
12		非遗体验	非遗传承人现场制作；体验传统非遗技艺；有折扇、油纸伞、风筝等体验课程……
13	景区服务配套要素	景区规模环境	找不到垃圾桶；周围很方便……
14		周边交通	停车不是很方便；水上公交；适合乘坐公共交通过去……
15		商业氛围	商业气息没那么重；古街式商业街；商业化太严重……
16		景区服务管理	老师讲得太棒了；服务态度挺好的；语音讲解很详细……
17		拥挤感知	人也不多；工作日没什么人，蛮安静的；相对西湖人少很多……
18		旅游线路	乘坐水上巴士到拱宸桥或者乘车到运河广场这边；要绕一大圈……
19		餐饮美食	茶座；小吃店生意很好；几家茶馆非常不错……
20		特色商品	拱宸桥雪糕很好看；有丝绸、竹编、扎染等售卖
21	其他要素	旅游身心体验	还蛮惬意；丰富，够玩一下午；儿时的回忆……
22		艺术氛围	民间艺术品；作品巧夺天工；工艺美术遗产……
23		亲子体验	夏日遛娃胜地；孩子玩的很多；小孩子喜欢逛……
24		旅游消费成本	博物馆都免费；套餐太坑了，还不如现场买……

体验要素，全部提取完后进行编码，得到京杭大运河杭州景区非遗旅游体验要素结构。(3)再次逐篇阅读文本进行二次评价编码，编码过程关注"很""非常"等程度副词（见表2）。

2. 社会网络分析法

社会网络分析法（SNA）用于测定整体网络中要素之间的共现程度，揭示个体在整个网络中的重要程度以及整体本身的结构特征，是社会学领域比较成熟的定量分析方法。本研究运用Ucient6.732软件对京杭大运河杭州景区的旅游体验要素进行社会网络分析。第一步，构建共现矩阵，在一条旅游评论中同时出现两条要素计1，下一条再同时出现计2，以此类推。第二步，选择合适的断点值，转化为二值矩阵，经过测试，选取1为断点值。第三步，利用构建的二值共现矩阵测量旅游体验要素的网络结构密度、中心性、子群密度等指标，并运用Netdraw软件绘制社会网络结构图。

3. IPA分析法

"重要性—表现程度"分析法（IPA）是将重要性和表现性放在二维象限中，根据要素分布区间来评价旅游管理效果的研究方法。本研究以游客对景区的期望值作为横轴，以游客实际感知后的满意度作为纵轴，以期望值和满意度的平均值作为横轴、纵轴的分割点，划分四个区间进行比较。IPA分析法能够让管理者直观地观察分布在不同象限的旅游体验要素，继而找到改进策略提升游客体验质量。

三、研究结果分析

（一）京杭大运河杭州景区非遗旅游体验结构的基本特征

密度反映网络要素联系的紧密程度，利用Ucient6.732软件分析得到该结构的整体密度值为0.502，结构密度较高，表明京杭大运河杭州景区旅游体验要素内部协调程度较高。利用Netdraw软件生成网络关系的可视化图谱（见图1），可直观看出网络结构中存在多个核心节点和边缘节点，节点符号越大代表该节点在网络结构中越重要，节点之间连线越粗代表要素间的联系越紧密。

表2 京杭大运河杭州景区非遗旅游体验要素编码评分示例

评论/游记示例	评分依据	编码	说明
例1：交通很方便，晚上人比较多，逛逛很惬意，夜景很漂亮。不管是情侣还是家人，都很适合来逛，两边都有茶饮、餐厅，不愁没东西吃。还有水上公交可以坐，价格便宜还可以欣赏风景。	文本中有"很/极/非常"等程度副词时，积极情况赋值5分，消费情绪赋值1分；有"比较/有些"等程度副词时，积极情况赋值4分，消费情绪赋值2分；文本没有情感态度，只是客观描述时，赋值3分。	14A；17D；21A；1A；19C；24B	数字代表旅游体验要素编码，如例1中的"14A"，表示该体验要素为"周边交通"（对应文本为"交通很方便"），该文本描述评价为A等级，打分为5分。
例2：大运河可以坐船，由于水质差、船又破，只好放弃。景区附近有三个大博物馆，但是都要提前预约，当天约不到，只能放弃早早离开。体验很差！		11D；3C；21E	

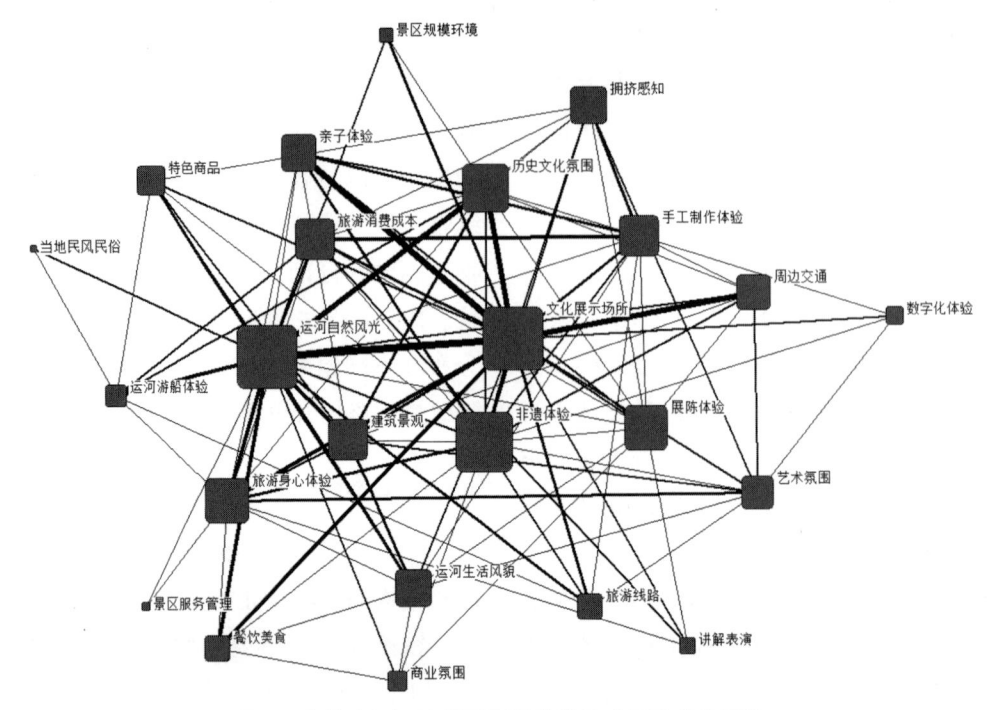

图 1　京杭大运河杭州景区的旅游体验要素结构网络

（二）京杭大运河杭州景区非遗旅游体验要素的中心性分析

特征向量中心性能够较科学地体现要素在网络结构中的重要程度，数值越大，说明该节点在网络中越重要。通过Ucient6.732软件分析得到特征向量中心性值（见表3），文化展示场所、运河自然风光、历史文化氛围是网络结构中排名前三的要素，也是最核心、感知最强的要素。京杭大运河杭州景区所具有的大量文化展示场所和博物馆群，承载了厚重的运河历史文化，是游客必打卡之地。同时，游客对旅游景区的整体感知较强烈，拱宸桥、桥西古街建筑、运河沿线小桥流水的水乡氛围，作为江南特色备受游客关注。运河生活风貌、当地民风民俗、景区服务管理是游客关注较低、边缘化的要素。杭州作为旅游城市，具有较完备的旅游公共服务设施，管理有序，游客对此习以为常，较少关注。从评论和游记文本中可以看出，数字化体验仅限于影院播放运河文化、扫码浏览博物馆制作的视频等，游客也较少有机会能深入当地生活，参与当地特色的民俗活动，因此，体验感知较弱。

（三）京杭大运河杭州景区非遗旅游体验要素的凝聚子群分析

网络要素之间由于联系特别紧密，以至于形成次级团体时，被称为凝聚子群。通过Ucient6.732软件对旅游体验要素进行聚类分析，划分出四个凝聚子群，子群的密度矩阵如表4所示。密度值越靠近1，表明子群要素联系越紧密，密度值接近0，表明关系趋向于随机分布。为方便观察，将子群密度大于网络整体平均密度0.502

的记为1，小于平均密度的记为0，1表示对应子群具有显著差异，0表示对应子群没有显著差异，据此得到转换矩阵。

不同的子群包含不同的旅游体验要素。子群2中文化展示场所和亲子体验、非遗体验等要素经常同时出现，且有统计学意义上的差异，多数是亲子旅游，较多关注运河文化相关元素；子群3比较关注运河自然风光、建筑景观、特色商品等，该群体比较关注目的地的自然风光。这两个子群要素也是重要性排序靠前的要素，代表京杭大运河杭州拱墅段主要客源关注的旅游体验因素，对旅游体验结果影响最大。子群1和子群4是景区的次级客源，

表3 京杭大运河杭州景区非遗旅游体验要素特征向量中心性指标

要素	特征向量中心性	重要性程度	要素	特征向量中心性	重要性程度
文化展示场所	0.541	1	旅游线路	0.126	13
运河自然风光	0.445	2	特色商品	0.111	14
历史文化氛围	0.317	3	运河游船体验	0.110	15
亲子体验	0.240	4	拥挤感知	0.095	16
旅游身心体验	0.228	5	艺术氛围	0.085	17
建筑景观	0.227	6	景区规模环境	0.081	18
非遗体验	0.212	7	展陈体验	0.080	19
周边交通	0.184	8	数字化体验	0.041	20
手工制作体验	0.158	9	讲解表演	0.041	21
旅游消费成本	0.158	10	运河生活风貌	0.035	22
餐饮美食	0.157	11	当地民风民俗	0.035	23
商业氛围	0.137	12	景区服务管理	0.016	24

表4 京杭大运河杭州景区非遗旅游体验要素凝聚子群分析

子群	密度矩阵				转换矩阵			
	1	2	3	4	1	2	3	4
1	0.214	0.751	0.515	0.180	0	1	1	0
2	0.751	0.719	0.557	0.148	1	1	1	0
3	0.515	0.557	0.767	0.562	1	1	1	1
4	0.180	0.148	0.562	0.433	0	0	1	0

关注成本、交通等方面的体验（见表5）。子群子间均存在一定关联，不存在统计学上的孤立子群。

（四）京杭大运河杭州景区非遗旅游体验质量评价

在SPSS软件中对京杭大运河杭州拱墅段旅游体验要素进行IPA质量评价，结果如图2所示。

第Ⅰ象限是优势区，代表游客对这几个要素关注度和满意度均较高，包括运河自然风光、文化展示场所等。这是京杭大运河杭州景区的优势所在，管理机构打造了优美的运河自然和建筑景观，历史街区、社区文化家园、非遗保护基地等文化展示场所，以及手工艺活态展示馆、中国刀剪剑博物馆等运河非遗体验点，许多家长带孩子体验非遗项目，得到了游客的普遍认可。

第Ⅱ象限是保持区，包括讲解表演、展陈体验、手工制作体验、景区规模环境、拥挤感知、周边交通、特色商品、艺术氛围8个要素，代表游客对这些要素关注程度较低，但认可度较高，说明管理部门在此方面做了细致的工作。

第Ⅲ象限是机会区，游客对景区的数字化体验较少，更是很少提及运河生活风貌和当地民风民俗。部分游客在运河游船体验、商业氛围、旅游线路体验中有"隔着玻璃啥也看不清""太过于商业化""要绕一大圈才能走到"等负面评价，极个别游客对景区服务不满意，这些是景区未来需要改进的方面。

第Ⅳ象限是改进区，游客对该要素比较关注但满意度不高，落在此象限的只有旅游消费成本一个要素，负面评价主要来源于游客认为博物馆中手工体验价格偏高，或是网络团购价格与现场价格一致，但体验有效期只有一天，需要采取有效措施改进。

整体来看，京杭大运河杭州景区旅游体验要素满意度平均得分为3.3549，在表现性上得分较高，大部分要素的表现分值大于3分，说明游客对景区旅游体验评价较高。但有7个要素落在第Ⅲ象限、1个要素落在第Ⅳ象限，还需要进一步提升游客旅游体验的质量。进一步对重要性和表现性进行排名（见表6），可以看出，京杭大运河杭州景区在非遗展示静态要素方

表5 京杭大运河杭州景区非遗旅游体验要素凝聚子群结构

子群编号	要素
1	周边交通、景区规模环境、旅游线路、拥挤感知、数字化体验、旅游消费成本、运河生活风貌
2	文化展示场所、历史文化氛围、非遗体验、手工制作体验、展陈体验、讲解表演、艺术氛围、亲子体验
3	运河自然风光、建筑景观、特色商品、餐饮美食、商业氛围、旅游身心体验
4	当地民风民俗、运河游船体验、景区服务管理

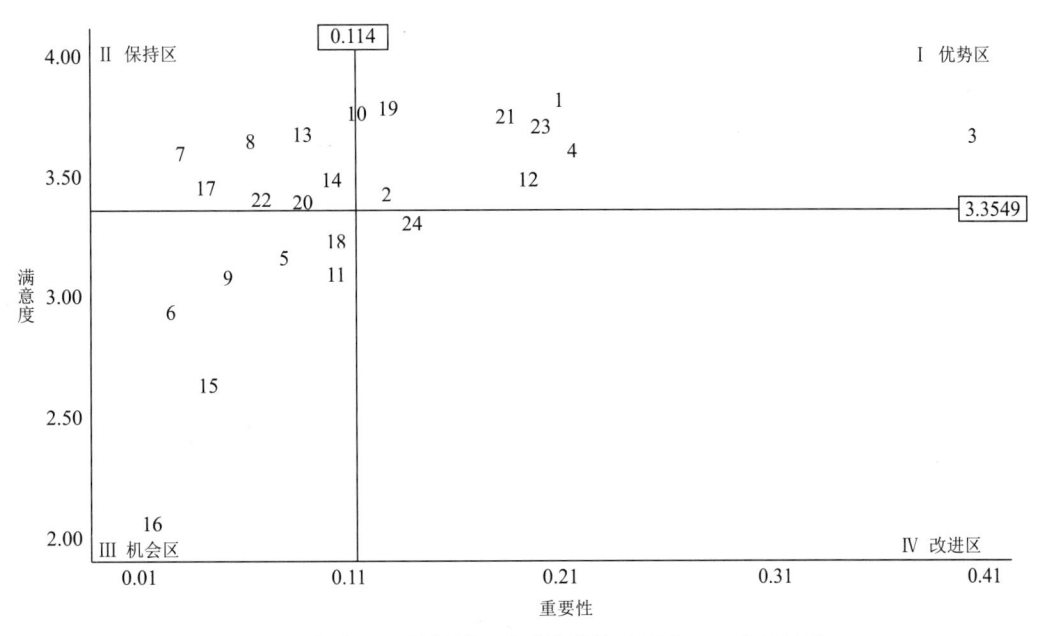

图2 京杭大运河杭州景区非遗旅游体验要素 IPA 分析结果

面做得最好,游客对运河风光比较认可,也都会参观各种文化展示场所,感受大运河的漕运、工业、水利等历史文化。在非遗展示动态要素方面,只有非遗体验和手工制作体验重要性排名在前50%,手工制作体验、展陈体验和讲解表演满意度排名在前50%,说明博物馆引进大师进行现场展示,以及参与制作油纸伞等手工技艺项目让游客对运河非遗有了更多的关注和参与的意愿。运河游船体验、当地民风民俗、运河生活风貌等重要性、表现性均居后,说明以"人"为基础的动态体验不多,需要加强。

四、结论与建议

(一)结论

(1)通过文献阅读和网络文本分析,构建了京杭大运河杭州景区非遗旅游体验要素结构表,该结构共包括24个旅游体验要素,基本涵盖了京杭大运河杭州景区非遗旅游体验的全部要素。

(2)运用Ucient6.732软件分析得到京杭大运河杭州景区非遗旅游体验要素的网络密度、中心性、凝聚子群分布等。结果表明,网络整体密度较高,存在多个核心要素和边缘要素。特征向量中心性排名前三的要素分别是文化展示场所、运河自然风光和历史文化氛围,是网络中最核心、感知最强的要素,运河生活风貌、当地民风民俗、景区服务管理是游客关注较低、边缘化的要素。凝聚子群分析发现,存在四个小团体,子群2代表的群体关注运河文化,子群3代表的群体较关注自然风光,是景区的主要客源。

(3)运用SPSS软件对非遗旅游体验要素的IPA进行了分析,其中满意度平均得分为3.3549,说明游客对景区旅游体验评价较高,分布在机会区、改进区的要素

表 6　京杭大运河杭州景区非遗旅游体验排名

类别	旅游要素	重要性排名	表现性排名
非遗展示静态要素	运河自然风光	1	1
	建筑景观	8	11
	文化展示场所	2	3
	历史文化氛围	3	5
非遗展示活态要素	运河生活风貌	16	18
	当地民风民俗	23	22
	讲解表演	20	10
	展陈体验	17	9
	数字化体验	19	20
	手工制作体验	10	7
	运河游船体验	14	21
	非遗体验	5	14
景区服务配套要素	景区规模环境	11	8
	周边交通	12	13
	商业氛围	21	23
	景区服务管理	24	24
	拥挤感知	22	15
	旅游线路	15	19
	餐饮美食	9	6
	特色商品	13	16
其他要素	旅游身心体验	6	4
	艺术氛围	18	12
	亲子体验	4	2
	旅游消费成本	7	17

分别还有7个和1个，说明还有一定的提升空间。进一步对重要性和表现性进行排名，发现京杭大运河杭州景区在非遗展示静态要素方面做得最好，以"人"为基础的动态体验须加强。

（二）讨论与建议

运河非遗的创新性发展和传播需要引入文化生态理念的视角。第一，文化生态强调动态性。文化生态随经济社会发展动态演化，非遗是历史传承的活态文化，非遗文化主动去适应当下的文化生态，有利于促进非遗文化融入社会成员共享的生活方式。第二，文化生态理念强调开放性。非遗项目、业态、相关人员是共生共存的关系，应尝试整合不同门类、不同形式的非遗资源，促进多元化的非遗品种生态建设。第三，文化生态理念强调整体性。非遗文化需要包容本地居民、游客等不同的文化背景和文化诉求，才具有持久的生命力（黄仲山，2021）。

1. 非遗文化需融入现代生活

任何一种文化的生命力均与其特定的文化生态环境有关，非遗文化只有融入当下文化生态环境，才能继续存在和发展。非遗不能仅存在于极少数传承人的身上，而要融入时代、融入生活，最好的途径就是让它与群众生产生活结合起来，重新成为人们生活的一部分。近年来，杭州拱墅区以传统工艺工作站为载体，从推进非遗产品展示展销、非遗项目创新转化、非遗IP研发等工作入手，探索城市非遗高质量发展的模式与路径，并取得一定突破（徐子胭，2022）。让非遗成为文化旅游重要吸引物，融入旅行的各环节，提升旅游目的地的吸引力，是非遗活化运用的有效途径。除了传统工艺资源，民俗节庆资源、饮食文化资源等都具备与旅游产品深度融合的开发潜力，有助于提升京杭大运河杭州景区的薄弱环节。

2. 非遗文化传播需共建共享

非遗传播需积极推进全民参与，建立非遗要素的现代转化机制，利用互联网平台共建共享，引导全民记录、全民创造与全民共享。整合各类媒介资源，借助新媒体扩大影响力，通过在社交平台制造话题、加强互动的方式搭建非遗与社会公众的连接，消除公众与非遗文化的陌生感，形成主流媒体筑牢传播阵地、新兴媒体扩大影响力、社交平台推动二次传播，营造保护传承非遗的新平台和新机制，通过非遗传播激发优秀传统文化传承发展的良好氛围。

3. 加快非遗文化数字化传播

"大智移云物区"时代，非物质文化遗产的传承也要充分利用现代化信息技术，加快非遗的数字化应用。非遗的形态多种多样，口头传统、表演艺术、仪式节庆、手工技艺等都可以运用数字空间建模、虚拟现实、3D打印等技术手段，将传统的非遗予以活态展现。博物馆的展厅应摒弃单一的物品展陈方式，利用现代科技布景，创造身临其境的体验环境，同时，提炼经典文化，设置数字化体验环节，让旅游者能生动直观地感受传统文化的魅力。在旅游服务方面，能够通过移动终端提供非遗旅游信息的指引和订阅服务，达到智能引导、方便利用的效果。在数字应用过程中，将时下流行的短视频、弹幕直播、H5、VR、沙画、微端话题矩阵等系列信息化技术与非遗内容相结合，并通过线上展现激发线下活动参与热情，实现虚拟环境广泛传播，让非遗能够听得见、带得走、学得来，对于弘扬中华优秀传统文化、构建社会主义核心价值体系、促进中华民族伟大复兴有着重要意义。

4. 设计活动场域面向人际传播

非物质文化的传承，让人们有了文化认同感和延续感，为人们提供了一个从过去到现在，再到未来的连接途径。随着城市化进程的加快，现代人们常常叹息节日淡而无味，反映出传统民俗文化的丢失。非遗文化与旅游结合，满足人们"怀旧"的情感需要，而这种基于活动的情感体验，仅靠静态的实物展品或者数字多媒体是无法直接呈现与触及的，需要通过非遗展、庙会、弄堂节日、运河小吃等现场活动面向人际传播，通过规则化的仪式让活动参与者产生共同联结，为当代人找回节日的归属感。杭州拱墅区设计并开展了半山立夏节、非遗少年说、大运河非遗花伞市集、大运河庙会等一系列活动，深化了周围群众对非遗的认知。但对于游客人群，需要常态化的非遗旅游表现形式，如提升运河游船的解说服务水平，增加特色的民俗表演等，形成独具魅力的运河文化体验。

5. 强化非遗价值传播和教育

在 IPA 分析中，旅游消费成本是唯一在第Ⅳ象限的要素，究其原因在于许多游客认为手工体验和手工品价格偏高，可见非遗商品没有充分挖掘手工品的艺术价值，社会对大众审美价值和文化鉴赏也缺乏相应的引导。非遗文化普及应从小抓起，杭州拱墅区也进行了积极探索，针对小学生的教育课程——《浙里的非遗》，将非遗创作中的经典故事和文化融入了日常课堂教学，让新生代对非遗等中华优秀传统文化有系统感性的认识，对工艺品的审美和艺术价值有深入的了解。这一举措需大力普及，让新生代了解非遗，学习并弘扬中华传统文化，在此过程中提升中华民族的人文素养和文化艺术水平。

参考文献

[1] Brooke Thurau, Erin Seekamp, Andrew D Carver, et al. Should cruise ports market ecotourism a comparative analysis of passenger spending expectations within the panama canal watershed [J]. International Journal of Tourism Research, 2015, 17（1）: 45-53.

[2] Bedi C. Ecotourism in Bocas del Toro, Panama: The perceived effects of macro-scale laws and programs on the socio-economic and environmental development of micro-scale ecotourism operations [J]. Dissertations & Theses-Gradworks, 2011（3）: 13-18.

[3] 陈春, 林志刚, 陈浩. 京杭运河生态体育文化旅游资源开发研究 [J]. 山东体育学院学报, 2019（35）: 66-70.

[4] 杨红. 非物质文化遗产从传承到传播 [M]. 北京: 清华大学出版社, 2019.

[5] 徐志奇, 王艳. 大运河（山东段）文化遗产及其活态保护 [J]. 理论学刊, 2018（6）: 160-168.

[6] 谢彦君. 中国旅游发展笔谈——旅游

体验研究的范式创新［J］.旅游学刊，2019（9）：1-3.

［7］李永乐，陈霏，华桂宏.基于网络文本的大运河历史文化街区旅游体验研究——以清名桥历史［J］.南京社会科学，2021（2）：157-165.

［8］敬峰瑞，孙虎，龙冬平.基于网络文本的西溪湿地公园旅游体验要素结构特征分析［J］.浙江大学学报（理学版），2017（9）：623-630.

［9］黄仲山.论文化生态视域下城市非物质文化遗产保护理念与策略［J］.福建论坛（人文社会科学版），2021（2）：38-46.

［10］徐子胭.杭州拱墅：高质量保护传承大运河非遗［N］.浙江日报，2022-06-09.

教育研究

欧盟和俄罗斯资历框架比较及其对中国的启示

李成军　陈丽君

（浙江旅游职业学院，浙江　杭州　311231）

摘　要：欧盟资历框架是最早建立并付诸实施的区域资历框架，其建立过程在很大程度上是推动欧洲人才流动和推进终身学习等制度建设的结果。俄罗斯资历框架建设深受欧盟资历框架的影响，是自上而下试图缓解人才培养与劳动力市场需求不匹配问题的尝试。从内容看，俄罗斯资历框架主要侧重资历水平的等级认定，欧盟资历框架则侧重促进不同形式和层次的学习成果进行积累、转换。两者对于我国的启发就在于要建设资历框架先要完善其相关基础性的制度设施。

关键词：欧盟资历框架；俄罗斯资历框架；资历框架建设

近年来，国家资历框架建设逐渐受到重视。2019年的《国家职业教育改革实施方案》明确提出，"从2019年起，在有条件的地区和高校探索实施试点工作，制定符合国情的国家资历框架"。但是国家资历框架到底该怎么建设，目前仍然是困扰职业教育界的一个理论和现实难题。他山之石可以攻玉。欧盟资历框架（The European Qualifications Framework，以下简称EQF）是最早建立并付诸实施的区域资历框架。俄罗斯国家资历框架（National Qualification Framework，以下简称NQF）的建设深受EQF影响，并结合了俄罗斯劳动力市场和教育发展自身的现实需要。对EQF和NQF进行分析和比较，将对我国国家资历框架建设具有一定启发意义。

一、欧盟资历框架概述

EQF并未对欧盟各国NQF提出具体要求，仅要求欧盟各国参照EQF推进本国NQF立法，并在体系上与EQF衔接。

（一）建设动因

1. 推动欧洲人才流动的需要

欧盟及其前身欧共体积极推动区域内人员流动，最早如1968年，推动平等对待跨国流动工人及家庭成员所获教育和职业培训经历；又如1999年，《博洛尼亚宣言》提出建成欧洲高等教育区（The European Area of Higher Education），推动

作者简介：李成军，博士，教授，主要研究方向为旅游职业教育；陈丽君，博士，教授，主要研究方向为应用语言学。

区域内高校学生相互流动。在区域内人才自由流动需求的推动下，整合各种制度，建立不同国家之间学历、培训经历、职业资格证书之间相互连接的统一制度框架就成为一种现实需要。

2. 推动终身学习的需要

欧盟于20世纪90年代初开始重视终身学习。1995年10月，欧盟将1996年定为"终身学习年"，要求促进个体终身学习和发展。2001年，欧盟提出建立终身学习框架，为公民在不同学习条件、工作环境、地区持续学习创造条件。2002年，为促进终身学习，欧盟提出各国政府应建立统一认证系统，推动各国证书、文凭和学位互认；进一步发展学分转移和资历积累机制。

（二）制度基础

1. 资历互认制度

20世纪90年代以来欧盟及其前身欧共体采取措施推动域内国家资历互认，如1992年的《关于资格透明度的决议》，1996年的《关于职业培训证书透明度的决议》。1999年，欧盟引进"欧洲通行培训"（Europass Training），记录公民在他国参加工作有关培训（包括学徒培训）经历并承认其效力。2004年，建立"欧洲通行证"（Europass），推进欧盟内部学习经历共享。2005年，欧盟通过《关于职业资格认定的命令》，推动各国职业资格效力同等互认等。

2. 学分互认制度

为促进学生自由流动，欧盟于1989年启动欧洲学分转换系统（ECTS）的建设，1996—1997年共38所大学、348个系和36所非大学机构（包括206个系）纳入ECTS系统。在《博洛尼亚宣言》的推动下，非高等教育机构开始应用ECTS。经过多年发展，ECTS已成为欧盟不同国家间学分转换和积累系统。欧洲职业教育和培训学分制（ECSVET）的建立则晚一些，2009年，欧盟提出ECSVET适用于EQF所规定的各级各类学习结果转换和认可；2017年，欧盟提出加强ECTS和ECSVET系统在促进学习成果积累和转换方面的应用。

（三）EQF内容

随着资历互认和学分系统的建设，建立一个打通学历文凭、职业资格、培训经历等制度框架显得非常迫切。由此，2008年，欧盟正式建立EQF制度。欧盟EQF从低到高共8个资历级别，为各国NQF资历级别的统一参照。每个级别的资历都由包括知识（knowledge）、技能（skill）和能力（competence）三个维度学习成果（learning outcome）的具体描述。EQF涵盖普通教育、职业教育和培训、高等教育以及继续教育。概言之，欧盟EQF以资历和学分的积累、转换等相关制度为基础，将所有学习内容和学习形式纳入统一框架，将各教育层次和学习形式打通，使之成为终身学习"立交桥"，对世界主要国家NQF有重要影响。EQF自2008年颁布实施以来，除法国为5级，爱尔兰为10级外，其他国家都为8级资历框架，并将纳入同一级别的资历落实同等对待政策。

二、俄罗斯国家资历框架

在EQF的影响下，结合国情，俄

罗斯力图推出本国NQF。2006年俄联邦政府拟定"俄联邦国家资历框架（草案）"；2010年正式公布"俄联邦国家资历框架"；2012年，俄联邦科教部组织专家审议并批准了框架的第二版。

（一）建设动因

人才培养与劳动力市场需求不匹配一直是困扰俄罗斯的关键问题，也是导致高校毕业生就业率相对较低的原因之一。根据2016年相关机构抽样调查，毕业生素质不符合劳动力市场需要共计占到72%。在这种背景下，俄罗斯各界高度重视建立国家资历制度，以建立一个专业资历和标准体系，使之成为连接人才培养和劳动力市场的桥梁，提高毕业生素质。

（二）制度基础

1. 学分转换系统

2003年9月，俄罗斯签署《博洛尼亚宣言》，并参照欧洲学制改革本国教育体系，实行学分转换系统是其重要内容。2004年3月，俄罗斯教育部颁布政策，决定参照ECTS建立俄罗斯学分转换系统。改革取得一定进展，截至2016年，约34%的高校学分得到欧盟承认；仅42%的高校愿意承认欧盟国家高校成绩单。俄罗斯学分系统发展缓慢，截至2018年，仅54%的高校选择学分系统。

2. 国家资历制度建设

由于相关支撑制度设施并不完善，俄罗斯NQF方案未立即付诸实施。因此，推动完善相关制度建设，是其NQF建设的重点，其中国家资历制度是其核心内容。俄罗斯国家资历制度以职业资历为中心，以监测和预测劳动力市场需求为根本目的，内容包括基于劳动力市场需求的职业标准；与职业标准衔接的教育标准和资历；基于各类标准的国家和部门资历框架；教育成果的评估体系等。其中，重点在适应劳动力市场需要的职业标准。截至2019年10月，已成立34个职业资历委员会，批准12000多项职业资格证书，在40个专业领域中制定了1302个职业标准。

（三）俄罗斯NQF

俄罗斯NQF由低到高共9个级别，资历级别主要通过水平描述和获得路径予以表述。其中，资历水平描述借鉴EQF经验，以学习成果表述，且以"自主和责任"表述EQF的能力。与EQF相比，增加了"获取途径"，凸显俄罗斯国情的不同。

总体而言，从效果看，俄罗斯NQF的实施主要侧重资历水平的等级认定，但由于评估体系尚不完善，资历获取仍以相应文凭为基本依据，并未能促进不同形式和层次的学习成果进行积累、转换，彼此融通受限，与终身学习趋势相矛盾。

三、两者比较及其对我国的启示

基于不同建设动因以及制度保障情况，欧盟EQF和俄罗斯NQF呈现不同特征，对我国也有不同的启示。

（一）两者比较

欧盟EQF和俄罗斯NQF不同之处主要在于以下方面。

1. 资历的概念比较

对欧盟而言，"资历是指评估和验证过程的正式结果，当主管当局确定某个人已达到给定标准的学习成果时获得"。即资历是各种正式和非正式学习形式学习结

表 1　俄罗斯国家资历框架级别及其说明

级别	资历水平指标			获得路径
	自主与责任	技能	知识	
第九级	定义策略，管理复杂生产流程、研究进程；解决复杂社会问题；对一定活动领域进行相当大和原创性投入；对行业、国家与国际层面的行动结果负责	解决涉及方法、研究和设计的问题，这些问题与管理有效性的提高相联系	创造跨学科和跨部门性质的新基础知识	博士学位（研究生课程）、研究生军事课程、辅助专业课程、实践经验
第八级	定义战略，管理流程和活动，包括创新，并在大型组织或部门层面做出决策，负责大型组织和部门的绩效	解决研究和项目管理问题，提高过程的有效性	创造具有跨学科和跨行业特点的新知识，并评估和选择行动发展所必需的信息	博士学位（研究生课程）、研究生军事课程、硕士学位或专家学位、补充专业计划、实践经验
第七级	定义战略，管理流程和活动，包括创新；负责大型组织和部门的绩效	利用各种方法和技术解决职业活动和（或）组织的发展问题（包括创新方法和技术）	理解工作中的方法原理，并创造具有实用性质的新知识，搜集职业活动和机构发展所必需的信息	硕士学位或专家学位、补充专业课程、实践经验
第六级	自营职业，包括定义自己的工作和（或）下属的任务，以实现确保员工和相关单位之间相互合作，对部门或组织的产出负责	技术或方法决定的制定、实施、监测、评价和纠正	应用具有技术或方法特征的专业知识，包括独立搜索、分析和评估专业信息的创新决策	培养中级雇员的学士学位、职业教育研究计划、补充专业（职业）计划、实践经验
第五级	解决实际问题的独立活动；对情况及其变化进行独立分析，参与部门内分配任务的管理；负责解决分配任务或员工小组或部门活动的结果	用设计元素解决各类实际问题，在工作条件改变时，对活动进行过程监控、结果监控、评估和调整	技术或方法学性质的职业知识的应用，独立搜索对指定工作的决策所必需的信息	技术工人、非体力工人和中级雇员的基本职业教育学习计划和再培训计划，专业发展计划，补充职业计划，实践经验
第四级	在他人的指导下工作，在解决需要分析工作情形及工作未来变化的实践问题时，表现出独立性，并根据领导提出的问题，设计个体化活动和工作组的活动，并对问题的解决和工作组的活动结果负责	解决各类实际问题，从知识和实践经验中选择已知的行动方式，对活动进行过程监控、结果监控、评估和调整	了解解决实际问题的科学技术或方法论，基础信息专业知识的应用	技术工人（雇员）基本职业教育研究计划，技术工人、非体力工人基本研究计划和再培训计划，专业发展计划，实践经验
第三级	在他人指导下活动，在执行熟悉的任务时具有独立性，计划自己的活动，从领导设定的任务开始，个人负责	执行标准任务，基于知识和实践的行动选择工作方式，根据行动执行情况进行行为纠正	理解解决典型实际问题的技术或方法基础应用专业知识	职业教育学习计划、工人和非体力工人职业培训计划、工人和非体力工人职业再培训计划、实践经验

续表

级别	资历水平指标			获得路径
	自主与责任	技能	知识	
第二级	在他人指导下工作,且在完成熟悉任务时表现出独立性,对自己工作负责	执行标准任务,根据指令选择操作方法,根据任务条件调整自己行为	能应用相当多专业知识	要求学习者接受为期两周到一个月的职业培训;在工作中获得实践经验;受教育程度不低于初中
第一级	要求学习者在他人指导下工作,对自己工作负责	执行标准任务(通常是体力劳动)	基本事实知识和(或)有限数量的特殊知识	短期培训或实践经验简介水平

果的证明,彼此可以互通,资历等级可以纵向积累。EQF通过学习成果,将所有学习内容纳入统一框架。

根据俄罗斯《联邦教育法》,资历指"准备进行某种类型专业活动的知识、技能和能力水平"。资历通过确立劳动者统一技能要求,承担连接劳动市场与人才培养的中介桥梁作用,保障公民就业流动性,建立国际和行业间具有可比性的资历体系。概言之,欧盟和俄罗斯两者都强调资历是个体能力的体现,但欧盟强调资历为学习的结果,而俄罗斯则将其理解为完成工作的能力准备。

2. 框架体系比较

俄罗斯与欧盟都建立了一个包括若干级别的资历框架,其资历描述都包括知识、能力、技能等。但资历概念不同,意味着两者资历框架有不同特点。

一是资历级别不同。欧盟资历框架总共包括8级,而俄罗斯共有9级,以便与俄罗斯特有学制相适应,即博士阶段有副科学博士(Kandidat Nauk)和科学博士(Doktor Nauk)两个层次。

二是资历获取途径不同。EQF的资历获取主要通过各种类型学习形式获得,并可积累、转换。俄罗斯各级资历获得途径只能以相应文凭或学习经历为基础,根本原因在于非学历学习结果的质量和认可度不够。

三是资历框架的功能有所不同。欧盟EQF是根据特定学习水平的标准对资历进行分级分类的工具。欧盟EQF以统一资历框架将各教育层次和学习形式打通,并促使不同学习形式通过学习成果累积并转换,由此促进人才跨国界、跨机构流动。而俄罗斯NQF则是国家资历制度的核心内容之一,是对各种职业所应具备能力水平进行分类的工具,通过对劳动者提出统一能力、技能和知识要求,成为连接教育领域与劳动力市场的工具,为制定行业资历框架、学校教育标准、职业教育大纲打下基础。

(二)对我国NQF建设的思考

在借鉴欧盟EQF和俄罗斯NQF建设经验基础上,本文对我国NQF建设提出一些思考,具体如下。

1. 存在问题

按照 NQF 建设的要求，我国目前最大的问题在于相关制度设施不足，主要如下。

（1）教育培训体系之间的兼容性严重缺失。

兼容性是欧盟 EQF 系统的主要特点之一。即学历教育系统、非学历培训和资格证书等彼此能相互兼容，培训或资格证书均可与学校教育系统相应文凭对接，并相互可以嵌入对方体系之中。就我国而言，三者距相互兼容还有很大差距。其中，学历教育文凭的权威性、含金量最高，认可度最高，资格证书体系和非学历培训证书的权威性、含金量难以与文凭对等。我国职业资格证书制度经过 20 多年发展，取得了一定成效。2014 年以来在国务院强力推动下，政府部门设置的资格证书减少 70%，但各部门各自为政，体系性不强，无法与学历教育系统衔接的问题依然突出。非学历培训系统目前涉及政府部门、企业以及专门培训机构等主体。就政府部门所负责的培训而言，主要以短期培训为主，且缺乏统一的培训规划和学习成果转换机制，基本独立于学历教育体系。由于三者体制上无法兼容，彼此的学习结果进行转换的需求无法产生，因而形成抑制 NQF 建设的体制惰性。

（2）学习结果转换机制缺乏。

从欧盟看，ECTS、ECSVET 等学习结果转换机制在 EQF 建设过程中起到了不可替代的作用，而俄罗斯由于这些机制并不完善，其 NQF 至今仍无法实现学习成果互认和积累。就我国而言，尽管本科院校在一定程度上都已实施学分制，但全国性学分转换系统尚未建立起来，而高职院校真正落实学分制者仍居少数，跨校学分转换系统无从谈起。职业资格系统和非学历系统根本上缺乏规范的学习结果评价机制，更遑论建立跨学历教育、职业资格证书和非学历培训的学分转换系统。在这种背景下建立 NQF，无法落实学习结果的积累、转换，其效果势必非常有限。

2. 建设思路

在借鉴各国 NQF 建设基础上，结合实际情况，我国 NQF 建设应分步推进。

（1）推动支撑制度建设。

一是建立起兼容性职业教育体系，将职业资格证书体系和非学历培训体系一纳入职业教育系统。根据 2014 年颁布的《现代职业教育体系建设规划（2014—2020 年）》，我国职业教育分为初等职业教育、中等职业教育、高等职业教育、职业辅导教育和职业继续教育；并且提出将非学历职业教育和职业资格考试通过学分积累、转换制度纳入学历职业教育体系。要建立 NQF，需要将该文件精神予以落实。

二是建立学分转换系统。借鉴欧盟 EQF 经验，在制定 NQF 之前，应先建立全国性学分转换系统。可由普通高校先行探索，之后推动职业教育采用学分制，并在此基础上推动建立全国性职业教育学分转换系统。推动将非学历培训经历和职业资格证书学习经历纳入职业教育学分转换系统。在此基础上建立全国性学分认定、积累、转换的机构和信息平台，推动学分积累和转换工作的开展，打通高职教育、本科教育连接屏障，为建立统一资历框架打下基础。

（2）设计合理制度框架。

目前，欧盟多数国家NQF为完全资历框架，即NQF能整合所有学习形式和教育层次，也有部分国家为局部资历框架，即将部分领域的不同学习形式和层次整合，如法国和德国NQF不包括普通初等和中等教育，仅涵盖高等教育、职业教育和培训等。

就我国实际情况看，由于相关支撑制度并不完善，因此NQF建设需循序渐进，可采用"先局部，后整体"的思路，即先在条件成熟领域建立局部资历框架，再逐渐整合，即先建立职业资历框架，再建设完整NQF。职业资历框架以EQF为参照，与学历教育各层级相贯通，将职业资格证书、职业教育培训纳入。在职业资历框架基础上，将学历教育纳入该系统，将文凭与资历打通，以资历代替文凭。

（3）建立质量保证机制。

欧盟EQF一个重要的经验就是确保各类职业资格证书与相应学历文凭等值。如德国颁布《职业培训法》（The Vocational Training Act）、《职业资格评定法》（The Vocational Qualifications Assessment Law）等法律文件，确保通过学徒制所获取资历与相应学校文凭等值。而在俄罗斯由于非学历学习结果目前还无法与文凭等值，尚缺乏独立评估和认定，其NQF资历获取不得不以学历为基础。我国NQF建设，要实现以资历代文凭，就必须保障各类非学历学习结果与相应文凭等值，这就需要确保各种学习成果其教学质量对等。尤其需要推动职业资格证书、非学历培训等进行改革，建立统一学习质量标准、考核标准以及公平的考核评估机制，以提高学习质量。

四、小结

总体而言，无论欧盟国家还是俄罗斯，NQF的建设如果不具备相应的支撑制度就难以成功。我国NQF建设的重点和难点也就在于支撑制度的建设，尤其是统一的职教、学习成果的评估认定、纵向积累和横向转换制度是亟须破解的制度难题。在建设NQF的过程中，如何破解这些制度难题，并推动建立适应终身学习的NQF，目前尚有待进一步深入探索与研究。

参考文献

[1] 联合国教科文组织，欧洲职业训练发展研究中心.2017年全球区域和国家资格框架清单（2017年）[EB/OL].（2017-11-20）[2024-1-20]. http://www.cedefop.europa.eu/en/publications-and-resources/publications/2221.

[2] иональная система квалификаций：что нам стоит мост построить [EB/OL].（2017-12-28）[2022-06-14].http://bujet.ru/article/335373.php.

[3] 欧洲议会.关于建立欧洲终身学习资格框架的建议[EB/OL].（2008-4-23）[2022-06-14].https://eur-lex.europa.eu/legal-content/EN/TXT/PDF/uri=CELEX：32008H0506（01）&qid=1560674680680&from=EN.

[4] 欧洲议会和理事会.学生、受训人员、志愿者、教师和培训师在欧盟内流动的建

议［EB/OL］.（2001-7-10）［2022-06-14］. https://eur-lex.europa.eu/legal-content/EN/TXT/PDF/uri=CELEX：32001H0613&from=EN.

［5］负责高等教育的欧洲各国部长.高等教育部长博洛尼亚联合宣言［EB/OL］.（1999-6-19）［2022-06-14］.https://www.eurashe.eu/library/bologna_1999_bologna-declaration-pdf/.

［6］欧洲委员会.教育及培训白皮书：迈向学习型社会的教与学［EB/OL］.（1995-11-29）［2022-06-14］.https://publications.europa.eu/en/publication-detail/-/publication/d0a8aa7a-5311-4eee-904c-98fa541108d8/language-en.

［7］欧洲委员会.让欧洲地区的终身学习成为现实［EB/OL］.（2001-11-21）［2022-06-14］.https://eur-lex.europa.eu/legal-content/EN/TXT/qid=1559205798216&uri=CELEX：52001DC0678.

［8］欧洲议会.关于实现欧洲终身学习区的决定［EB/OL］.（2002-9-5）［2022-06-14］.https://eur-lex.europa.eu/legal-content/EN/TXT/PDF/?uri=CELEX：52002IP0403&qid=1561862245105&from=EN.

［9］欧洲理事会.关于促进工作相关培训、学徒制的欧洲路径［EB/OL］.（1999-1-22）［2022-06-14］.https://eur-lex.europa.eu/legal-content/EN/TXT/PDF/uri=CELEX：31999D0051&qid=1560672177412&from=EN.

［10］欧洲议会和理事会.关于资格和能力透明度的单一共同体框架的决定（欧洲通）［EB/OL］.（2004-10-15）［2022-06-14］.https://eur-lex.europa.eu/legal-content/EN/TXT/PDF/uri=CELEX：32004D2241&qid=1560672685974&from=EN.

［11］欧洲议会和理事会.关于承认专业资格的指示［EB/OL］.（2005-9-30）［2022-06-14］https://eur-lex.europa.eu/legal-content/EN/TXT/PDF/uri=CELEX：32005L0036&qid=1560673261400&from=EN.

［12］欧洲委员会.伊拉斯谟＋项目指南［EB/OL］.（2019-1-15）［2022-06-14］.https://ec.europa.eu/programmes/erasmus-plus/resources/documents/erasmus-programme-guide-2019_en.

［13］欧洲议会和理事会.关于建立欧洲职业教育和培训学分制的建议（ECVET）［EB/OL］.（2009-6-18）［2022-06-14］.https://eur-lex.europa.eu/legal-content/EN/TXT/PDF/uri=CELEX：32009H0708（01）&qid=1559357476218&from=EN.

［14］欧洲议会和理事会.欧洲终身学习框架［EB/OL］.（2017-5-22）［2022-06-14］.https://eur-lex.europa.eu/legal-content/EN/TXT/uri=CELEX%3A32017H0615%2801%29.

［15］联合国教科文组织，欧洲职业训练发展研究中心.2017年全球区域和国家资格框架清单（2017年）（卷2：国家和地区案例）［EB/OL］.（2017-12-22）［2022-06-14］http://www.cedefop.europa.eu/en/publications-and-resources/publications/2222.

［16］杨大伟，陈婉蕾.俄罗斯国家资历框架的制订及内容解析［J］.中国职业技术教育，2017（3）：40-43.

［17］ЮРГЕЛАС МАРИЯ ВЛАДИМ-ИРОВНА. Национальная система квалификаций: перспективы развития кадрового потенциала Российской Федерации［EB/OL］.（2017-9-17）［2022-06-14］http://center-prof38.ru/sites/default/files/one_click/1_

yurgelas.pdf.

［18］李春生，时月芹.欧洲学分转换系统与俄罗斯高校的学分制改革［J］.比较教育研究，2006（4）：81-84.

［19］Yuliia Khoruzha.俄罗斯高等教育加入博洛尼亚进程的研究［J］.开放图书馆学报，2018（5）：1-7.

［20］Профессиональные стандарты Профстандарты включенные в реестр Минтруда РФ на 2019г［EB/OL］.（2019-12-28）［2022-06-14］.https://classinform.ru/profstandarty.html.

［21］Национальная рамка квалификаций Российской Федерации［EB/OL］.（2010-7-7）［2022-06-14］.http://www.labrate.ru/discus/messages/6730/-35755.pdf.

［22］Muravyeva.俄罗斯国家资格制度研究——认识论视角［J］.教育和科学学报，2019：92-114.

［23］О структуре федеральных органов исполнительной власти［EB/OL］.（2018-5-15）［2022-06-14］.http://kremlin.ru/events/president/news/57475.

［24］刘金花，吴雪萍.俄罗斯联邦国家资格框架解析［J］.教育科学，2014（4）：86-90.

［25］教育，视听和文化执行局（EACEA）.高等教育系统概述［EB/OL］.（2017-2-22）［2022-06-14］.https://eacea.ec.europa.eu/erasmus-plus_en.

［26］杨大伟，陈婉蕾.俄罗斯国家资格框架的制订及内容解析［J］.中国职业技术教育，2017（3）：40-43.

［27］梁快，张兰萍.论我国职业资格证书制度体系的优化与重构——基于供给侧结构性改革视角［J］.中国校外教育，2018（24）：153-154.

旅游职业教育标准化实践探索

——以浙江旅游职业学院教学服务与管理改革为例

王蕴韵 吴雪飞

(浙江旅游职业学院,浙江 杭州 311231)

摘 要:旅游职业教育标准化是对接旅游服务业需求、规范教学管理和提升人才培养质量的要求,旅游行业既有行业标准、数字技术的发展和国际成功经验都为旅游职业教育标准化实践提供了可行性。浙江旅游职业学院教学服务与管理国家级服务业标准化试点改革项目是旅游职业教育标准化实践的有益探索,实施两年以来,已构建了分类科学、层次清晰、要素完整的教学服务与管理标准体系,形成了覆盖全员全链条的标准实施体系。在改革实践中,学校聚焦与国际接轨,探索标准国际化新路径,紧跟数智趋势,推动校级特色标准制定,对标行业标准,校企协同推进实践教学改革,在旅游职业教育领域获得了丰硕的成果,也为全国旅游职业教育标准化工作提供了借鉴与参考。

关键词:旅游职业教育;标准化;教学服务与管理;标准体系

一、引言

旅游服务业作为我国十大现代服务业之一,随着现代技术的发展,在面临自身转型升级的同时,也不断涌现出新的服务业态,对旅游服务人才也提出了新的技能要求。近年来,教育部积极推进职业教育标准体系建设,先后发布了包括专业目录、专业教学标准、公共基础课程标准、顶岗实习标准、专业仪器设备装备规范等在内的职业教育国家教学标准。这些标准是指导和管理职业院校教学工作的主要依据,也是保证教育教学质量和人才培养规格的基本教学文件。

教学服务与管理标准化是促进学校治理体系和治理能力现代化、全面提升学校育人质量和办学品质的重要抓手。作为首批全国旅游标准化示范单位、中国旅游研究院校旅游标准化研究基地和全国唯一的旅游标准化示范院校,浙江旅游职业学院一直探索和践行"标准化+旅游高职教

作者简介:王蕴韵,副研究员,主要研究方向为旅游职业教育;吴雪飞,教授,主要研究方向为旅游职业教育、旅游统计与数据分析。

育"模式，推动标准化在教育教学核心领域的深化。2022年10月，学校申报的"教学服务与管理标准化试点"成功获批国家级服务业标准化试点项目，成为当年标准化试点项目中唯一一所高校申报立项的项目。本研究以浙江旅游职业学院教学服务与管理国家级服务业标准化试点为例，探索旅游职业教育标准化建设路径。

二、实施背景：旅游职业教育标准化实践的必要性与可行性

（一）实施标准化是旅游职业教育提升人才培养质量的保障

职业教育服务于产业发展，旅游职业教育具有融合旅游服务业、教育服务业这两大现代服务业的天然属性，必须依据产业标准来培养人才，实施标准化就是保障教育质量、体现教育公平、促进产业发展的必要手段。

1. 实施标准化是对接行业需求、推动行业发展的要求

旅游行业本身已经建立了一套较为完备的服务标准和规范，如酒店服务标准、导游服务规范、景区质量等级划分标准、研学旅行服务规范等。将行业标准融入旅游职业教育，能使学生毕业后能快速适应工作岗位，减少企业的培训成本，迅速提升旅游人才与岗位需求的匹配度，高质量、规范化的旅游服务能推动整个旅游行业朝着规范化、专业化方向发展，进而提升旅游行业的社会认可度、社会美誉度。

2. 实施标准化是规范教学管理、提升人才质量的保障

标准化能够明确学校在人才培养的目标、课程设置、教学方法、考核方式等教学管理的关键要素，在课程设置、教学大纲、考核评价等方面制定统一标准，便于学校对教学过程进行有效监督和管理，提高教学效率和管理水平。现阶段，职业院校在培育人才的过程中还普遍存在着现代化程度发展不均衡、数字化智能化程度有待加强、传统治理模式滞后于现代服务业发展等问题。因此，建立覆盖教学全过程、具有旅游职业教育特色的教学管理与运行标准体系，能为旅游职业教育营造规范、专业的教学生态，进而提升旅游专业人才培养质量。

3. 实施标准化是促进国际交流合作、增强国际竞争力的助力

当今国际职业教育交流日益频繁，标准化有助于我国职业教育与国际接轨，只有当课程标准、职业资格证书等方面的教育标准明晰且与国际标准兼容时，才能促进中外联合办学、国际学生交流等活动的开展。在国际旅游市场中，标准化的旅游职业教育有助于培养出符合国际标准的旅游人才，这些人才在国际旅游服务中能够更好地展示本国旅游服务形象，提高国际游客满意度，增强本国旅游业在国际上的竞争力。

（二）既有行业规范为旅游职业教育实施标准化提供蓝本

现代产业对技能人才在专业知识技能、数字化素养、国际化素养、学习创新能力等方面的要求具有一致性，行业中已经制定并实施的各类标准，为职业教育实施标准化提供了依据与参考，旅游职业教育亦如是。

1. 行业需求共性为旅游职业教育标准化实施提供方向

现代产业发展需要大量高质量的技能型人才，且不同行业对于技能人才有相对固定的能力和素质要求，这种相对统一的需求为职业教育实施标准化提供了可能。旅游企业对于人才有一定的共性需求，这为旅游职业教育标准化提供了依据，例如，旅游院校可以根据酒店星级评定标准来制定酒店服务相关专业的教学内容和实训标准，根据行业注重实践教学的特性，旅游院校可制定详细的实践教学标准。此外，旅游院校也可以围绕旅游企业普遍要求员工具备良好的沟通能力、服务意识和专业知识等共性需求，将人才培养目标、课程体系标准化，以确保培养出符合行业需求的人才。

2. 现代技术发展让旅游职业教育标准化实施成为可能

随着信息技术、虚拟仿真技术等数字化技术的发展，旅游院校可以利用虚拟旅游教学软件、在线课程平台等，可以统一实践教学环境和理论教学资源，保障教学质量的标准化；也可以利用在线教育平台统一课程标准和教学资源，实现不同地区的学生接受同质化的优质教学内容；还可以利用大数据分析更好地确定标准化人才培养质量的指标和评价方法。例如，学校建有的虚拟仿真实践教学中心就可以将实践教学指南、实践教案、实践考核指南标准化，使实践要求内容更具体，实践教学管理更科学，实践考核流程更详细。

3. 国际成功经验为旅游职业教育实施标准化提供有益借鉴

国外很多发达国家在职业教育标准化方面有比较成功的经验，我们可以借鉴这些国际经验，结合国情来实施我国职业教育的标准化。比如德国的"双元制"职业教育，在学徒培训内容、培训企业资质、考核标准等方面都有严格标准。国外一些高等院校会将 ISO 9000 质量认证标准体系引入教学管理，用于教学过程的精细化监控、教学质量的量化评估与标准认定。国外在旅游职业教育标准化方面的经验同样值得借鉴，例如，瑞士的旅游职业教育在课程设置、实践教学、师资培养等方面有成熟的标准体系，为我国的旅游职业教育标准化实践提供了样板。

三、体系构建：打造适合旅游职业教育的标准体系

旅游职业教育的高质量内涵式发展离不开标准体系的建设，只有加强教学服务与管理标准体系建设，才能使旅游职业教育紧跟产业新发展，提高旅游职业教育人才培养质量。以浙江旅游职业学院为例，试点两年来，学校高度重视教学服务与管理标准化建设，将标准化思维融入学校现代化治理，以试点工作推动旅游职业教育教学的标准化、特色化、规范化发展，为全国旅游职业教育教学标准化工作提供借鉴与参考。

（一）打造完善的标准化工作运行体系

为强化标准化工作的推进力度和效

度，学校成立教学服务与管理标准化试点工作领导小组，组建校院两级标准化试点工作专班，出台教学服务与管理标准化工作制度文件，形成学校教学服务与管理标准化流程闭环，构建责任明确、内外联动的教学服务与管理标准化长效工作机制，配备专兼职标准化工作人员，统筹推进试点工作。完善互动合作机制，学校强化与标准化行政主管部门、标准化专业机构的协调联动，完善标准编制和应用、标准化试点示范和理论研究等方面的互通、互促、互进机制。学校还将教学服务与管理标准化试点工作纳入学校的"十四五"规划、学校第三次党代会报告和年度重点工作等重要规划文件，强化标准化工作全生命周期管理机制。

（二）构建科学有效的标准体系

着眼流程再造、系统重塑，学校以覆盖教学全过程脉络为基础，以现行国家标准、行业标准为基础，编制具有旅游职业教育特色的教学服务与管理标准，最终形成了以教学基础、教学服务提供、教学管理保障、教学评价改进等为基本框架，以课程、课堂、教材、师资、实习、实训等为核心要素的教学服务与管理标准体系，共包含标准210项，构建了分类科学、层次清晰、要素完整的教学服务与管理标准体系。该体系涵盖国家标准47项，行业标准13项，团体标准3项，学校标准147项。同时，学校按照标准体系框架，开展校内现行规章制度、文件通知的系统梳理，找准教学服务与管理标准空白点位，开展查漏补缺，修订一系列学校内部的标准规范。

（三）形成覆盖全员全链条的标准实施体系

学校建立健全教学服务与管理标准实施长效机制，以教学运行与管理人员、相关专业负责人、专任教师为重点组织开展标准化工作培训辅导，分类、分阶段全面实施教学基础标准、教学服务提供标准、教学管理保障标准和教学评价改进标准，总结教学服务与管理标准化的成果和经验。试点工作实施期间，学校牵头研制了《旅游职业教育人文素养课程体系设置指南》《旅游教育国际化评价指南 专业建设与发展》《旅游教育国际化评价指南 中外合作办学》3项团体标准，《旅游类专业学生实习规范 第4部分：旅游类专业学生会展实习规范》《旅游类专业学生实习规范 第5部分：旅游类专业学生烹饪实习规范》2项行业标准。

（四）完善具有辐射效应的标准化试点梯度培育体系

学校结合"双高计划"建设任务要求，将教学服务与管理标准化工作与深化职业教育改革、专业数字化改造、教学质量内部控制与整改等内容相结合，构建统筹学校、专业、课程、教师、学生五个层面的教学服务与管理自我评价和持续改进工作体制，进一步提升学校教学质量的满意度、美誉度和影响力。2024年，学校在首轮国家"双高计划"建设单位和首轮浙江省"双高计划"建设单位验收工作中均取得优异成绩，通过系统性标准化试点梯度培育，学校将继续探索以试点辐射带动旅游职业教育标准化整体协同发展之路，积极打造旅游职业教育教学服务与管理标准化样板，输出旅院模式。

四、探索实践：在标准制定与实施中注重特色与创新

浙江旅游职业学院充分结合学校旅游职业教育已有的特色与优势，面向所有二级学院（部）推进教学服务与管理标准化建设，在确保标准化工作全员、全要素、全过程覆盖的基础上，发挥标准化试点的引领示范作用，在旅游职业教育领域取得了丰硕的成果。

（一）聚焦与国际接轨，探索标准国际化新路径

1. 做实国际标准化研究，做深国际标准制定

学校组建由校内外专家组成的国际标准化工作团队，联合开展国内外标准对比和国际标准化发展趋势研究，以及旅游国际标准翻译，形成《文化和旅游标准化助推"一带一路"建设》《欧洲国家文化和旅游标准化研究》等多篇研究报告。学校牵头起草的《旅游及相关服务—旅游信息咨询服务—要求与建设》成为我国旅游领域首批立项的国际标准，填补了我国旅游领域国际标准空白；牵头制定的《海外中式烹饪工艺基础课程设置规范》和《海外中餐名店评定规范》两项标准相继在塞尔维亚和意大利发布，联合两国教育和协会资源，在中式烹饪培训项目中推广实施。

2. 主导制定国家标准，引领输出中国规则

学校把国际行业标准融合度作为国际化专业课程质量的核心，11个骨干专业率先通过世界旅游组织旅游教育质量认证；引入澳大利亚技能质量署 ASQA（Australian Skills Quality Authority）评估标准，建立中澳教学质量管理监督体系和远程网络教学资源平台 E-coach；开发全球通用的《国际邮轮乘务》专业和课程体系、《世界旅游概论》等网络双语课程50门；主导制定导游专业唯一的国家标准《导游等级划分与评定》以及《旅游类专业学生景区实习规范》等4个行业标准、全国首个国际旅游教育团体标准《旅游汉语课程设置规范》（被俄罗斯高校采纳）及中餐业《国际中餐名店评定规范》等。

（二）紧跟数智趋势，推动校级特色标准制定

1. 时刻关注行业标准与动态，促进专业转型升级

学校主动对接浙江省产业发展规划，开展专业与产业发展匹配度调研，撰写了《浙江省域旅游产业职业教育匹配分析报告》，为专业转型升级提供产业逻辑依据。面向新业态、新职业、新岗位的产业需求，学校强化数字经济背景下的多专业融合和多技术整合，构建旅游类专业领衔的软服务与硬技术结合的新型专业群，实施专业动态调整与优化布局。重点聚焦文化和旅游产业的前端及高端职业岗位，精准定位人才培养目标规格，力求专业人才培养方案对接产业需求，增强人才培养的针对性和适应性。《技能迭代、跨界融通：复合型导游人才培养模式创新与实践》获2022年国家级教学成果奖二等奖。

2. 建设丰富数字教学资源内容，规范数字化教学管理

近年来，学校紧跟数智教学趋势，自主开发建成的在线开放课程共 135 门、累计开设 588 期，已累计建成 64 门校级精品在线开放课程、11 门职业教育省级在线精品课程、5 门职业教育国家在线精品课程，并建有 7 个校级专业教学资源库及 2 个省级以上专业群教学资源库，累计 152 门课程开展线上线下混合式教学改革试点，参与教师达 338 人次，数字教学资源辐射院校超 3000 所，累计用户量超 20 万人。同时，学校制定了《在线课程教学管理规范》《线上线下混合式课程设置规范》《专业教学资源库建设指南》《数字化教学资源管理规范》等一系列数字化教学管理校级标准，形成了一套可借鉴、可推广的数字教学管理模式。

3. 制定数智化教学环境管理规范，提升教学运行效用

近年来，学校致力于建设教学教务数智平台环境，已建成智慧教室 101 间、实训室 94 间，建设教务管理、智慧空间管理、实训中心管理、学分银行管理、岗位实习管理、教材管理、学评教管理等平台系统，制定了《智慧空间管理平台建设规范》《智慧教室建设规范》《教学综合信息服务平台建设规范》《教务大数据建设规范》等校级数智化教学环境管理规范，以数据治理为核心，推动教学管理与教务运行、教学安排、教学实施、课堂管理、教学评价及学生实习管理评价的系统性重塑，提升学校现代化治理能力。

（三）坚持标准引领，校企协同推进实践教学改革

1. 对标行业标准，推动岗课赛证一体化建设

学校对标已牵头制定的《旅游类专业学生饭店实习规范》《旅游类专业学生旅行社实习规范》《旅游类专业学生景区实习规范》《旅游类专业学生实习规范 第 4 部分：旅游类专业学生会展实习规范》《旅游类专业学生实习规范 第 5 部分：旅游类专业学生烹饪实习规范》等行业标准，一方面在标准实施中注重不断完善标准内容，组织开展标准修订工作，另一方面将标准化思路融入岗课赛证一体化建设，择优引入行业标准和"1+X"职业技能等级证书，从岗位要求出发，课赛融合、赛证融合，不断提升学生的职业技能水平。近三年来，学生在国家级职业技能大赛中获奖 11 项，在省级职业技能大赛中获奖 85 项。2024 年 10 月 24—26 日，学校承办了 2024 世界职业院校技能大赛总决赛旅游赛道——研学旅行小组争夺赛。

2. 校企共建生产性实训基地，推动标准化产学研用一体化

学校与阿里巴巴集团共同创立全国唯一的"互联网+旅游"人才孵化基地、与正保集团建设财务共享中心等依托数字化技术的数字化生产型实训基地两个，建有 130 余个工位，年营业额超 1 亿元，为学生校内实训提供智慧化实践场地，开展沉浸式体验、学习活动，为学生快速融入行业奠定了基础。同时，学校紧密围绕旅游产业新理念、新技术、新工艺、新规范、新标准的要求，校企共同投资 1905

万元，基于数字孪生理念，依托 5G、VR、AR 等数字技术，融空间虚拟与桌面虚拟、智能 AI 等技术于一体，建成了 1 个国家级职业教育示范性虚拟仿真实训基地，实现 17 个专业旅游大类虚拟仿真资源全覆盖，为学校旅游实训教学搭建数字环境，同时辐射周边及全国旅游职业教育领域，虚拟仿真管理云平台累计师生访问数已达 8 万余人次。

五、实践思考：持续推进旅游职业教育标准化工作再深化

（一）专业建设有待进一步与标准化建设融合

积极推进标准进课堂。将《导游等级划分与评定》（GB/T 34313—2017）、《旅游饭店星级的划分与评定》（GB/T 14308—2010）、《旅游景区质量等级的划分与评定》（GB/T 17775—2003）、《旅游民宿基本要求与评价》（LB/T 065—2019）、《旅游业基础术语》（GB/T 16766—2017）等一大批国家标准、行业标准和地方标准融入课程标准，作为课程内容设置在每个相关课程教学中。

积极推进标准进教材。贯彻落实《"十四五"职业教育规划教材建设实施方案》《职业院校教材管理办法》，在导游、酒店管理与数字化运营、烹调工艺与营养、智慧旅游景区服务与管理等旅游类核心专业的教材编写出版、选用管理过程中，以内容编排是否对接相应国家标准、行业标准为提升教材质量的重要手段，出版一批融合性较高的教材。

积极推进标准进实习实训基地。贯彻实施《高等职业学校导游专业顶岗实习标准》《旅游类专业学生饭店实习规范》《旅游类专业学生旅行社实习规范》《旅游类专业学生景区实习规范》等国家标准、行业标准，各专业制定本专业的《实习实训基地建设与使用标准》。

（二）队伍建设是完善旅游职业教育标准化长效机制的关键

健全常规培训制度。定期按照国家、行业、地方标准对教学运行与管理人员、相关负责人、专任教师进行专业培训，根据不同培训对象分层分类设计培训计划。例如，对于专任教师要注重旅游行业标准、实践教学标准、教学标准的培训，对于教学管理人员则要注重教学管理规范、教学质量监控标准的培训。

加强标准宣贯和培训。依据行业标准更新情况及时调整培训周期和内容，确保标准实施人员及时掌握最新标准。依托数字资源丰富培训内容，灵活安排培训方式，同时建立培训评估体系，及时考察标准化实施人员对标准的掌握程度和应用能力，并做好标准的持续改进与反馈工作。

建立专业人才引育机制。提升标准化试点工作专业化水平，引进优秀行业人才、标准化工作专业人才，以标准化专业人才带动学校教学管理人才标准化工作整体水平；培育标准化工作专业人才，定期安排专任教师、教学管理人员到优秀旅游企业挂职锻炼或实地考察，促进将行业实践经验融入教学标准。

（三）及时总结经验争取旅游职业教育标准化实施成果推广

进一步深化标准化工作，形成示范经

验。学校须充分发挥标准化试点的引领示范作用，结合旅游职业教育已有的特色与优势，以标准化工作手段推动旅游分类专业人才培养，将实施成熟的校级标准转化为团体标准、行业标准、地方标准乃至国家标准。同时，逐步实现新时代学校教学服务与管理的意识创新、机制创新、方法创新和成果创新，力争成为全国高等职业教育旅游大类专业提高教学服务与管理水平可参考和借鉴的典型样板。

进一步完善标准化体系，争取成果推广。在今后的标准实施过程中，学校还须进一步完善教学服务与管理标准体系，持续开展标准制定和修订工作。同时，依托文化和旅游标准研究委员会、旅游类职业教育行业指导委员会，借助第五批全国旅游标准化试点等工作，将学校的教学服务与管理标准化试点成果进一步推广，惠及更多的旅游类职业院校和旅游行业企业。

进一步探索标准化教育模式，加强人才培养。学校将进一步深化旅游标准进课堂，将行业标准融入课程体系、融入实践教学，使旅游人才培养更加规范和高效。进一步开展旅游教育标准化研究，探索旅游标准化专业设置和学科建设的可行性，根据市场需要培养更多的旅游标准化专业人才，扎实推动旅游教育质量提升。

参考文献

［1］李倩，李亚玲，等.浙江省现代服务业高质量发展问题分析及对策建议［J］.中国商论，2023（19）：129-134.

［2］王继平.职业教育国家教学标准体系建设有关情况［J］.中国职业技术教育，2017（25）：5-9.

［3］王郑库，李凤霞，徐家年，等.基于应用型人才培养的虚拟仿真实验平台建设与实践——以石油工程虚拟仿真实验室为例［J］.重庆科技学院学报（社会科学版），2020（3）：121-124.

［4］季桂起.新建本科院校实施标准化教学质量管理的探索［J］.中国大学教学，2008（10）：77-79.

［5］金琳琳.浙江旅游职业学院："标准化＋旅游高职教育"模式推动产学研用一体化发展［N］.中国旅游新闻客户端，2024-04-18.

"四新"背景下专科层次旅游职业教育发展现状与对策研究

詹兆宗

(浙江旅游职业学院,浙江 杭州 311231)

摘 要:我国旅游业已进入新经济、新业态、新技术、新职业不断涌现的新阶段。教育部《职业教育专业目录(2021年)》不仅增加了对接旅游业"四新"的新专业,还加强了对原有专业的数字化升级改造,对专科旅游职业教育发展产生了巨大的促进和影响。但是,专业设置不均衡、专业设置波动较大、专业布点过少、新专业发展比较迟缓、与对接行业匹配度不高、供给侧改革不够深入等问题依然存在。为此,教育行政主管部门应发挥主导作用,建立专科层次旅游职业教育发展的良好生态;学校应立足本地、放眼区域,在知己知彼基础上理性开设专业;专业应充分了解对接行业所需人才的规格和规模,将其落实到课程体系与教学过程中;学校应深化专业办学机制改革,加强人才培养中的产教融合与实践教学中的校企合作,以有效增强人才培养规格、培养计划与企业用人需求的匹配度。

关键词:"四新";专科层次旅游职业教育;发展现状;对策

一、旅游业"四新"发展概述

2017年9月,中共中央、国务院印发了《关于开展质量提升行动的指导意见》,该文件是我国经济在经历三十多年的高速发展后,面临人力成本低、土地成本低、技术成本低等传统优势正在减弱,中高端产品和服务的有效供给不足,原创性技术不足等短板急需补齐的形势下出台的。意见指出,要以高质量发展为中心,将质量强国战略摆在更加重要的位置,加快培育具有国际竞争力的新优势,全面推动我国经济进入高质量发展的新时代。2017年10月,党的十九大将新时代我国社会主要矛盾确定为人民日益增长的美好生活需要和不平衡不充分的发展之间的矛盾,认为发展的不平衡不充分已经成为满足人民日益增长的美好生活需要和我国经济实现新跨越的主要制约因素,而深化供给侧结构性

作者简介:詹兆宗,教授,主要研究方向为旅游经济与旅游职业教育。

改革、加快发展创新型国家等是我国现代化经济体系建设的重要举措。2022年10月，党的二十大指出，中国式现代化是新中国成立后特别是改革开放以来在我国经济社会长期探索和实践基础上逐步积累，经过党的十八大以来创新突破而形成的具有中国特色的发展道路与理论总结。2024年7月，党的二十届三中全会提出，科技、教育、人才是中国式现代化的基础与战略支撑，当以新发展理念引领改革，完善推动高质量发展激励约束机制，塑造发展新动能新优势，深入实施科教兴国战略、人才强国战略、创新驱动发展战略，以中国式现代化全面推进中华民族伟大复兴。

在加快高质量发展、增强中高端服务产品、满足人民日益增长的美好生活需要、塑造新动能新优势等战略举措的驱动下，我国旅游业也迎来了新经济、新业态、新技术、新职业（以下简称"四新"）不断涌现的新局面。

在新经济与新业态方面，研学旅行、冰雪旅游、营地旅游、康养旅游、低空休闲等已经成为旅游业重要的经济增长点和新业态。研学旅行是在国家相关政策引导下由文旅与教育深度融合产生并发展起来的新行业。2016年12月，教育部等11部门联合发布《关于推进中小学生研学旅行的意见》（教基一〔2016〕8号），规定中小学生研学旅行纳入学校教育教学计划，其性质为通过集体旅行、集中食宿方式开展的研究性学习和旅行体验相结合的校外教育活动。2023年中小学研学旅行全面恢复，研学旅行市场规模达1469亿元，预计2025年可突破2000亿元，到2028年将超过3000亿元。2022年北京冬奥会的成功举办，使冰雪旅游受到人们的广泛关注，加速了冰雪旅游在我国特别是南方地区的普及，曾经的小众旅游开始大众化。到2022年年底，我国有滑雪场馆876家，滑雪相关企业1593家，滑雪运动市场规模744.4亿元，冰雪旅游市场规模4740亿元；预计2027年滑雪运动市场规模将上升至1669亿元，冰雪旅游市场规模将超过8000亿元。在各种旅游方式受疫情影响下滑严重的情况下，营地旅游却实现了逆势持续增长，从2019年的市场规模276.3亿元发展到2020年的460亿元，2021年更是达到747.5亿元，2022年则突破1000亿元；预计2025年将突破2000亿元。随着我国人口老龄化进程的加速，康养旅游因其具有健康、养老和旅游等复合功能，正日益受到老年群体、政府、家庭和社会的重视，进入了发展的快车道。根据国家统计局公布的人口数据，2021年我国开始进入深度老龄化，65岁及以上人口20056万人，占比达14.2%；2023年65岁及以上老年人口占比已升至15.4%，预计我国在2030年左右进入占比超20%的超级老龄化社会。2021年，国务院印发了《"十四五"国家老龄事业发展和养老服务体系规划》，积极倡导和推动健康、养老与旅游、旅居的融合发展。同年，国务院在《"十四五"旅游业发展规划》中提出要加快建设国家中医药健康旅游示范区（基地），促进老年旅游与中医药及康养一体化发展，为康养旅游市场繁荣夯实基础、创造条件。2022年，我国康养旅游达4040万人次，康养旅游支出为753.3

亿元；但与美国的康养旅游19450万人次和2559亿美元支出相比，我国的康养旅游仍处于起步阶段，未来还有巨大的发展空间。2021年2月，中共中央、国务院印发《国家综合立体交通网络规划纲要》，首次提出要积极发展包括低空客运、低空休闲在内的"低空经济"。截至2022年年底，我国获得通用航空经营许可的通用航空企业有661家，比上年增加62家；在册管理的通用航空器3186架，其中，教学训练用航空器1157架；航空飞行营地超过380家，航空运动俱乐部超过200家；低空经济相关业务上市公司和新三板挂牌公司各19家，38家公司的飞行服务业务收入为28.64亿元，保障服务业务收入为23.32亿元，低空休闲与低空经济已崭露头角。

旅游的新经济、新业态离不开新技术、新职业的支撑，在旅游业展现出中国式现代化的强劲赋能。2023年5月，教育部办公厅在《基础教育课程教学改革深化行动方案》中要求加强科学教育实践活动，夯实科教兴国和人才强国战略基础，遴选一批科技馆、现代农业基地、现代工业领军企业和高科技企业作为中小学生研学活动的实践基地。同时，在研学旅行中无人机、沉浸式体验设备、5G通信、人工智能等新一代信息技术也广泛运用。我国的冰雪旅游、营地旅游虽然起步较晚，但起点较高，融入VR、AR、MR等技术的交互体验设备和体验内容已普遍应用，基于人工智能物联网技术的智能管理、远程监控和数据分析使场馆与营地的运营和安全管控充分展现了科技的力量。现代康养旅游同样离不开新技术的加持，物联网、人工智能、大数据等技术能对康养游客的健康状况进行精准评估、监测和判断，医疗生物科技、基因技术、远程诊断等技术能提供更多的医疗保健选择和更可靠的保障，智能运动健身器材可以更安全有效地促进游客的健康与疗养。低空休闲本身就是高科技的产物，集感知和通信技术（远距通信、卫星导航、网络通信安全、雷达技术）、数字技术（大数据、AI、模拟仿真、数字孪生、人工智能）和低空飞行技术（飞控、精密电机、高性能电池、避障）等新技术于一体。新技术、新业态必然在旅游业中催生出新职业，同时，旅游的新技术、新业态也需要新职业来运用和服务。近年来，研学旅行指导师、旅游定制服务师、智慧景区运营管理师、全媒体运营师、旅游主播、森林园林康养师、民宿管家、宴会定制服务师等一批与旅游新经济、新技术、新业态相关的新职业涌现出来，其中，研学旅行指导师、旅游定制服务师、全媒体运营师、森林园林康养师、民宿管家、宴会定制服务师等已被列入《中华人民共和国职业分类大典（2022年版）》。

二、"四新"与专科层次旅游职业教育专业调整

2019年1月，国务院发布《国家职业教育改革实施方案》（职教20条），提出要把发展职业教育放在经济社会发展中更加突出的位置，使之能对接科技发展趋势和人力资源市场需求，更好地服务现代化经济建设；职业教育要优化学校、专业布

局，以促进就业和适应产业发展需求为导向，着力培养高素质劳动者和技术技能人才。为落实职教20条，教育部于2020年对职业教育专业目录进行了系统性修订。专业目录是职业院校专业设置、用人单位选用毕业生的基本依据，是职业教育支撑服务经济社会发展的重要观测点。高等职业教育专科专业目录是2015年修订的，随着时代的变迁，与经济社会发展不相适应的问题也越来越突出。专业目录的系统性修订，是解决职业教育发展中不平衡、不充分造成的供给侧结构性问题的重要抓手。根据教育部下发的指导性意见，本次职业教育专业目录研制工作的首要原则就是对应新经济、新技术、新业态、新职业，构建现代职业教育专业目录体系，一方面对接现代产业体系，提升人才供给质量；另一方面推进数字化升级改造，构建未来技术技能。

2021年3月，教育部正式发布《职业教育专业目录（2021年）》（以下简称新版《目录》）。新版《目录》对接"四新"新增专业，根据产业转型升级与需求变化更名、合并与撤销专业。就旅游职业教育而言，新版《目录》专科层次共设有专业13个，其中，保留专业4个，更名5个，新增3个，归属调整2个，茶艺与茶文化专业既更名也做了归属调整（见表1）。

研学旅行管理与服务、葡萄酒文化与营销是2019年新增的，所以，与2015版《目录》相比，目前的13个专业中，保留专业4个，仅占比30.8%；新增专业5个，占比38.4%；更名专业4个，占比30.8%。对比2015版《目录》，新增的5个专业中，

表1 2021版目录专科层次旅游类专业新旧对照表

专业代码	专业名称	修订前专业名称	修订状况	2015版目录
540101	旅游管理	旅游管理	保留	有
540102	导游	导游	保留	有
540103	旅行社经营与管理	旅行社经营管理	更名	有，更名
540104	定制旅行管理与服务		新增	无
540105	研学旅行管理与服务	研学旅行管理与服务	保留，2019新增	无
540106	酒店管理与数字化运营	酒店管理	更名	有，更名
540107	民宿管理与运营		新增	无
540108	葡萄酒文化与营销	葡萄酒营销与服务	更名，2019新增	无
540109	茶艺与茶文化	茶艺与茶叶营销	归属调整、更名	有，更名
540110	智慧景区开发与管理	景区开发与管理	更名	有，更名
540111	智慧旅游技术应用		新增	无
540112	会展策划与管理	会展策划与管理	归属调整	有
540113	休闲服务与管理	休闲服务与管理	保留	有

除葡萄酒文化与营销专业外，3个都是对接旅游新经济、新业态及新职业的，1个是直接对接旅游新技术的；在更名的4个专业中，有2个是对接产业转型升级，进行数字化、智慧化改造的。可见，旅游业"四新"对这次专科层次旅游职业教育专业目录修订的影响是巨大而深远的。

在新版《目录》中还有一些专科层次专业也涉及旅游业与"四新"，如休闲农业经营与管理、森林生态旅游与康养、无人机应用技术、中医养生保健、健康大数据管理与服务、健康大数据管理与服务、休闲体育、运动健康指导、冰雪运动与管理等，但由于不在旅游类专业中，因此，不在本文分析与研究的范围内。

三、专科层次旅游职业教育发展现状

新版《目录》发布至今已实施4年，4年来专科层次旅游职业教育发展如何？还存在怎样的问题？如何针对问题进行改进？这些都值得我们观察、分析与研究。

（一）专业设置发展状况

1. 各专业设置规模

根据教育部2024年度高等职业教育专科拟招生专业设置备案和审批结果，目前，专科层次职业教育旅游类专业仍然为13个，与新版《目录》相同。根据2021年至今这13个专业的拟招生专业设置备案和审批结果，可以看到这些专业的总体发展轨迹。

（1）部分专业布点已形成较大规模。在这13个专科层次旅游职业教育专业中，旅游管理专业的布点规模最大，平均布点数为1092个；其次为酒店管理与数字化运营，平均布点数为835个；会展策划与管理专业排名第三，平均布点数为152个。但这三个专业在2015版《目录》已有，特别是旅游管理专业和酒店管理与数字化运营的前身——酒店管理均为首批专科层次旅游职业教育专业。2019年新增的研学旅行管理与服务是对接"四新"新专业中发展最好的，近4年的平均布点数已超过百个，达到108个。

（2）部分专业布点形势较为严峻。在2015版《目录》已有专业中，旅行社经营与管理专业布点数最少，在持续萎缩后，近4年的平均布点数已降至个位数，2023年和2024年都只有6个拟招生专业。智慧景区开发与管理虽然有职业本科的旅游规划与设计对接，但发展动能有限，专业布点数长期低于50个，且呈缓慢下降态势。茶艺与茶文化、休闲服务与管理两个专业，虽有中职的茶艺与茶营销、康养休闲旅游服务对接，发展规模也比较有限，布点数在60个上下徘徊。

（3）新专业发展喜忧参半。在2019年和2021年新增的专业中，除研学旅行管理与服务发展较快，其余的发展都相对迟缓，近4年的布点数皆在50个以内。相比之下，智慧旅游技术应用在波动中呈增长势头，特别是2024年新增了16个拟招生专业点，加快了发展速度；定制旅行管理与服务、民宿管理与运营仍处在起步阶段，专业布点数在20多个范围内有待突破；葡萄酒文化与营销专业一直在低位发展，专业布点数都在20个以内，但较为稳定，尚未出现明显的萎缩迹象（见

图1）。

2.各专业的地区分布

以全国除港澳台外的31个省份为研究地区，13个专科层次旅游职业教育专业在各地区的分布大致可以分为四类：第一类是全覆盖型，即在各地均有分布；第二类是宽覆盖型，除个别地区（少于10个）外有分布；第三类是窄覆盖型，在超过10个地区没有分布，但分布地区也超过10个；第四类是低覆盖型，分布地区在10个及以下范围。

（1）全覆盖型专业及其布点状况。

在13个专科层次旅游职业教育专业中，只有旅游管理和酒店管理与数字化运营两个专业实现了各地全覆盖。但是就拟招生布点情况看，全覆盖专业在各地区分布仍存在较大差异，个别地区还存在较大波动。

旅游管理专业在河南、四川布点较多，有70个以上；在宁夏、青海、西藏较少，仅有个位数；在安徽、黑龙江、吉林、江苏、辽宁、内蒙古、浙江则出现过较大波动，布点数前后相差20个以上。酒店管理与数字化运营专业在安徽、广东、湖北、四川布点较多，有50个以上，尤以河南最多，在70个以上；在北京、宁夏、青海、西藏较少，仅个位数（见表2）。

（2）宽覆盖型专业及其布点状况。

导游、研学旅行管理与服务、智慧旅游技术应用和会展策划与管理4个专业在全国属于宽覆盖专业。导游专业近4年只在陕西、上海无布点，其他专业无布点地区均少于10个。从统计数据看，这些专

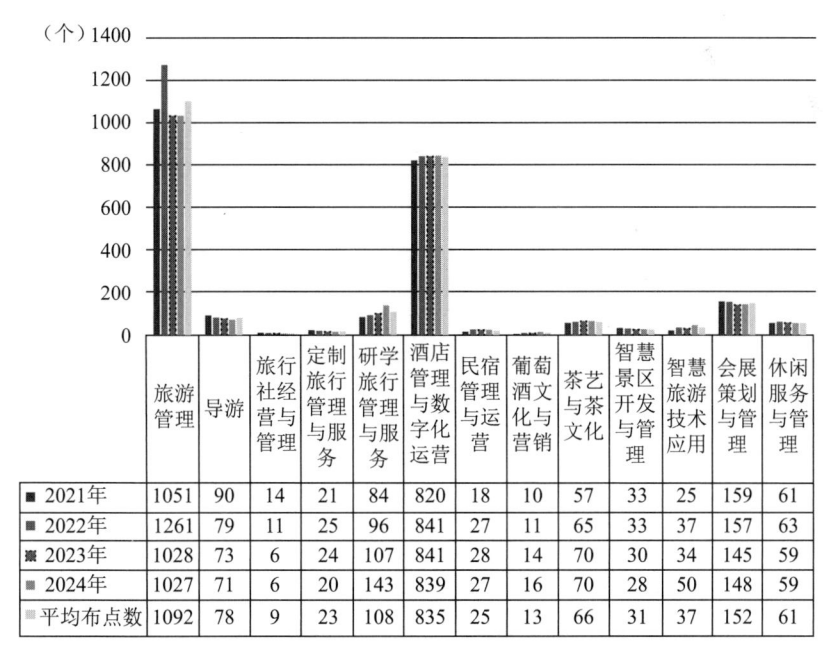

	旅游管理	导游	旅行社经营与管理	定制旅行管理与服务	研学旅行管理与服务	酒店管理与数字化运营	民宿管理与运营	葡萄酒文化与营销	茶艺与茶文化	智慧景区开发与管理	智慧旅游技术应用	会展策划与管理	休闲服务与管理
2021年	1051	90	14	21	84	820	18	10	57	33	25	159	61
2022年	1261	79	11	25	96	841	27	11	65	33	37	157	63
2023年	1028	73	6	24	107	841	28	14	70	30	34	145	59
2024年	1027	71	6	20	143	839	27	16	70	28	50	148	59
平均布点数	1092	78	9	23	108	835	25	13	66	31	37	152	61

图1　专科层次旅游职业教育各专业近4年招生布点数量统计

数据来源：专业布点数均来自教育部高等职业教育专科拟招生专业设置备案结果数据检索，下同。

表 2　专科层次旅游职业教育地区全覆盖专业近 4 年布点情况（个）

	旅游管理				酒店管理与数字化运营			
	2021 年	2022 年	2023 年	2024 年	2021 年	2022 年	2023 年	2024 年
安徽	75	94	71	67	57	55	54	47
北京	13	12	13	14	5	5	5	4
重庆	30	31	30	30	21	24	22	25
福建	33	37	34	35	19	21	20	18
甘肃	16	17	16	16	12	14	16	16
广东	59	60	58	65	57	57	58	62
广西	28	26	26	26	30	32	30	31
贵州	28	25	25	26	21	16	15	17
海南	16	17	18	21	15	12	16	21
河北	47	39	38	36	40	32	31	30
河南	91	91	87	85	77	82	78	82
黑龙江	24	56	26	26	18	22	25	24
湖北	50	53	54	54	53	51	54	48
湖南	35	32	34	33	26	23	25	22
吉林	21	42	22	20	25	29	27	25
江苏	55	109	53	49	45	47	49	51
江西	59	61	60	57	40	47	42	42
辽宁	32	69	33	36	20	22	21	20
内蒙古	30	45	27	28	16	17	15	13
宁夏	5	7	7	8	1	1	1	3
青海	5	6	4	4	4	5	2	3
山东	65	63	60	58	38	40	41	42
山西	22	21	26	31	22	21	29	31
陕西	33	33	31	29	20	20	18	18
上海	10	22	11	11	16	19	19	19
四川	80	77	75	70	52	52	51	47
天津	10	10	9	8	6	5	6	5
西藏	2	2	2	2	1	1	1	1
新疆	28	29	28	31	15	20	19	19
云南	21	21	22	20	17	18	19	20
浙江	28	54	28	31	31	31	32	33

业或高或低也存在布点波动的现象，由于布点数量总体不多，所以波动主要表现在有和无之间。例如，北京的研学旅行管理与服务专业在2022年和2023年两年都没有招生，海南的导游专业在2022年和2023年两年也没有招生。会展策划与管理虽然在大多数地区有招生专业，但在广东的专业布点数明显高于其他地区，除2021年的26个外，其他年份的布点数都在30个以上。研学旅行管理与服务专业布点范围较宽，也比较稳定，近2年又有吉林和重庆开始布点招生，目前，只有宁夏、上海、天津、西藏4地尚无专业设置和招生布点。智慧旅游技术应用是新版《目录》新增旅游类专科专业中在各地发展较好的，近两年又有福建、海南、黑龙江、云南等地增设专业并招生。

（3）窄覆盖型专业及其布点状况。

定制旅行管理与服务、民宿管理与运营、休闲服务与管理、茶艺与茶文化和智慧景区开发与管理5个专业近4年的无布点地区都超过了10个。定制旅行管理与服务和民宿管理与运营作为新版《目录》的新增专业，在招生布点范围上也一直未能取得较大突破，始终处于布点地区少、各地布点数少的境况。休闲服务与管理专业在福建、江苏、辽宁、云南、浙江的布点数稍高，近4年均在5个以上。茶艺与茶文化专业招生布点于茶产地关系更密切，安徽、福建、广东、湖北、江西、浙江布点数较高，一般都在5个以上，其中，江西以年均10个以上位居首位。智慧景区开发与管理作为数字化改革的专业，其改革红利没有得到充分释放，专业布点在

地区分布上仍在缓慢萎缩，近两年又有安徽、甘肃、广东3个地区停止招生。

（4）低覆盖型专业及其布点状况。

旅行社经营与管理和葡萄酒文化与营销2个专业近4年的布点地区均较少，属于低覆盖型专业。葡萄酒文化与营销常年保持招生的地区只有7个，另有3个是近一两年才有招生，招生覆盖范围略有改善；旅行社经营与管理常年保持招生的地区只有5个，另有5个地区近两年已经没有招生，招生覆盖范围进一步萎缩。

（二）与行业匹配度

党的十八大以来，国家加大加快了职业教育改革步伐，先后出台《关于加快发展现代职业教育的决定》《职教20条》《关于深化产教融合的若干意见》《职业教育法》等一系列政策法规，使职业教育主动适应经济结构调整和产业变革，对接"四新"，推进专业升级和数字化改造，着力培养服务经济社会高质量发展的高素质技术技能人才。新版《目录》发布后，专科层次旅游职业教育与行业匹配如何是研究其发展状况及新版《目录》是否充分发挥教育资源配置调节作用的重要指标。

在新版《目录》13个专科层次旅游职业教育专业中，比较容易确定与行业对接关系且行业发展数据也可以获得或部分获得的是旅游管理、导游、旅行社经营与管理、定制旅行管理与服务、酒店管理与数字化运营、民宿管理与运营、智慧景区开发与管理、会展策划与管理8个专业，在13个专业中占比61.5%，已具有较强的典型性和代表性。导游、旅行社经营与管理、定制旅行管理与服务对应的主要是

旅行社行业；旅游管理专业对应的是旅游业，这里将旅行社、酒店、民宿、景区、会展等行业汇总起来代表旅游业，这些行业也基本覆盖了目前大多数院校旅游管理专业的就业面向。为了便于列表统计，我们给相关专业及其匹配的行业设置一个简称（见表3）。

专科旅游职业教育8个典型专业以其各地区的拟招生布点数为统计对象，具体数据采集自教育部公布的2024年高等职业教育专科拟招生专业设置备案结果。专业对应行业规模以相关企业数量为统计对象，具体数据均采集自相关行业的最新年度报告。其中，旅行社业数据采集自文化和旅游部2024年第一季度全国旅行社统计调查报告，酒店业数据为文化和旅游部2023年度全国四星级、五星级酒店合计数，民宿为文化和旅游部截至2024年8月的国家甲级、乙级民宿合计数，会展业数据采集自中国展览馆协会《2023中国展览馆协会统计报告》中的全国主要展览馆名录。

通过对专业布点规模与行业发展规模的对照不难发现，导游、旅行社经营与管理和定制旅行管理与服务3个专业的各地布点数与旅行社行业各地发展规模完全无法匹配，各地专业布点数都远远低于行业发展规模；同样的问题也出现在智慧景区开发与管理专业，匹配失衡非常明显（见表4）。因此，在进一步的专业与行业匹配分析中，我们就不再纳入这4个专业，而是将重点放在旅游管理等4个典型专业上。为了更有效地判断专业与行业的匹配度，我们通过各地专业设置规模在专业总规模中的占比和各地行业在行业总规模中的占比（以下简称占比）来进行分析（见表5）。

专业在某地区的设置规模即专业在该地区的布点数在总布点量中的占比，与专业对接行业的该地区规模在整个行业总规模中的占比应该是基本相当的。如果两个占比之差（以下简称占比差）不超过一个百分点，说明专业在该地区的设置规模与

表3 8个专科旅游职业教育典型专业及其匹配的行业

专业代码	专业名称	专业简称	匹配行业	行业简称
540101	旅游管理	旅管	旅游业	旅游业
540102	导游	导游	旅行社行业	旅行业
540103	旅行社经营与管理	经管		
540104	定制旅行管理与服务	定制		
5401016	酒店管理与数字化运营	酒店	酒店行业	酒店业
540107	民宿管理与运营	民宿	民宿行业	民宿业
540110	智慧景区开发与管理	景区	旅游景区行业	景区业
540112	会展策划与管理	会展	会展行业	会展业

表4 专科旅游职业教育8个典型专业及其匹配行业发展规模对照统计(个)

	旅管	旅游业	导游	经管	定制	旅行业	酒店	酒店业	民宿	民宿业	景区	景区业	会展	会展业
安徽	67	2868	1	0	0	1946	47	207	1	12	0	697	2	6
北京	14	5564	3	0	0	5027	4	299	0	11	0	214	8	13
福建	35	2562	5	0	0	1873	18	222	1	6	1	449	7	12
甘肃	16	1958	2	0	0	1166	16	297	0	11	0	480	0	4
广东	65	5620	1	0	2	4473	62	435	0	8	0	664	35	40
广西	26	2310	2	0	0	1323	31	309	1	8	1	665	1	5
贵州	26	1959	0	0	0	1197	17	209	0	9	1	543	1	1
海南	21	1329	2	0	1	1161	21	71	1	6	0	89	4	2
河北	36	2640	4	1	2	1875	30	248	2	11	1	490	6	16
河南	85	2378	3	1	2	1453	82	320	3	9	3	580	5	16
黑龙江	26	1582	1	0	0	1046	24	89	0	4	0	438	3	5
湖北	54	2824	4	0	0	1922	48	264	0	11	2	622	3	5
湖南	33	2983	3	0	0	2106	22	216	1	9	2	638	4	14
吉林	20	1202	3	0	1	832	25	60	0	0	0	303	1	7
江苏	49	4829	4	1	1	3873	51	282	2	13	1	634	8	27
江西	57	2188	1	0	0	1456	42	289	2	12	1	421	0	10
辽宁	36	2637	2	0	0	1828	20	215	0	5	0	577	3	12
内蒙古	28	2388	0	0	0	1711	13	205	0	5	0	457	2	10
宁夏	8	466	1	0	1	253	3	70	0	5	1	137	1	1
青海	4	1173	0	0	0	714	3	264	0	5	1	188	0	2
山东	58	5214	2	2	1	3536	42	405	2	9	2	1228	8	36
山西	31	1799	8	1	2	1232	31	165	2	8	2	390	4	4
陕西	29	2191	0	0	0	1399	18	264	0	5	0	515	2	8
上海	11	2231	0	0	1	1940	19	144	2	0	0	138	10	9
四川	70	3167	1	0	1	1869	47	317	2	10	2	957	7	14
天津	8	805	1	0	0	646	5	49	0	4	0	104	5	2
西藏	2	641	0	0	0	390	1	131	0	3	0	116	0	1
新疆	31	2400	4	0	1	1417	19	372	2	11	1	599	2	1
云南	20	2855	3	0	0	1979	20	300	2	9	1	559	2	8
浙江	31	4924	8	0	1	3530	33	408	1	14	3	950	10	22
重庆	30	1521	2	0	3	1102	25	119	0	7	2	291	4	2

表 5　专科旅游职业教育 4 个典型专业及其匹配行业占比对照统计（%）

	旅管	旅游业	占比差	酒店	酒店业	占比差	民宿	民宿业	占比差	会展	会展业	占比差
安徽	6.5	3.6	2.9	5.6	2.9	2.7	3.7	5.0	−1.3	1.4	1.9	−0.6
北京	1.4	7.0	−5.7	0.5	4.1	−3.7	0.0	4.6	−4.6	5.4	4.1	1.3
福建	3.4	3.2	0.2	2.1	3.1	−0.9	3.7	2.5	1.2	4.7	3.8	0.9
甘肃	1.6	2.5	−0.9	1.9	4.1	−2.2	0.0	4.6	−4.6	0.0	1.3	−1.3
广东	6.3	7.1	−0.8	7.4	6.0	1.4	0.0	3.3	−3.3	23.6	12.7	11.0
广西	2.5	2.9	−0.4	3.7	4.3	−0.6	3.7	3.3	0.4	0.7	1.6	−0.9
贵州	2.5	2.5	0.1	2.0	2.9	−0.9	0.0	3.8	−3.8	0.7	0.3	0.4
海南	2.0	1.7	0.4	2.5	1.0	1.5	3.7	2.5	1.2	2.7	0.6	2.1
河北	3.5	3.3	0.2	3.6	3.4	0.2	7.4	4.6	2.8	4.1	5.1	−1.0
河南	8.3	3.0	5.3	9.8	4.4	5.4	11.1	3.8	7.4	3.4	5.1	−1.7
黑龙江	2.5	2.0	0.5	2.9	1.2	1.6	0.0	1.7	−1.7	2.0	1.6	0.4
湖北	5.3	3.6	1.7	5.7	3.6	2.1	0.0	4.6	−4.6	2.0	1.6	0.4
湖南	3.2	3.8	−0.6	2.6	3.0	−0.4	3.7	3.8	0.0	2.7	4.4	−1.7
吉林	1.9	1.5	0.4	3.0	0.8	2.2	0.0	0.0	0.0	0.7	2.2	−1.5
江苏	4.8	6.1	−1.3	6.1	3.9	2.2	7.4	5.4	2.0	5.4	8.6	−3.2
江西	5.6	2.8	2.8	5.0	4.0	1.0	7.4	5.0	2.4	0.0	3.2	−3.2
辽宁	3.5	3.3	0.2	2.4	3.0	−0.6	0.0	2.1	−2.1	2.0	3.8	−1.8
内蒙古	2.7	3.0	−0.3	1.5	2.8	−1.3	0.0	2.1	−2.1	1.4	3.2	−1.8
宁夏	0.8	0.6	0.2	0.4	1.0	−0.6	0.0	2.1	−2.1	0.7	0.3	0.4
青海	0.4	1.5	−1.1	0.4	3.6	−3.3	0.0	2.1	−2.1	0.0	0.6	−0.6
山东	5.6	6.6	−0.9	5.0	5.6	−0.6	7.4	3.8	3.7	5.4	11.4	−6.0
山西	3.0	2.3	0.7	3.7	2.3	1.4	7.4	3.3	4.1	2.7	1.3	1.4
陕西	2.8	2.8	0.1	2.1	3.6	−1.5	0.0	2.1	−2.1	1.4	2.5	−1.2
上海	1.1	2.8	−1.7	2.3	2.0	0.3	7.4	0.0	7.4	6.8	2.9	3.9
四川	6.8	4.0	2.8	5.6	4.4	1.2	7.4	4.2	3.2	4.7	4.4	0.3
天津	0.8	1.0	−0.2	0.6	0.7	−0.1	0.0	1.7	−1.7	3.4	0.6	2.7
西藏	0.2	0.8	−0.6	0.1	1.8	−1.7	0.0	1.3	−1.3	0.0	0.3	−0.3
新疆	3.0	3.0	0.0	2.3	5.1	−2.9	7.4	4.6	2.8	1.4	0.3	1.0
云南	1.9	3.6	−1.7	2.4	4.1	−1.8	7.4	3.8	3.7	1.4	2.5	−1.2
浙江	3.0	6.2	−3.2	3.9	5.6	−1.7	3.7	5.8	−2.1	6.8	7.0	−0.2
重庆	2.9	1.9	1.0	3.0	1.6	1.3	0.0	2.9	−2.9	2.7	0.6	2.1

该地区的行业规模匹配度较高；反之，两者之差越大，匹配度就越低。我们用专业占比减去行业占比，差的正值越大，说明专业设置规模超过行业规模越多；差的负值越大，说明行业规模超过专业设置越多。通过旅游管理等专业两个占比的对照及差值分析，再加上前面导游等专业的行业匹配度状况可以发现：

（1）专科层次旅游职业教育与对接行业的匹配度总体较低。导游等4个专业通过极不相称的规模对比就已经明显反映出与行业的匹配度低；酒店管理与数字化运营等3个专业的占比之差超过1%，说明与行业的匹配度也不佳。

（2）北京、甘肃、辽宁、内蒙古、青海、陕西、西藏、云南、浙江等地占比差负数较多，说明这些地区职业教育专科层次专业设置规模不及行业规模。

（3）广东、北京、河南、山东等地出现占比差超过5个百分点的情况，说明相关专业与行业匹配失衡较为严重。

（4）旅游管理专业单从数据上看与旅游业匹配度还是比较高的，但是该专业定位不清晰，不同学校就业面向差异大，导致整个专业的社会认可度较低，就业对口率也低，早已被列为国控专业。由于该专业设置时间早、社会知名度高、办学规模大，也抑制了后来设置的其他对接旅游细分行业和新业态的专业的发展。

（5）数据缺乏严重影响专业与行业匹配的分析。民宿行业和会展行业缺乏较完整反映行业规模的数据，国家甲级、乙级民宿数据虽然在文化和旅游部网站可以查找，但是与庞大的民宿行业相比，国家甲级、乙级民宿数量太少，难以反映出行业实际规模；同样，《2023中国展览馆协会统计报告》中的全国主要展览馆名录只能反映会展企业的极小一部分，且只是场馆企业，更庞大的会展策划与服务企业难以找到较全面的数据。教育部高等职业教育专科拟招生专业设置备案结果虽然能非常精准地采集专业布点数据，但这只是反映专业设置规模的重要维度；而实际招生数、毕业生数等反映办学规模的数据却难以查找。这些数据的缺失极大地影响了专业与行业匹配度的分析和研究。

（三）发展中存在的问题

新版《目录》既增加了对接旅游业"四新"的新专业，也加强了对原有专业的数字化升级改造，对专科层次旅游职业教育发展产生了巨大的影响。但是，专科层次旅游职业教育在新一轮大发展中也面临一些问题，本文仅从专业布点和与行业匹配角度进行浅析。

1. 专业设置不均衡，近一半专业布点规模偏小

在13个专业中，达到各地全覆盖的只有旅游管理和酒店管理与数字化运营两个专业，专业布点总量都在800个以上；旅行社经营与管理、定制旅行管理与服务、民宿管理与运营、葡萄酒文化与营销、智慧景区开发与管理和智慧旅游技术应用6个专业的布点总量都不超过50个，且无布点的地区较多，发展规模较小。

2. 个别专业设置波动较大，部分地区布点数大起大落

旅游管理专业2021年至2023年的布点量分别为1051个、1261个及1028个，

其中，江苏省的布点量分别为55个、109个和53个，波动幅度过大；河南省酒店管理与数字化运营2021—2024年的布点量分布为77个、82个、78个、82个，也出现较频繁的起伏。专业设置波动过频过大，不利于专业建设，也容易造成资源浪费。

3. 新专业普遍布点量小、布点地区少，发展比较迟缓

专科旅游职业教育2019年新增2个专业，新版《目录》修订又新增3个专业，占专业总量的38.4%，步伐不可谓不大，且这些新增专业大多对接新业态、新技术、新职业，其对接行业又是旅游发展新的经济增长点。但新专业并没有展现出应有的发展速度和规模，其中，2019年增设的研学旅行管理与服务是新专业中发展最好的，布点总数才140多个，仍有4个地区没有开设，专业设置最多的是河南省，达到了22个，但已是凤毛麟角。定制旅行管理与服务和民宿管理与运营则总布点数都只有20多个，分布地区必然较少。

4. 与对接行业匹配度不高，严重影响专业规模化发展

新版《目录》已经推出4年，从专科层次旅游职业教育各专业实际发展与行业匹配度情况来看，与对接"四新"、主动适应经济结构调整和产业变革的目标尚有距离。首先，导游、旅行社经营与管理、定制旅行管理与服务等旅行服务类专业的设置规模非常小，尤其是旅行社经营与管理全国总共只有几个招生专业点，与全国5万余家旅行社构成的行业规模完全没有匹配性；智慧景区开发与管理也面临同样的问题。其次，酒店管理与数字化运营、民宿运营与管理和会展策划与管理等专业在某些地区也显露出与对接行业匹配度不高的问题。

5. 供给侧改革不够深入，"出口"不畅导致专业发展滞缓

13个专科旅游职业教育专业中，除旅游管理和酒店管理与数字化运营两个专业布点多、办学规模较大外，其他专业总体设置数量少、办学规模小。造成这种局面的主要原因在于供给侧改革乏力，其中既有内因，也有外因。内因是人才培养规格与行业企业人才需求匹配度不高，企业缺人，专业毕业生又存在对口就业难的问题。外因是旅游管理专业设立早、发展早、规模大，作为先发专业获得的办学资源和社会资源都更多，从而使后发专业"营养不良"，发展迟缓。

四、专科层次旅游职业教育发展对策

（一）教育行政主管部门应发挥主导作用，建立专科层次旅游职业教育发展的良好生态

目前，专科层次旅游职业教育已经有13个专业，这些专业有的设置早、有的设置晚，有的对接产业、有的对接行业、有的对接技术、有的对接职业，有的适合在本地做大、有的适合在本地做精，有的适合在本地就业、有的适合毕业生输出。因此，教育行政主管部门在规划专科层次旅游职业教育发展时，应树立一盘棋思想，把好专业特别是国控专业设置审批权，避免专业布点大起大落，建立良性发展的专业生态系统。

（二）学校应立足本地、放眼区域，在知己知彼基础上理性开设专业

《职业教育专业目录（2021年）》虽然是学校办学重要的指导性文件，但是，切忌盲目追新求异，要立足本地本区域旅游业发展实际开设专业。申报新专业时，应充分做到知己知彼。知己就是要对自己的师资力量、教学资源、产业资源和社会影响力等有充分的了解；知彼既要了解本地本区域其他院校相关专业办学情况，也要充分掌握行业发展现状及趋势。通过教育部高等职业教育专科拟招生专业设置备案结果检索发现，一些学校新办专业的生命周期很短，急上急停，对师资、教学资源和学生等都会产生十分消极的影响。

（三）专业应充分了解对接行业所需人才的规格和规模，将其落实到课程体系与教学过程中

目前，专科旅游职业教育发展规模较小，与行业匹配度较低，说明对接产业特别是对接"四新"更多还只是停留在报告中，而没有将对接落实到课程体系及教学过程中。要让专业摆脱困境，实现规模化发展，就需要将与产业的对接融入课程体系和教学育人实践中。

（四）学校应深化专业办学机制改革，加强人才培养中的产教融合与实践教学中的校企合作

职业教育的根本任务是培养服务现代化经济建设，适应产业发展需求的高素质技术技能人才。而适应产业发展需求的高素质技术技能人才是难以在脱离生产场景的情况培养出来的。建议教育行政主管部门通过政策引导和扶持对接"四新"且具有产教融合长效机制的院校，使专业尽可能根植和发育于产教"双元"育人的良好环境中。建议设立旅游类专业的专科职业院校在专业层面建立校企合作的实践教学仿真场景和协作关系，如产业学院、师徒结对等，以有效增强人才培养规格、培养计划与企业用人需求的匹配度。

参考文献

[1] 艾媒咨询. 2024—2025年中国研学游经济市场运行监测报告［EB/OL］.（2024-07-19）[2024-09-22].https://report.iimedia.cn/repo11-0/43608.html.

[2] 中国旅游协会旅游营销分会. 2023冰雪旅游洞察研究报告［EB/OL］.（2023-10-19）[2024-09-24].http://www.chinata.com.cn/sys-nd/634.html.

[3] 中国旅游协会. 2023年度滑雪行业白皮书［EB/OL］.（2023-08-04）[2024-07-15].http://www.chinata.com.cn/sys-nd/636.html.

[4] 艾媒咨询. 中国冰雪运动行业发展状况与消费行为调查数据［EB/OL］.（2024-02-11）[2024-06-03].https://data.iimedia.cn/data-classification/theme/44289705.html.

[5] 艾媒咨询. 2022—2023年中国露营行业研究及标杆企业分析报告［EB/OL］.（2022-09-07）[2024-09-22].https://report.iimedia.cn/repo13-0/43288.html.

[6] 中国旅游协会休闲度假分会. 新时代低空休闲发展研究［EB/OL］.（2023-11-08）[2024-07-25].http://www.chinata.com.cn/sys-nd/632.html.

[7] 张蓓."泰国4.0"战略背景下泰国职业教育发展现状及改革策略研究［J］.柳州职

业技术学院学报,2022(5):85-90.

[8]黄慧中,唐志强,杨欣,杨繁."四新"背景下高职林业技术专业"岗课赛证"融通下师资力量培养中的问题及建议[J].现代农村科技,2024(9):137-138.

[9]淡凯,宁翠萍,杨益,王琦.职业教育高质量发展背景下土建类专业高素质技术技能型人才培养路径探索[J].杨凌职业技术学院学报,2024(1):65-69.

高等旅游院校学生入职新型职业农民：可为、难为与何为

陈方方

（浙江旅游职业学院，浙江　杭州　311231）

摘　要：随着农业农村现代化的加速推进和乡村振兴战略的深入实施，新型职业农民的角色作用与需求也越发凸显。旅游职业院校学生匹配新型职业农民的内涵属性，其入职新型职业农民契合大学生就业的现实趋势和文旅融合的乡村建设需求，具有可为的现实意义。本文在深入剖析社会认知偏差、跨域合作难度高、国家政策体系待完善三大难为困境的基础上，进而指出新型职业农民的培养需充分把握学生个体内在动力和外部驱动共同作用，为新型职业农民队伍培养和文旅融合助力乡村振兴提供有力理论支持和实践指导。

关键词：新型职业农民；职业教育；农业现代化；乡村振兴

一、引言

"三农"问题历来是党和国家关注的焦点问题，也是关系国计民生的根本性问题。习近平总书记曾多次提出："小康不小康，关键看老乡。"党的二十大报告指出，加快建设农业强国，扎实推动乡村产业、人才、文化、生态、组织振兴。可以看出，中国式现代化建设与乡村振兴息息相关，乡村振兴战略与中国式现代化的实现过程完全同步，国家远景目标提出：在2035年基本实现现代化，同步实现农业农村现代化；2050年实现社会主义现代化强国，同步全面实现乡村振兴。我国要想真正实现乡村振兴，建成"供给保障强、科技装备强、经营体系强、产业韧性强、竞争能力强"农业强国，必须立足国情农情，完成农业从业人员结构转型升级，把人力资本开发放在首要位置，强化乡村振兴的人才支撑。

通过细致的分析可以发现，农业不存在单纯的农业问题，现代农业是选择融合了第一、二、三产业以期带来多层的综合效益的复合型农业。2012年的中央一号文件首次提出"新型职业农民"概念，也是

本研究项目受浙江省教育厅思政专项课题（项目编号：Y202147288）资助。
作者简介：陈方方，副教授，主要研究方向为思政教育、旅游教育。

世界格局演变、我国重大战略调整和人民需求客观变化发展的产物。该概念的提出也预示着中国农民从长久以来的传统"身份"走向新型"职业"。同时，2018年9月，中共中央和国务院印发了《乡村振兴战略规划（2018—2022年）》，强调全面建立职业农民制度，培养新一代"爱农业、懂技术、善经营的新型职业农民"。新型职业农民培育已然成为推动中国现代化建设和乡村振兴的生力军，不仅要有充足数量保障，更要有高素质和职业能力的质量保障。

目前，"新型职业农民"相关研究成果大量涌现，主要集中在新型职业农民的概念和内涵、培育对象的选择，以及培育的实现路径等方面。关于培育对象的选择，学术界和实践界都进行了深入的探讨。其中，不乏以"大学生"群体为研究主体，或是从宏观发展角度，提出大学生代表未来我国新型职业农民发展的方向，具有成为新型职业农民的潜质和优势，特别是农科类大学生。或是从微观的角度来剖析，不少研究运用多种的统计方法和建构数学模型，对大学生入职成为新型职业农民的意愿及影响因素进行实证分析，但关于高职旅游院校学生入职成为新型职业农民的探讨却相对较少。

事实上，高职旅游院校学生这一群体，因其院校教育的职业特色，而兼具备人文属性和产业属性，可为乡村旅游和农业新业态的融合发展注入新的活力，解决现代生态化农业引擎培育的乡村振兴人才匮乏。高职旅游院校学生加盟新型职业农民队伍也因此具有了更加重要的研究意义和深远价值。

二、高职旅游院校学生入职新型职业农民：可为之处

旅游职业院校学生所具备的潜在产业融合创新创业能力、休闲农业与乡村旅游以及农业社会化服务能力成为新型职业农民的潜质和优势，符合国家战略转型下的农业4.0与社会生态化乡村振兴对乡村建设人力资本的需求。

（一）匹配新型职业农民的属性

新型职业农民的概念演化变迁经历了一个由传统农民转变为职业农民，再过渡到新型农民，最后演变到新型职业农民的漫长、稳定的阶梯式过渡阶段。这个过程中的任意一类"农民"均带有产生时代的空间、时间烙印，动态地刻画了农村经济社会发展对于生产者素质要求的变化。《"十三五"全国新型职业农民培育发展规划》定义新型职业农民为以农业为职业、具有相应的专业技能、收入主要来自农业生产经营并达到相当水平的现代农业从业者。随着新概念的正式落地，也意味着新时期乡村振兴战略的发展主体更趋于职业化。

区别于以往不同时期的"农民"，新型职业农民身兼数职，既是农业生产者，又扮演着农业经营者和管理者的角色，故而可分为生产经营型、专业技能型和专业服务型三大类型，汇聚三强显著优势。首先是专业技能强：新型职业农民具备较高的农业专业技能，能够熟练运用现代农业技术进行生产；其次是经营管理能力强：不仅懂得如何生产，还知道如何经营和管

理，能够实现农业的规模化、集约化经营；最后是创新意识强：新型职业农民具有较强的创新意识和市场敏锐度，能够紧跟市场需求，不断调整和优化农业生产结构。

2017年，习近平总书记在"两会期间"参加四川代表团审议，用"爱农业、懂技术、善经营"九个字勾勒出新时期新型职业农民的鲜明特征。从这个意义上看，该职业爱农业是基础、懂技术是核心、善经营是关键。在党的十九大报告中，习近平总书记明确指出实施乡村振兴战略，要培育新型农业经营主体并培养造就一支懂农业、爱农村、爱农民的"三农"工作队伍。

新型职业农民的来源应不再局限于农村地区，既需要大量掌握从事现代农业生产所需专业知识技能的农科类人才，也需要吸引不同专业出身的非农专业背景人才加入。随着工业化、城镇化、人民对美好生活需要的发展变化，以农业生产为主导模式的传统农业也开始向生产经营一体化模式的现代农业转变，公众对农业的认知也开始发生变化。在生态文明国家战略的指导下，休闲农业、康养农业、都市农业等现代农业快速发展，同时彰显教育文化、历史传承等非经济功能，亟须充分调动各类人才的积极性，着力点是培育新型职业农民。

立足国情，文旅可赋能乡村振兴，科学精准地甄选旅游职业院校目标人群作为培育对象，引导其入职新型职业农民符合国家政策战略和社会行业发展需求。总而言之，旅游职业院校学生作为新型职业农民的培育对象，可提高新型职业农民培育的针对性。

（二）契合大学生就业的现实趋势

2024届全国普通高校毕业生人数达1179万人，同比增加21万人，依据近年来大学生招生数据，未来高校毕业生规模仍将持续扩大。面对毕业生规模的新高和宏观经济增速的放缓，即便在就业环境、就业服务供给优化情况下，大学生就业市场仍旧面临极大挑战。

与之相对的，国家渴求乡村建设人才的迫切需求。2019年1月，《国家职业教育改革实施方案》明确提出，职业教育要"服务乡村振兴战略，为广大农村培养以新型职业农民为主体的农村实用人才"。事实上，在多元就业观的影响下，高职院校学生灵活就业意愿更强、比例相对更高。旅游高职毕业生入职为新型职业农民不仅有助于拓宽自身的职业发展道路，还能为促进农业现代化产业升级和乡村振兴贡献自己的力量。

同时，2022年9月，2022版《职业分类大典》修订突出强调了全面贯彻新发展理念、服务产业转型升级的需求。同时，教育部发布新版《职业教育专业简介》，立足增强职业教育适应性，在内容上将原"就业面向"调整为"职业面向"，更加明确本专业对应职业、岗位或技术领域。《2023年中国职业教育质量年度报告》数据显示，毕业去向更多元化。麦克思发布的《2024年中国高职生就业报告》指出，2023届高职毕业生就业趋势呈现多元化和灵活化，更倾向于选择地级城市及以下地区，特别是在基层医疗和乡村治理领域，近五年高职毕业生就业在"农、林、牧、渔业"行业逐年递增。这种趋势与新型职业农民队伍培养不谋而合，为乡村振兴注入新的活力。

同时，《国务院关于印发国家人口发展规划（2016—2030年）的通知》中明确指出着力培养具有国际竞争力的创新型、应用型、高技能、高素质大中专毕业生和技能劳动者，提高新增劳动力供给质量。此政策导向为旅游职业院校学生入职新型职业农民提供了有力的政策支持和广阔的发展空间。

综上所述，旅游职业院校学生入职新型职业农民不仅是我国实施乡村振兴战略中城乡一体化发展和政策推动的共同体现，也是对个人对于职业发展深思熟虑的结果，具有广阔的发展前景和深远的社会意义。

（三）适配文旅融合的乡村建设

在2024年中央一号文件"促进农村一、二、三产业融合发展"部分，对实施乡村文旅深度融合工程、培育农业产业化联合体、构建现代乡村产业体系进行了明确的阐述。

旅游职业教育作为职业教育的分支，具有职业教育开放性、职业性、跨界性等本质属性，与产业升级、区域经济、地方生活品质紧密联系，专注培养旅游行业所需的高素质人才，为乡村人力资本培育提供重要路径。在文旅深度融合背景下，旅游职业教育在服务乡村振兴实践中促进一、二、三产业融合的社会化生态农业发展重要性逐渐凸显，发挥着为乡村培育实用人才、传承优秀文化、提升村民素质和拓宽发展路径的重要作用。

新型职业农民的培养也成为一项准公共社会服务，是职业院校应有的责任。一方面，从实践经验来看，这些年在"万村景区化建设""微改造 精提升""服务山区26县"等乡村建设项目活动中，旅游职业学校积极深度参与，不仅大力培养本土人才，还成功引导城市人才下乡，有效搭建了文旅专业人才试入职新型职业农民服务乡村的实践平台。另一方面，从多元化和跨学科的研究视角，不同专业领域的旅游职业院校学生确实可以重塑新时代乡村振兴战略的主体力量——新型职业农民，带去更多层次的变量保障，提高新型职业农民培育实践工作的有效性。

在生态文明新时代，鉴于现代农业既是以市场、信息、技术、知识、资金综合应用的新型农业，也是以保护生态环境、粮食安全和促进农民增收的专业化、集约化农业，还是能够融合一、二、三产业的高效农业。从此可见，涉农高职院校服务农业农村建设的主导地位在一定意义上发生了变化，同时其在培育新型职业农民等方面的功能在弱化。旅游职业院校恰可以利用其丰富的教育资源，补充专业技能培训，为新型职业农民"强能"：通过开设相关课程，如农业旅游、农产品营销等，帮助农民提升专业技能水平，更好地适应市场需求。旅游职业院校可以发挥其专业优势，推动农业与旅游业的融合发展，为新型职业农民"富裕"：通过开发农业旅游项目、打造农旅融合的特色产品等方式，推进农业和旅游业的深度融合，为农民增收开辟新途径。旅游职业院校可利用行业前沿优势，激发培育对象在现代乡村产业体系中的潜在创新意识和创业热情，为城乡一体化发展提供新动力"和谐共生"：通过文化重构、保护传承、城乡互动的方式，助推农村内生发展动力和乡村要素的增值。

三、旅游职业院校学生入职新型职业农民：难为困境

无论是基于我国农业现代化发展进程中"新型职业农民"新要义属性、大学生青年就业趋势导向，还是文旅深度融合背景，旅游职业院校学生在乡村振兴队伍中都发挥着不可忽视的力量。旅游职业院校学生入职新型职业农民也确实存在一些现实困境。

（一）社会认知偏差仍存在

农业农村部、国家发改委等七部门联合印发《国家质量兴农战略规划（2018—2022年）》，明确提出，到2022年需培育超过500万的新型职业农民，并确保高中以上文化程度的职业农民占比达到35%。同时，《国务院关于印发国家人口发展规划（2016—2030年）的通知》也着重强调了构建有效新型职业农民培育制度体系，加快推进传统农民向新型职业农民的转变，进而建立起一支高素质的现代农业生产经营者队伍。

诚然，新型职业农民的概念已经历了多年的发展与演变，实现了从"身份"到"职业"的重要转变，加之政府的公信力决定其政策导向作用，新型职业农民总体数量呈现出稳步增长的态势，但新型职业农民的缺口依然比较大。

一方面，社会层面对新型职业农民群体的认知仍存在不小的偏差。尽管政策层面给予了高度重视和支持，但群众对"新型职业农民"职业属性的理解和认同仍显不足。首先，部分人对其职业内涵和重要性缺乏深入了解，简单地将其等同于传统意义上的农民；有些人甚至没听过这个名词，更无从谈对习近平新型职业农民观的内涵的理解。其次，社会偏见和旧观念影响仍旧持续。一些人仍持有"农民即低端职业"的偏见，毕业生不愿涉足农业或农村就业。"跳出农门""接受职业教育最无奈"等观念依旧影响学生从事新型职业农民的积极性和信心。最后，从业过程中的"不对称""不兑现"干扰了学生的自我认同，价值与职业身份的不匹配也造成了其认知上的偏差。另一方面，当前社会对旅游职业院校学生入职仍存在一定的认知偏差。公众对于旅游职业的认知往往局限于传统的服务行业角色，难以将其与新型职业农民自然联系，也限制了职业教育壮大新型职业农民队伍。因此，当前亟待加大对新型职业农民的宣传和教育力度，以消除社会认知偏差，提升这一职业群体的社会认同度和吸引力。

（二）跨域合作难度高

旅游职业院校与农业领域的跨域合作，因不同知识体系、行业规范和实践经验等方面的差异，在培育新型职业农民方面势必会面临诸多难点。

首先，教育资源整合的不连贯性是一个显著问题。我国职业教育呈现区域化分布，经过多年的发展，各高职院校均形成自身的擅长优势和特色，地区和学校之间的教育资源分布不均、差异性明显，合理

作用尚未形成,往往"各自为营",区域抱团发展意识不强,校际协作不多,这往往使得资源整合、适配工作变得异常复杂。旅游职业院校有效参与新型职业农民的培养,需要综合调配多方面的教育资源,这包括但不限于旅游专业的师资力量、针对性的教材以及实践性的实训基地。学校不得不投入大量的时间和精力进行农文旅政府、行企单位、社会组织、农户等多方的协调与沟通,以确保资源的有效对接和整合。这种不连贯性不仅增加了教育成本,还可能影响有生力量的培养计划的顺利实施。

其次是跨区域合作机制的不完善。由于地域、资源条件限制,时间、空间等多种因素制约,双方难以实现深度合作和资源共享。缺乏稳定的合作平台和长效机制也制约了跨区域深度合作,增大了旅游职业学院学生入职新型职业农民的难度。目前,旅游职业院校与农业领域的跨域合作尚处于摸索和初级阶段,双方之间的合作框架、责任分工、资源共享等机制尚未明确和完善。这种情况可能导致教育资源在跨部门、跨领域之间流动时遭遇障碍,无法得到有效利用,进而影响新型职业农民的培养质量和效果。

(三)国家政策体系待完善

在推进新型职业农民队伍发展过程中,培育、认定和从业支持三个环节至关重要。尽管国家和各级政府在扶持新型职业农民队伍方面均出台过相关政策,但整个政策体系仍需要进一步精细化和完善。目前,存在的问题包括政策设计不够体系、缺乏根治性措施"治标不治本",且多数为地方性或局部性解决方案。

首先,在新型职业农民培育方面,现有政策缺乏足够针对性,同时培育资源的分配也不均。培育框架虽已初步建立,但旅游职业院校的特殊需求与农林类大学及培训机构同质化课程设置之间存在不匹配问题。这类学生群体在专业知识、技能需求以及职业规划上具有独特性,需要更加贴合其实际需求的精细化培育策略。此外,随着新时代智能技术与环境友好型社会建设,培育资源在地区与院校间的不均衡分配问题越发凸显。

其次,在新型职业农民认定环节方面,标准化和统计数据准确性成为两大难题。当前,新型职业农民的认定标准在各地存在差异,缺乏全国统一的认定体系,缺乏官方统一平台。这种情况为旅游职业学院学生入职新型职业农民增加了不必要的复杂性与不确定性。由于认定标准和统计方法的差异,新型职业农民的数量和结构等统计数据可能存在不准确的情况。这种数据失真会影响政策制定与效果评估的准确判断,进而制约相关政策的完善和优化。

最后,在新型职业农民从业支持方面,现有政策支持力度和内容覆盖均有待加强。尽管已有一定的资金政策支持,但执行落实过程中往往力度不够,难以满足旅游职业学院学生入职后的实际具体需求。特别是对于新晋新型职业农民来说,他们更需要包括财政补贴、贷款优惠等实质性帮助、职业规划、技能提升等全方位的支持与指导,以及针对职业规划和技能提升的长远辅助指导。唯有构建起完备、高效的从业支持体系，方能确保这一群体在农业现代化进程中发挥更大作用。

四、旅游职业院校学生入职新型职业农民：培育动力

实现乡村全面振兴，核心关键在于吸引人才对象和培育人力资本。新型职业农民作为一种可供选择的职业，其吸引力对于旅游职业院校的学生而言，关键在于如何激发他们的内在动力并充分借助外部驱动力。这实质上是一个由内而外、由小到大、由弱到强的系统性提升过程，它依赖于乡土情感和利益诉求的内在激发，以及乡村振兴战略和地方政府政策的外在推动。通过精准把握这些动力因素，我们能够更有效地引导旅游职业院校学生投身新型职业农民队伍，从而为乡村全面振兴注入源源不断的人才活力。

（一）从内出发，培养"三农"情怀教育

强国必先强农，农强方能国强。九字新型职业农民观，爱农业是基础。为引导文旅人才在乡村振兴中建功立业，可以从三方面着手，由内出发，深化"三农"情怀教育，激发他们的内生动力。

一是加强"三农"宣传和教育力度。通过在校内举办丰富多彩的第二课堂活动，如讲座、展览、故事宣讲、分享会等，营造浓厚的"三农"文化氛围。这些活动不仅向社会大众普及新型职业农民的知识和技能要求，更突出了这一职业在乡村振兴和农业现代化中的重要作用，从而增强学生的职业认同和荣誉感。同时，致力于引导学生将个人梦想与国家繁荣、乡村振兴紧密相连，实现自我价值最大化。二是将"三农"元素融入教学授课及实习环节。在第一课堂的专业教学中，注重引入乡村文化、乡村景观、乡村经济等多元化内容，帮助学生全面了解乡村的深厚底蕴、多元价值体系与发展潜力。结合农旅融合趋势，讲授农业旅游、乡村旅游规划等内容，激发学生思考如何有效整合旅游资源与农业资源，推动乡村经济的持续发展。此外，根据各院校的实际情况，灵活增设线上或者线下农业基础知识相关课程，以扩宽学生知识视野。三是鼓励学生参加"三农"主题实践。在第三课堂中，结合暑期"三下乡"社会实践、志愿者活动、学科竞赛以及行业比赛等多种形式，引导学生上山下乡、贴近农民，在实践中感悟"三农"，涵养"三农"情怀，从而为未来投身乡村振兴事业奠定坚实的情感基础。

（二）外有保障，构建社会支持体系

新型职业农民是我国在建设农业强国和乡村振兴的大背景下由中央文件提出的概念，具有鲜明的时代性和政策性，属于政府政策的关切范围。只有政府给予足够的支持和重视，该群体才会有充足的潜在对象进而蓬勃壮大，在未来乡村产业中发挥主力军的作用。

首先，需从社会认同角度，重塑社会观念，提升职业声望。横向层面，通过媒体、公益活动和社交平台加强广泛宣传和教育推广，提高社会公众对新型职业农民的认知度和认同度，吸引更多退伍军人、大学生及各行各业的精英关注和参与到新型职业农民的培养中来。旅游职业院校应

加强对农旅融合优秀典型的宣传、优秀成果的展示，让学生认识到入乡发展的无限可能和潜在价值。从纵向层面来看，政府需要清晰界定新型职业农民的职业地位，从上至下明确各职能部门的权责边界，并为新型职业农民长远发展做出规划，创造更好的职业环境和发展空间。

其次，需从培育资源整合角度，发挥好新型职业农民培育主体的协作合力。旅游职业院校应积极与农文旅部门、农业院校、科研机构、农文旅企业等建立长期紧密的合作关系，共同构建新型职业农民培育体系。一是加强教育资源的整合。既要充分发挥农广校、农机校、农业中专等公益性农民教育培训机构的国家队作用，又要积极完善与科研、教育、推广、市场等社会力量的多元联合协作机制。在新型职业农民培育工作实施过程及课程开发中拓展思路，实现优势互补，形成分工明确、协调顺畅、资源高效开发整合的良好积极培育氛围。二是加强实践资源的整合。旅游职业院校应与农文旅企业、农业合作社以及地方行政部门加强互动合作，建立文旅实践基地，帮助学生将理论与实践相结合，抑或建立产学研一体化培育机制，为学生提供实习和就业机会，共同培养符合市场需求、适应农业现代化的要求的新型职业农民。

最后，从国家政策扶持上，应充分发挥中央、省市、地方等各级政府的纵横协同作用，联合建立有效且多元的互补机制。政府应深入开展调研，充分了解旅游职业院校学生入职新型职业农民的实际需求和发展困境。在此基础上，制定更加具有针对性和可操作性的政策措施，明确政策目标和实施路径。具体而言，如增加财政支持；鼓励和支持旅游职业院校开展新型职业农民培养工作，提供专项资金、设立奖学金、实践基地建设等；完善旅游职业院校就业管理模式，对符合条件的学生给予贷款补贴、创业补贴、就业补贴等优惠政策，降低他们转型从业的风险和成本。完善新型职业农民的认证和评价体系，确保新型专业技能和知识水平的认可度。同时，建立健全政策监管和评估机制，确保各项政策能够真正落到实处发挥实效。

五、结论与展望

旅游职业院校学生投身新型职业农民行列，具有重要的现实意义和广阔的发展前景。尽管面临诸多挑战，但旅游职业院校凭借其独特的专业优势和教育资源，定能在培育新型职业农民过程中发挥不可或缺的作用。展望未来，乡村振兴战略和农业现代化的宏伟蓝图正在徐徐展开，旅游职业院校学生必将能在新型职业农民队伍中大展拳脚，为乡村的繁荣发展贡献自己的智慧和力量。与此同时，也期待政府和社会各界给予更多的支持和关注，共同推动新型职业农民队伍的不断壮大，共同助力乡村的全面振兴。

参考文献

[1]习近平.高举中国特色社会主义伟大旗帜，为全面建设社会主义现代化国家而团结奋斗——在中国共产党第二十次全国代表大会上的报告[M].北京：人民出版社，2022.

[2] 张燕. 大学生入职新型职业农民的意愿、机制与路径选择 [J]. 延安大学学报（社会科学版），2018，40（2）：82-86.

[3] 温铁军，张俊娜，邱建生，罗加铃. 农业1.0到农业4.0的演进过程 [J]. 当代农村财经，2016（2）：2-6.

[4] 陶军明，李娜，闫孟宇. 新型职业农民培育研究：脉络回顾与展望 [J]. 中国职业技术教育，2022（15）：55-63.

[5] 郭小建，齐芳. 高职教育在新型职业农民培育中的优势、问题与改进策略 [J]. 黑龙江高教研究，2021，325（5）：108-113.

[6] 李会超. 大学生入职新型职业农民的意愿及影响因素研究 [D]. 河北农业大学，2018.

[7] 林奇清，鄢奋. 乡村振兴背景下非农专业大学生入职新型职业农民意愿分析——基于福建省非农专业大学生的调查数据 [J]. 河北科技大学学报（社会科学版），2020，20（1）：94-101.

[8] 陈大斌，胡婷婷. 乡村振兴背景下新型职业农民培育探究 [J]. 教育与职业，2020（10）：79-83.

[9] 中国教育科学研究院.2023中国职业教育年度质量年报 [M]. 北京：高等教育出版社，2023.

[10] 麦克思研究院.2024年中国高职生就业报告 [M]. 北京：社会科学文献出版社，2024.

[11] 习近平. 加快建设农业强国 推进农业农村现代化 [J]. 求是，2023（6）.

[12] 陈国申，史培. 新内生发展理论视域下新型职业农民成长动力及路径研究 [J]. 山东行政学院学报，2024，198（5）：34-42.

高职旅游教育与计算机知识融合的现状、问题及对策研究

李圣超

（浙江旅游职业学院，浙江　杭州　311231）

摘　要：数字化时代旅游行业对从业者的素质和能力提出了更高的要求，市场对旅游专业人才的需求正逐步从传统的单一专业知识型人才向具备"旅游+信息与通信技术（ICT）"能力的复合型人才转变。本文旨在探索适应这一转变的教学模式，以提升高职旅游专业学生的数字素养，促进其专业能力的发展。通过在浙江省内多家高职院校开展问卷调查和访谈，深入分析了当前高职院校旅游专业计算机类课程教学面临的问题，并据此提出了一种融合信息技术与旅游专业知识的创新教学模式，有效贯通数字化技能传授与专业实践，为培养数字化时代的复合型旅游专业人才提供教学借鉴与实践路径。

关键词：数字化时代；旅游职业教育；计算机知识；教学模式

2024年是习近平总书记提出网络强国战略目标10周年，也是我国全功能接入国际互联网30周年。在全球经济数字化转型加速推进的背景下，全民数字素养与技能已成为国际竞争力和软实力的关键指标。中央网信办等4部门印发的《2024年提升全民数字素养与技能工作要点》强调实施全民数字素养与技能提升行动，培育高水平复合型数字人才，全面提升师生数字素养与技能。人力资源社会保障部等9部门发布的《加快数字人才培育支撑数字经济发展行动方案（2024—2026年）》也强调要培养一批既懂产业技术又懂数字技术的复合型人才，不断提升从业人员数字素养和专业水平，助力产业数字化转型和高质量发展。

在数字化时代的浪潮中，旅游教育正经历着前所未有的变革。信息技术的飞速发展，尤其是大数据、人工智能等技术的广泛应用，正在重塑旅游业的运营模式和旅游者的消费行为。数字化不仅为旅游行业带来了创新的商业模式和服务方式，也为旅游管理和服务提供了更加精准和高效的手段。在此背景下，旅游行业对旅游从

作者简介：李圣超，主要研究方向为智慧旅游、人工智能。
本研究受浙江旅游职业学院2024年教育教学类项目（项目编号：2024YB13）资助。

业者提出了更高的素质能力要求，市场对于"旅游+信息与通信技术（ICT）"的复合型专业人才的需求日益迫切。旅游从业者不仅需要熟知传统的旅游业务知识，更需要能够灵活运用现代信息技术手段来优化旅游产品的运营和提升旅游服务的质量。然而，现有的旅游专业教学模式在适应这一需求上显示出了明显的局限性，特别是在与信息技术快速发展接轨的教学内容和方法上，旅游专业知识教学与数字技能素养培育之间的割裂现象日益突出，学生对计算机信息化领域知识的认知和应用能力亟待提升。因此，创新旅游专业计算机类课程的教学模式，已成为高职教育改革的紧迫任务。

一、高职院校旅游专业发展现状

在数字化时代背景下，高职旅游专业的教育教学有了新的课题要求与时代指向。2021年3月，教育部发布了最新的《职业教育专业目录》，对旅游相关专业进行了重要调整。其中，将"酒店管理"更名为"酒店管理与数字化运营"，"景区开发与管理"专业调整为"智慧景区开发与管理"，并新增了"智慧旅游技术应用"专业。这些调整反映出教育政策对旅游教育与数字化结合趋势的积极响应，强调人才培养与产业新动能接轨，培养学生的数字化意识和数字化观念，推行数字化教学。智慧旅游作为信息通信技术与旅游业深度融合发展的顶层设计，在"互联网+旅游"持续深化的背景下，正迅速成为行业发展的新引擎。2022年，文化和旅游部推进实施国家文化数字化战略，发布《智慧旅游场景应用指南（试行）》，并启动智慧旅游"上云用数赋智"行动，以促进数字经济与旅游经济深度融合创新发展，打造智慧旅游新产品、新业态和新场景。

根据中国科教评价网的统计数据，2023年全国共有918所高职院校开设旅游大类专业，占全国高职高专院校总数的61%。其中，开设旅游类专业的有892所，开设酒店管理与数字化运营专业的有585所，开设智慧景区开发与管理专业的有28所，开设智慧旅游技术应用专业的有35所。相较于2022年，各类与信息技术相结合的旅游专业在高职院校中的开设数量均呈现显著增长趋势。特别是"智慧旅游技术应用"这一新兴专业，其开设院校的数量从2022年的23所增长至35所，同比增加约52%，这一显著的增长凸显了各高职院校对于培养"旅游+信息与通信技术（ICT）"能力的复合型人才的高度重视。

二、高职院校旅游专业计算机类课程教学现存问题

纵观国内高职院校旅游专业计算机类课程教学研究，发现一些关键问题亟须解决。姚建盛等（2018）的研究指出，旅游专业中的计算机课程设置繁多且杂乱，课程内容与旅游行业存在较大的脱节，使以文科背景为主的旅游专业学生难以适应和吸收；王泽梁等（2019）认为，现行的计算机课程设置在人才培养方面存在"大文、大理"同质化现象严重、缺乏专业特色以及实用性不强等问题；闫青霞等（2020）也强调了旅游相关专业的计算机课程缺乏针对性,导致教学内容与市场需求之间的联系断裂;吴泰(2021)则提出,随着手机市场的快速发展,高职院校学生对计算机技能的认识存在误区,认为计算机技能可有可无,导致学生缺乏计算机基础操作能力。

为进一步了解掌握高职院校旅游专业学生对计算机类课程的认知和学习态度,本研究对可能的学习难点等进行假设性分析,并据此编制调查问卷。通过"问卷星"向浙江省内多家高职院校的学生广泛发放问卷,并选取个例进行深入访谈。此次调查共收集到有效问卷115份,男女比例约为1∶2.4。问卷调查结果显示,计算机类课程学习难点调查高频词如表1所示。

(一)学生缺乏计算机基础知识和实践经验

当前旅游类高职学生在计算机基础知识和实践经验方面的不足已成为制约其专业发展的关键因素。如表2所示,调查结果揭示了学生普遍对计算机相关知识缺乏基本了解和掌握,其中高达72.17%的学生缺少编程经验。这一比例凸显了学生在计算机方面的明显短板,在很大程度上限制了学生的专业学习和发展。进一步分析原因,发现计算机与旅游两个领域的知识范围、知识体系差异显著,导致课程设置复杂,而学生在高中阶段往往集中于旅游领域的知识学习,进入大学后,这种学科间的鸿沟使学生在跨学科学习过程中面临重重挑战。特别是在理解计算机的基本概念、操作和应用方面,学生普遍感到困难,在编程、数据库管理和网络技术等方面尤为突出。此外,通过个例访谈进一步发现,由于地域差异和教育资源分布的不均衡,部分学生对计算机的

表1 计算机类课程学习难点调查高频词

序号	高频词	词频	序号	高频词	词频
1	课程	20	6	缺乏基础	12
2	实践	14	7	应用	9
3	编程	14	8	理论知识	8
4	理解	13	9	记不住	4
5	操作	12	10	跟不上	4

表2 对计算机基础知识的了解掌握程度

对计算机基础知识的了解掌握程度	比例
对计算机基础知识了解很少,基本操作和软件使用不熟悉	31.30%
熟练使用Office软件,无编程经验	40.87%
了解计算机基础知识及基础编程	26.96%
扎实掌握高级操作和编程语言	0.87%

了解几乎为零。这种教育资源的不均衡分配，也加剧了学生在学习计算机课程时的困难。

（二）学生对理论学习缺乏兴趣

调查显示，68.82%的学生倾向于直接模仿老师的操作，而非主动地探索理论背后的逻辑（见表3）。研究发现，在旅游类高职学生群体中，对计算机学科知识的认知往往伴随着一种普遍的感知——计算机知识是抽象和复杂的，这种感知与学生先前的学习经验和知识背景紧密相关。在传统的以讲授为主的教学模式下，由于缺乏足够的互动和实践环节，学生对理论学习的兴趣不高，导致在课堂上表现出被动的学习态度，通常只有在实训环节遇到具体问题时才会提出疑问。同时，课堂中缺乏与时代发展同步的新颖案例和实践机会，无法激发学生的学习兴趣。调查发现，学生普遍认为，鉴于市场上已有的成熟软件和系统，学习如何从零开始制作这类产品似乎已不再必要，此种现实情况削弱了学生学习计算机课程的动力和主动性。

（三）学生课程学习目标不明确，难以将理论知识应用到实际中

表3数据显示，大约2/3的学生对于学习计算机类课程所能培养的具体能力和技能缺乏明确的认识，超过四成的学生对于学习后的就业方向和应用场景缺乏了解。这一现象的根源在于，教师在授课过程中注重对计算机知识的讲解，但课程内容与旅游行业存在较大脱节，学生往往难以将所学知识与实际工作场景相对接，且由于传统教学过程中课堂讲解的信息多缺乏立体感和临场感，二者共同削弱了学生对课程内容的全面理解和应用能力的形成。在缺乏明确的职业发展方向和应用场景的情况下，学生很难找到学习的内在动力，难以领会学习计算机类课程的长远价值。此外，有少数学生对计算机课程的认识停留在基础的"打字练习"层面，学生往往只是机械地跟随教师的讲解或教材内容进行操作，无法真正理解和掌握计算机课程学习的深层次价值和应用。

三、旅游专业计算机类课程教学模式改革策略

传统的教学模式在旅游专业计算机类课程教学中存在诸多问题，没有及时跟进当前学生对于实践能力和创新思维的培养需求。因此，旅游专业计算机类课程教学模式创新要结合学情和计算机专业知识，同旅游专业人才培养定位进行精准结合。

表3 学习计算机类课程时的问题表现

学习计算机类课程时的问题表现	比例
进行基本计算机操作时感到困难	45.16%
不清楚学习该课程能够达到何种能力和技能	66.67%
倾向直接跟着老师操作模仿	68.82%
对于学习后的就业方向和应用场景缺乏了解	43.01%

（一）推动计算机理论与实践应用的有机贯通

关于计算机类课程的定位与设置，本科同高职院校存在差异。本科教育通常强调理论知识的系统性和深度，以理论指导实践是其核心教学理念之一，学习路径通常遵循"原理→技术→应用"的递进模式。首先，学生深入学习计算机科学的原理，如计算理论和数据结构，构建起扎实的理论基础。其次，通过编程语言、软件开发技术和数据库管理等课程，将这些原理转化为可操作的技术技能。最后，学生在项目实践、实验课程和实习中应用所学技术和理论，解决实际问题，从而实现理论与实践的有机结合。这种教学模式旨在培养学生的批判性思维、创新能力和解决复杂问题的能力，为学生日后从事科研或专业工作打下坚实的理论基础。与本科教育相比，高职教育则更侧重于职业技能的培养和实际应用能力的提高。因此，高职院校必须根据旅游行业的人才培养需求，改进计算机类课程的教学体系，形成以应用为核心的"倒三角"模式，如图1所示。

在高职教育中，应用是课程设置的核心，教学需要将理论知识转化为实际问题，让学生亲自动手解决实际问题，以应用为驱动，通过实践应用来理解相关原理。这种教学模式从技术层面开始，首先，学生通过操作实用软件和工具，掌握必要的计算机操作技能。其次，以应用为教学的中心环节，学生通过参与项目实践、案例分析等活动，将技术应用于解决具体问题，从而深化对技术的理解。最后，在实践过程中将原理的学习进行整合，即学生在应用技术解决问题的同时，理解背后的理论知识，实现从实践到理论的升华。这种教学模式强调从实际问题出发，旨在培养学生的实际操作能力和问题解决能力，以满足行业对技能型人才的需求。在这一过程中，教师的角色从传统的知识传授者转变为学习的引导者和促进者。通过这种以应用为中心的教学模式，高职院校能够更好地满足旅游行业对计算机应用型人才的需求，为学生的职业生涯发展奠定坚实的基础。

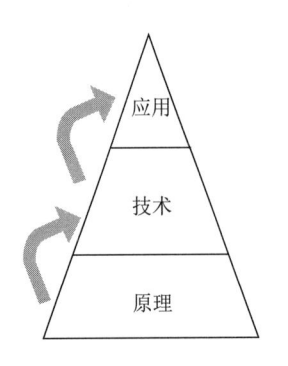

本科院校计算机类课程设置　　高职院校计算机类课程设置

图1　本科和高职院校计算机类课程设置

（二）重组教学组织流程

在传统的实践课程教学中，通常的教育流程归纳下来仍是"先讲理论，后做练习"的固有模式。这种传统教学组织形式对学生的主动探索与动手能力的兴趣激发较小，也缺少及时的实践反馈。为改变这一局面，通过设计任务指导书，结合真实旅游情境与旅游行业案例的创新教学案例和实践任务，以贴近实际的教学项目将计算机知识与旅游实践相结合。通过构建解决现实问题的跨学科项目，将相关知识横向串联起来，让学生能够突破计算机应用基础的课程内容，深入了解计算机技术在旅游行业中的重要性和应用场景。重组后的教学组织流程（见图2）有助于帮助学生更好地理解和把握旅游业的复杂性和多样性。与传统的灌输式教育不同，这种方法引导学生在实践中发现问题，再进行知识点的讲解，让学生参与课程教学的建立，使教学具有互动性和参与性，提供更加丰富多样、个性化和差异化的学习体验。教师则通过及时的反馈和个性化的指导，帮助学生克服学习过程中的困难，激发学生的学习热情，提高学习效率。

（三）实施线上线下混合式教学

线上线下混合式教学模式作为一种教育创新的实践，能够有效结合传统教学与现代信息技术的优势，为旅游专业计算机类课程的教学改革注入了新的活力与思路。线下通过实地考察和实践活动结合跨学科融合的翻转课堂，线上则提供软件操作技巧等教学视频。通过这种线上线下相结合的教学模式，优化教学资源的配置，为培养适应数字化时代要求的旅游专业人才打下坚实的基础。

1.跨学科融合的翻转课堂

在旅游专业计算机类课程中，通常由计算机专业教育背景的教师承担教学任务，教师缺乏旅游管理方面的知识，同时面对文科背景的学生难以把握授课的深浅

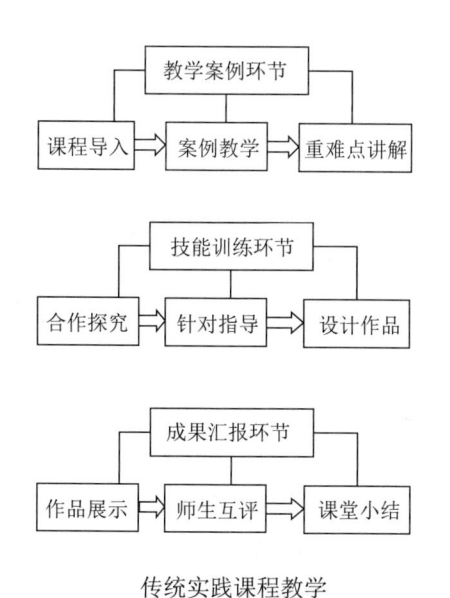

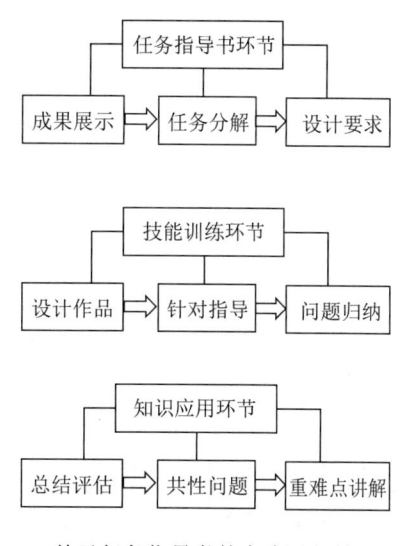

图2 传统与基于任务指导书的实践课程教学

度。而学生虽然缺乏计算机基础知识和实践经验，却拥有丰富的旅游相关知识。因此，提出在课堂上实施跨学科融合的翻转课堂教学模式。在此模式下，学生将主导对智慧旅游相关案例的讲解，而教师的角色则转变为组织课堂讨论、解答学生在技术方面的疑问，并提供必要的实践操作指导。这种教学方法能够在辅助学生在掌握计算机知识的同时，更加深入地理解和应用所学的旅游专业知识，而且还能够促进学生主动学习，提升其综合运用计算机技术解决旅游行业实际问题的能力。

2. 数字化课程资源

鉴于学生对理论讲解的视频内容普遍兴趣不高，在计算机课程中特别注重将操作性知识内容，如软件操作技巧和编程技能等，制作成详细的教学视频。此类视频资源能够有效地帮助学生克服在计算机操作技能上的不足，并且可以在线反复观看，以便学生能够根据个人的学习进度和需求，自主安排学习时间，从而显著提升学习效率。此外，线上教学资源的运用也为教师提供了更为便捷的途径来跟踪和了解学生的学习情况，实现了教学效果最大化。

3. 实地考察和实践活动

通过安排线下实地考察和实践活动，让学生走出课堂，亲身体验和应用所学知识。通过参观智慧旅游体验中心等场所，学生可以将抽象的理论知识与具体的实际应用相结合，增强学习的实践性和针对性。实地考察和实践活动不仅能够加深学生对旅游信息化发展趋势的理解，还能激发学生的学习兴趣和创新思维。

（四）强化数字化技术工具的配备与应用

数字化时代为教育提供了更多的技术支持和工具，在智慧旅游发展业态下，旅游计算机类课程教学更需要注重数字化和科技化的教学手段和教学资源。数字化时代不仅使用数字化的课件，同时也需要通过数字化的实践教学设备、软件等，增加旅游信息化、旅游智能化、旅游数据化等方面的教学内容。如通过虚拟实验室、在线学习平台、AI+教育等手段，提升教学效果，培养学生的数字化意识和技能。

1. 利用在线协作学习平台

当下，旅游专业计算机类课程班级较少，无法采用分班分层教学的方式。通过在线学习平台，根据学生的学习兴趣和能力差异，提供个性化的学习资源和评估方式，如编程挑战、实践项目等，以激发学生的学习兴趣和动力。同时，通过在线协作学习平台设置在线讨论板块，让学生在平台上进行讨论和交流。教师可以提出问题或话题，引导学生进行讨论，并通过平台讨论发现学生的共性问题和教学难点，弥补教师和学生之间对"教学难点"的不同感受。此外，可以开展学生互评，发挥学生的主观能动性，调动学生的自觉性与主动性，帮助发现学生在实训中的问题。

2. 配备虚拟实验室和模拟场景

虚拟实验室和模拟场景的配备为高职旅游专业的计算机类课程提供了创新的教学手段。虚拟技术的应用突破了传统教学的局限，通过创建高度仿真的旅游体验，使学生能够在没有实际旅游条件的情况下，深入感受旅游的魅力和文化价值。学生可以通过虚拟实境技术模拟游览著名景点、参观虚拟博物馆、体验不同文化活动，这些以仿真的旅游场景和问题解决情境的模拟体验不仅增强了学习的趣味性，也更好地对旅游业态呈现、旅游场景再现、旅游活动展现、旅游业务复现，加深了学生对旅游业务流程和旅游业态的理解。此外，虚拟实验室为学生提供了一个安全且可控的学习环境，允许学生在没有风险的情况下进行旅游业务的模拟操作和解决问题。

3.探索AI+教育，发挥职教新质生产力

随着AIGC（人工智能生成内容）技术的蓬勃发展，人工智能（AI）正逐步融入教学实践。在国际上，亚利桑那州立大学为学生提供ChatGPT企业版的使用权，国内北京大学也推出AI助教"Brainiac Buddy"。人工智能可以提供个性化学习路径、实时反馈和评估，极大地提高了学生的学习效率和质量。

针对高职旅游专业学生在编程经验上的不足，AI+教育能更好发挥职教新质生产力。通过自然语言处理技术，AI能够将晦涩难懂的编程概念转化为易于理解的语言，降低学习难度；通过AI自动生成符合学生学习阶段的练习题和案例，让学生在实际操作中逐步掌握编程技能；通过机器学习算法，系统分析学生的学习数据，识别学生的学习难点。此外，在高职教育中，学生对于AIGC的批判性思考能力有所欠缺，面对人工智能生成的虚假或错误信息缺乏必要的辨别力。因此，可以设计AI辅助的思辨训练模块，通过提供不同的观点和信息，引导学生进行分析和评估，从而提高学生的信息识别和判断能力。

四、结语

在"互联网+旅游"持续深化的背景下，智慧旅游政策不断深化、稳步推进，智慧旅游已经成为推动旅游业发展的重要力量，相关业态已初步形成。面对旅游企业对从业人员素质和能力提出的更高要求，特别是对于能够结合信息技术与旅游专业知识的复合型人才的迫切需求，高职院校在旅游专业的计算机课程教学中，必须进行创新和改革以适应数字文旅的新态势。通过有效贯通计算机理论知识与专业实践，重组教学组织流程，深化实施线上线下混合式教学，强化数字化技术工具的配备应用等创新改革教学模式，实现信息技术和旅游专业知识融合教学，不断提高旅游专业学生的信息技术综合素养，进而更好地适应智慧旅游业态下的行企人才市场需求，推动复合型人才培养质量的有效提升，为旅游业的可持续发展提供强有力的人才支持和智力支撑。

参考文献

[1]徐福英，刘涛，王宁，等.数字化改造背景下旅游类专业人才培养体系构建研究——以酒店管理与数字化运营专业为例[J].内蒙古科技与经济，2022（10）：21-23.

[2]中国科教评价网."金平果"2023高职专业及专业群排行榜发布[EB/OL].（2023-05-12）[2024-02-11].http://www.nseac.com/html/169/688482.html.

[3]姚建盛，张睿，吴忠军，于海涛.智

慧旅游专业中计算机技术课程群的教学改革与实践［J］.软件，2018，39（6）：61-63.

［4］刘美健.高职院校公共基础课课程思政"393"教学模式的应用研究——以计算机应用基础课程为例［J］.湖北科技学院学报，2022，42（6）：121-125.

［5］史庆滨，王昆欣，杜兰晓.强化文旅融合促进业态创新服务产业升级——旅游大类目录和简介解析［J］.中国职业技术教育，2023（11）：29-34.

［6］王泽梁，汪丽华."互联网＋旅游大数据"时代旅游人才计算机能力培养［J］.西昌学院学报（自然科学版），2019，33（3）：109-113.

［7］闫青霞，吕迪."互联网＋"背景下旅游相关专业计算机能力培养探析［J］.中国现代教育装备，2020（13）：125-127.

［8］吴泰."互联网＋"背景下旅游专业教学的信息技术优化探究［J］.产业与科技论坛，2021，20（9）：133-135.

［9］常镜洳，贾跃，石冬凌，等.基于CDIO+OBE面向对象软件工程混合式教学课程设计［J］.软件工程，2019，22（7）：51-53.

［10］谭日辉.基于大数据和智慧旅游的计算机基础课程模块化教学研究［J］.教育现代化，2021，8（81）：23-26.

［11］段悦."互联网＋"背景下智慧课堂在高职院校信息技术课程中的应用［J］.中国新通信，2024，26（1）：124-126.

附录：英文摘要及关键词

Tourism and Targeted Poverty Alleviation: A Perspective on Poverty Vulnerability

Zhao Lei

(Zhejiang University of Technology, Hangzhou, Zhejiang 310014)

Abstract: This paper measures rural poverty vulnerability using the expected poverty vulnerability method, matching the 2012—2022 China Family Panel Studies data with county-level macroeconomic tourism data to empirically test the impact and mechanisms of tourism development on rural household poverty vulnerability. The findings reveal that tourism development significantly reduces rural household poverty vulnerability, indicating that tourism can serve as an effective mechanism to mitigate rural relative poverty. Mechanism analysis shows that tourism development enhances the capacity to alleviate dynamic poverty risks through income growth effects, employment creation effects, and trust reinforcement effects. Heterogeneity analysis indicates that tourism's poverty vulnerability reduction effect is particularly pronounced in households located in central and western regions, with high physical capital, high human capital, and high digital literacy. This study provides critical micro-level evidence for the poverty alleviation effects of tourism from a poverty vulnerability perspective.

Keywords: tourism; targeted poverty alleviation; poverty vulnerability

Flipped: Screening and Testing of Tourism Destination Marketing Leads Based on Heart Rate

Lü Xingyang[1] Chai Meng[1] Long Yuhan[1] Li Fangqiuyi[1] Liu Yue[2]

(1. Southwestern University of Finance and Economics, Chengdu, Sichuan 611130
2. Sichuan University, Chengdu, Sichuan 610065)

Abstract: In 2018, the Tourism Ireland created promotional videos based on tourists' heart rate, achieving significant marketing results. This approach offers a fresh perspective for tourism marketing. Taking the Anren Town as an example, this research uses heart rate as a physiological indicator to screen marketing leads. First, an on-site experiment is conducted at the destination to perform a preliminary screening of leads, eliminating those with little appeal. Next, a survey is distributed to further filter the leads. Finally, attractive leads are developed into heart rate-based marketing videos and control videos, which are then released on Douyin to test marketing effectiveness. The results show that heart rate-based marketing videos performed better across all dimensions. This study overcomes the limitations of traditional testing methods that are influenced by subjective cognition, providing a more accurate and objective measurement approach. Moreover, heart rate data can be applied to marketing activities in other sectors, offering significant value for the development and innovation of non-traditional marketing testing methods.

Keywords: tourism destination; tourism destination marketing; marketing testing tool; heart rate; ancient town

New-Type Business Entities to Promote the Development of Rural Tourism: A Case Study of 26 Counties amid the Mountains of Zhejiang

Guan Jingjing Zhang Yun Wang Lei

(Zhejiang Gongshang University, Hangzhou, Zhejiang 310012)

Abstract: Rural tourism is vital for rural revitalization. Enhancing the high-quality development of rural tourism in the 26 mountainous counties of Zhejiang Province is essential for building a model region of common prosperity. Based on an analysis of the challenges faced by rural tourism in these counties, this paper proposes that new-type business entities play an important role in high-quality rural tourism development. Compared to traditional rural tourism enterprises, which are often small and fragmented, new-type business entities possess a new labor force, new production methods, and greater resources, making them crucial for the development of rural tourism through new productive forces. By introducing and nurturing new-type business entities through policies and responsibility incentives, we can leverage their capabilities in tourism resource integration, product innovation, and rural tourism management. This approach can transform the resource advantages of the 26 mountainous counties into economic and social benefits, enhancing local economic and social development, and supporting balanced regional development and common prosperity.

Keywords: new-type business entities; rural tourism; high-quality development; common prosperity; new productive forces

Research on Prominent Problems and Countermeasures in the Construction of Cultural Ecological Reserves Based on Cultural Ecological Chains

Xu Ningning[1]　Cui Fengjun[2]　Ye Zhengyu[1]

(1. Taizhou University, Taizhou, Zhejiang　318000;

2. Taizhou Institute of Culture and Tourism, Taizhou, Zhejiang　318000)

Abstract: The construction of cultural and ecological reserves is an effective way and an important starting point for the country to protect intangible cultural heritage and cultural ecology. Various localities have explored a series of successful experiences in the process of creation, but there are also problems such as unclear problems, weak pertinence of measures, and imperfect institutional mechanisms. Among them, it is crucial to sort out the outstanding problems in the process of cultural protection and inheritance and to apply practical measures. Taking the Hehe Cultural and Ecological Reserve in Zhejiang Province as the research area, the interview text and the Travelogue of Ma Honeycomb were used as the research samples, and the grounded theory was used to construct the development and problem framework of the cultural ecological reserve. The research shows that the development and problem framework of cultural ecological reserves includes four core categories composed of cultural resources, cultural production, cultural dissemination and cultural consumption, and there are problems in 8 categories, such as poor object protection, obstructed inheritance, focus, subject to innovation difficulties, subject to industrialization, broken chain of communication channels, depth of dissemination to be tapped, information asymmetry and low level of scenic spots. Based on this, with the help of the theoretical framework of cultural ecological chain, the relationship model between cultural resources, production, dissemination and consumption is constructed, and the relevant countermeasures for optimizing the construction of cultural ecological protection zones and the protection and inheritance of intangible cultural heritage are proposed.

Keywords: cultural ecological reserves; harmony culture; grounded theory; cultural ecological chain

The Development Strategy of Modern Museums with Audience as the Core: Professionalism, Entertainment, and Aesthetic Experience

Zhou Yutian[1] Zhou Lingqiang[2]

(1.China Academy of Art, Hangzhou, Zhejiang 310002;
2.Zhejiang University, Hangzhou, Zhejiang 310058)

Abstract: In recent years, a "museum fever" has continued to rise, reflecting the growing demand among China's urban and rural residents for high-quality cultural and spiritual experiences. With the emergence of concepts such as "audience participation" and "lifelong learning", alongside the advent of the "age of entertainment", museums have transcended their traditional academic and educational roles. They now skillfully integrate art, science, and history to provide visitors with a comprehensive learning journey. Modern museums should leverage technological tools to deepen audience engagement through interactive experiences, enhance visitor immersion via gamified learning approaches, and employ multimedia to create tailored experiences for diverse user groups spanning various ages, backgrounds, and interests. By combining disciplines to enhance entertainment value, offering creative derivative products, and embedding education in enjoyable activities, museums can significantly enhance cultural fulfillment and visitor satisfaction.

Keywords: museum; education; entertainment; experience; audience

Strategies for the Development of User-Oriented Digital Experience in Museums: A Case Study of 13 First-Class Museums in Zhejiang

Wang Linglin Hu Jian

(Tourism College of Zhejiang, Hangzhou, Zhejiang 311231)

Abstract: An online experience is crucial for the digital transformation of museums. It plays a significant role in meeting public cultural needs, enhancing cultural confidence, and promoting cultural inheritance. This study investigates the digital experience of 13 first-class museums in Zhejiang from a user-oriented perspective. Results reveal issues such as underdeveloped interactive experiences, incomplete guided tours, inadequate user demand management, and insufficient decoding of collections. Building on an analysis of user-orientation, the study proposes strategies including strengthening top-level design of user experience, providing digital services tailored to public needs, diversifying offerings with distinctive cultural features, formulating standardized technical guidelines, and exploring an online/offline interaction. These measures aim to improve the museums' ability to deliver high-quality online public services.

Keywords: user-orientated; museum; digital experience; development strategy

Innovation and Trends of Cultural Activities for Youth in Cultural Centers

Yan Miaojuan

(Zhejiang Provincial Cultural Center, Hangzhou, Zhejiang 310000)

Abstract: Cultural centers are cultural service institutions open to the general public, tasked with promoting arts education and preserving traditional culture. A pressing challenge for cultural centers at all levels is how to break away from catering solely to the old and the kids and attract younger audiences instead. This paper summarizes recent practices nationwide in enhancing the appeal of cultural activities to engage young people in cultural centers. It argues that to meet the needs of young audiences, public cultural services provided by cultural centers should not only be modern, fashionable, and high-quality, but also address young people's emotional and expressive needs. By continually enriching the content of mass culture, cultural products and services can be better aligned with the interests and demands of youth.

Keywords: cultural center; cultural activity; optimization strategy

Tourism Interest Games and Simulation Analysis in Ecologically Fragile Areas

Zhang Wenjie

(Zhejiang University of Technology, Hangzhou, Zhejiang 310014)

Abstract: Tourism development in ecologically fragile areas has dual implications: while it alleviates poverty and promotes economic growth, it often leads to ecological degradation, unavoidably impacting the interests of local interest holders. This study adopts an evolutionary game perspective and employs system dynamics to construct a three-party game model involving government, tourism operators, and tourists. Through simulation analysis, the study further examines the significance of external variables on stakeholder behavior. The findings reveal: 1) Pure strategy simulation results indicate that (1, 1, 1) and (0, 0, 0) are the evolutionary stable points for the three parties. 2) Mixed strategy simulation results show that the government plays a leading role, guiding and supervising the behavioral strategies of tourism operators and tourists. Measures to increase the probability of operators and tourists adopting proactive behaviors can, in turn, influence the government's regulatory strategy. Among these, central financial subsidies have the greatest impact on the government. 3) Tourism operators' strategy selection depends on the additional profits from non-compliant operations. 4) As long as the quality of tourists' experiences is ensured, tourists will opt for supportive strategies regardless of the extent of governmental incentives. Based on the simulation results, this paper proposes corresponding countermeasures.

Keywords: ecologically fragile area; core interest holder; interest demand; game analysis; SD simulation

Differentiated Decomposition and Dynamic Evolution of China's Tourism Economic Development: Analysis from Seven Major Urban Clusters

Li Qian

(Zhejiang University of Technology, Hangzhou, Zhejiang 310014)

Abstract: Based on tourism data from China's seven major urban clusters between 2005 and 2019, this study employs the Dagum Gini coefficient and Kernel density estimation to quantitatively describe regional differences in tourism development and its spatiotemporal dynamic evolution. The findings reveal that, first, the overall relative disparity in tourism development in these areas initially reduced, then expanded. The intra-regional relative disparity has generally shown slight fluctuations. From 2005 to 2012, the Beijing-Tianjin-Hebei urban cluster had the largest intra-regional disparity, while from 2013 to 2019, the Harbin-Changchun urban cluster exhibited the greatest disparity. Except for 2005, the Chengdu-Chongqing urban cluster had the smallest intra-regional disparity from 2006 to 2014, while from 2015 to 2019, the Pearl River Delta had the smallest disparity. The inter-regional disparity was the main source of the overall relative disparity in tourism development across the seven urban clusters. Second, the overall level of tourism development in these areas has been improving, with absolute regional disparities expanding. Except for the Central Plains and Harbin-Changchun urban clusters, the remaining clusters primarily exhibited alternating patterns of narrowing and expanding absolute regional disparities, along with varying degrees of polarization. As a result, this paper proposes improving the regional imbalance in tourism development and reducing regional disparities.

Keywords: tourism development; regional disparities; spatiotemporal dynamic evolution; seven major urban clusters

What's Influencing the Domestic Tourism Revenue? An Analysis Based on Ridge Regression

Wang Yan

(South-Central Minzu University, Wuhan, Hubei 430074)

Abstract: This study uses ridge regression to analyze the impact of factors such as annual per capita disposable income, the number of 5A-level scenic spots, railway mileage, highway mileage, and civil aviation route length on China's domestic tourism revenue. The results reveal that the factors affecting the domestic tourism revenue, ranked from most to least influential, are: civil aviation route length, residents' disposable income, the number of 5A-level scenic spots, highway mileage, and railway mileage. This analysis aligns closely with the current development status of China's domestic tourism market.

Keywords: China's domestic tourism revenue; factors; least squares method; multicollinearity; ridge regression

Strategies for the Recovery of China's Inbound Tourism Market

Zhao Xin

(Beijing Youth Politics College, China, Beijing 100102)

Abstract: The rise of "China Travel" has showcased China's open and inclusive stance to the world, highlighting the international appeal of the Chinese culture. This is a direct result of a series of policies implemented by the Chinese government to facilitate the entry of foreign visitors. Measures such as expanding the list of visa-exempt countries, simplifying entry procedures, increasing openness in the tourism sector, and optimizing service experiences have encouraged foreign tourists to experience a real, multi-dimensional, and comprehensive China. These initiatives not only contribute to the robust recovery of China's inbound tourism market but also enhance its international image and global influence. The implementation of these policies has significant practical implications for driving economic growth, promoting the prosperity of the tourism industry, deepening cultural exchanges, and expanding international cooperation.

Keywords: inbound tourism; Visa; the Open Up policy

Integration of Smart Culture and Tourism Public Services: Comparison between China and Foreign Analytical Frameworks

Wu Chengcheng

(Tourism College of Zhejiang, Hangzhou, Zhejiang 311231)

Abstract: Smart cultural and tourism public services are a weakness in the integration of cultural and tourism development, an important component of digital China and smart city construction, and a technological path for the integration, equalization, and accessibility of tourism public services and public cultural services, which can improve the efficiency of basic public services. Chinese scholars still lack a comprehensive and systematic review of the research on smart cultural and tourism public services. The article follows the logical approach of definition-comparison-construction, and compares and analyzes the research literature on smart cultural and tourism public services between China and foreign countries by knowledge mapping visualization. It finds the research hotspots, frontiers, and turning points in smart cultural and tourism public services, and constructs an analytical framework for future smart cultural and tourism public services in China, providing practical paths and policy references for the high-quality development of smart cultural and tourism public services in China.

Keywords: public cultural services; tourism public services; knowledge mapping; smart cultural and tourism public services; comparative study

Training Compound Tour Guides under the Integration of Culture and Tourism: A Perspective Based on Famous Tour Guide Studios

Wu Najia, Qin Xiaolin

(Tourism College of Zhejiang, Hangzhou, Zhejiang 311231)

Abstract: The deep integration of culture and tourism has driven innovation and integration across the industry. Innovation is essentially talent-driven, and the emerging demands of the tourism market and new tourism business models increasingly highlight the need for compound tour guides. Using the integration of culture and tourism as a backdrop and the example of "Millions for Tour Guides" in Kaihua, this study, based on the perspective of famous tour guide studios, examines the training path for compound tour guides from both the demand and supply sides. The paper explores five key aspects: core technical challenges, teaching and research, cultivating dual-qualified teachers, technical and skill training, and marketing cultural and tourism resources. This research provides guidance and insight for both the cultural and tourism industries and educational institutions.

Keywords: cultural and tourism integration; compound tour guide; famous tour guide studio

Communication Strategies of Intangible Cultural Heritage in the Hangzhou Section of the Beijing-Hangzhou Grand Canal from the Perspective of Cultural Ecology

Wei Lu

(Tourism College of Zhejiang, Hangzhou, Zhejiang 311231)

Abstract: The existence and development of traditional culture rely on a supportive cultural ecology. In the fast-paced modern society, the innovative inheritance and transmission of intangible cultural heritage (ICH) have become critical social concerns. The Hangzhou section of the Beijing-Hangzhou Grand Canal has explored the application and dissemination of ICH, enhancing public awareness and engagement. By analyzing online texts and reviews related to the section, 24 elements of intangible cultural heritage tourism experiences were identified. Social Network Analysis (SNA) and Importance-Performance Analysis (IPA) were employed to study the structure and quality of these elements. Based on the findings, this study provides strategies and recommendations for the effective dissemination of ICH in the Hangzhou section of the Beijing-Hangzhou Grand Canal.

Keywords: cultural ecology; Hangzhou section of the Beijing-Hangzhou Grand Canal; intangible cultural heritage; cultural communication

Comparison of the European Union and Russian Qualifications Frameworks and Its Implications for China

Li Chengjun, Chen Lijun

(Tourism College of Zhejiang, Hangzhou, Zhejiang 311231)

Abstract: The European Qualifications Framework (EQF) is the first regional qualifications framework. Its development is driven by the mobility of European talent and the advancement of lifelong learning systems. The Russian National Qualifications Framework (NQF) has been influenced by the European model and is a top-down effort to address the mismatch between talent training and labor market needs. In terms of content, the NQF focuses mainly on recognizing qualification levels, while the EQF emphasizes the accumulation and transfer of skills across various forms and levels. To build a Chinese qualifications framework, it is essential to establish a solid institutional infrastructure.

Keywords: European Qualifications Framework; National Qualifications Framework; qualifications framework construction

Exploration in Standardized Vocational Tourism Education: A Case Study of the Reform of Teaching Service and Management at the Tourism College of Zhejiang

Wang Yunyun, Wu Xuefei

(Tourism College of Zhejiang, Hangzhou, Zhejiang 311231)

Abstract: The standardization of vocational tourism education is essential for aligning with the needs of the tourism service industry, regulating teaching management, and improving the quality of talent cultivation. Existing industry standards, the development of technology, and international experiences provide feasible pathways for standardizing vocational tourism education. The teaching service and management reform at the Tourism College of Zhejiang, a national pilot project for service industry standardization, represents a valuable exploration. Over the past two years, a scientifically categorized, clearly structured, and comprehensive teaching and management standards system has been established, resulting in a framework that covers all faculty and processes. During the process, the college has focused on internationalization, explored new global paths, kept pace with technology, developed institutional standards, benchmarked against industry standards, and promoted school-enterprise collaboration to advance teaching reforms. These efforts have yielded fruitful results in the field of vocational tourism education and provided valuable insights and references for the national standardization of vocational tourism education.

Keywords: vocational tourism education; standardization; teaching service and management; standard system

Development Status and Strategies for Vocational Tourism Education in Vocational Schools Under the "4 New" Context

Zhan Zhaozong

(Tourism College of Zhejiang, Hangzhou, Zhejiang 311231)

Abstract: China's tourism has entered a new phase characterized by the emergence of "4 New": new economies, new business models, new technologies, and new professions.

The Ministry of Education's Vocational Education Professional Catalogue（2021）has introduced new majors aligned with the 4 New trends in tourism and enhanced the digital transformation of existing programs, significantly promoting and influencing the development of tourism vocational education in vocational schools. However, challenges such as imbalanced program offerings, frequent fluctuations in program setups, insufficient program coverage, slow development of new majors, inadequate alignment with industry needs, and insufficient supply-side reform remain prevalent. To address these issues, authorities should create a healthy ecosystem for the development of tourism vocational education in vocational schools. Institutions should adopt a localized and regionally aware approach to design programs. Programs must fully understand the specifications and scale of talent required by industries and integrate these needs into curriculum and teaching. Colleges should deepen the reform of their operational mechanisms, strengthen the integration of industry and education, and enhance school-enterprise cooperation in practical teaching to effectively improve the alignment between talent cultivation and enterprise employment.

Keywords: 4 New; associate-level tourism vocational education; development status; strategies

New-Type Professional Farmers from Higher Tourism Vocational Colleges: Possibilities, Challenges, and Directions

Chen Fangfang

（Tourism College of Zhejiang, Hangzhou, Zhejiang　311231）

Abstract: With the modernization of agriculture and rural areas, along with the deepening of rural revitalization, the roles and demands of new-type professional farmers have become increasingly prominent. Students from higher tourism vocational colleges align well with the attributes of new-type professional farmers, fitting the employment needs of university graduates and the integrated development of agriculture with culture and tourism. Their role as new-type professional farmers holds significant implications. This paper analyzes three challenges: social cognition, cross-domain cooperation, and an incomplete national policy framework. It argues that cultivating new-type professional farmers requires understanding both internal and external motivations. This approach will provide theoretical support and practical guidance for training new-type professional farmers and promoting rural revitalization through cultural and tourism integration.

Keywords: new-type professional farmer; vocational education; agricultural modernization; rural revitalization

Challenges and Strategies for Integrating Computer Education in Tourism Vocational Education

Li Shengchao

(Tourism College of Zhejiang, Hangzhou, Zhejiang 311231)

Abstract: The digital era has set higher standards for tourism practitioners, requiring a shift from single-focus tourism specialists to talents with combined expertise in Tourism and Information and Communication Technology (ICT). To meet this need, a teaching model has been developed to enhance the professional and digital skills of vocational tourism students. Using questionnaires and interviews with various vocational colleges in Zhejiang, this study analyzes the challenges in computer education for tourism majors and proposes an innovative teaching model that integrates information technology with tourism expertise. This model aims to provide educational guidance and practical approaches for cultivating tourism talents suited for the digital age.

Keywords: the digital era; tourism vocational education; computer skill; teaching model

项目策划：张芸艳
责任编辑：张芸艳
责任印制：钱　宬
封面设计：武爱听

图书在版编目（CIP）数据

文化与旅游研究．2024 / 中国职业技术教育学会智慧文旅职业教育专业委员会，浙江旅游职业学院主编．-- 北京：中国旅游出版社，2025.1. -- ISBN 978-7-5032-7486-2

Ⅰ．F590-05

中国国家版本馆CIP数据核字第20244Y30F1号

书　　名：	文化与旅游研究（2024）
主　　编：	中国职业技术教育学会智慧文旅职业教育专业委员会 浙江旅游职业学院
出版发行：	中国旅游出版社 （北京静安东里6号　邮编：100028） https://www.cttp.net.cn　E-mail:cttp@mct.gov.cn 营销中心电话：010-57377103，010-57377106 读者服务部电话：010-57377107
排　　版：	北京旅教文化传播有限公司
经　　销：	全国各地新华书店
印　　刷：	三河市灵山芝兰印刷有限公司
版　　次：	2025年1月第1版　2025年1月第1次印刷
开　　本：	787毫米×1092毫米　1/16
印　　张：	16.25
字　　数：	315千
定　　价：	59.80元
ISBN	978-7-5032-7486-2

版权所有　翻印必究
如发现质量问题，请直接与营销中心联系调换